欧亚历史文化文库

总策划 张余胜

兰州大学出版社

阴山鸣镝

——匈奴在北方草原上的兴衰

丛书主编 余太山

华喆 著

图书在版编目(CIP)数据

阴山鸣镝:匈奴在北方草原上的兴衰/华喆著. —兰州:兰州大学出版社,2011.4

(欧亚历史文化文库/余太山主编.2011年农家书屋文库)

ISBN 978-7-311-03670-6

Ⅰ.①阴… Ⅱ.①华… Ⅲ.①匈奴—民族历史—研究 Ⅳ.①K289

中国版本图书馆CIP数据核字(2011)第067520号

总 策 划 张余胜

书　　名	阴山鸣镝 ——匈奴在北方草原上的兴衰
丛书主编	余太山
作　　者	华　喆　著
出版发行	兰州大学出版社　(地址:兰州市天水南路222号　730000)
电　　话	0931-8912613(总编办公室)　0931-8617156(营销中心) 0931-8914298(读者服务部)
网　　址	http://www.onbook.com.cn
电子信箱	press@lzu.edu.cn
印　　刷	兰州新华印刷厂
开　　本	710×1020　1/16
印　　张	15.75
字　　数	217千
版　　次	2011年6月第1版
印　　次	2011年6月第1次印刷
书　　号	ISBN 978-7-311-03670-6
定　　价	28.40元

(图书若有破损、缺页、掉页可随时与本社联系)

出版说明

随着20世纪以来联系地、整体地看待世界和事物的系统科学理念的深入人心，人文社会学科也出现了整合的趋势，熔东北亚、北亚、中亚和中、东欧历史文化研究于一炉的内陆欧亚学于是应运而生。时至今日，内陆欧亚学研究取得的成果已成为人类不可多得的宝贵财富。

当下，日益高涨的全球化和区域化呼声，既要求世界范围内的广泛合作，也强调区域内的协调发展。我国作为内陆欧亚的大国之一，加之20世纪末欧亚大陆桥再度开通，深入开展内陆欧亚历史文化的研究已是责无旁贷；而为改革开放的深入和中国特色社会主义建设创造有利周边环境的需要，亦使得内陆欧亚历史文化研究的现实意义更为突出和迫切。因此，将针对古代活动于内陆欧亚这一广泛区域的诸民族的历史文化研究成果呈现给广大的读者，不仅是实现当今该地区各国共赢的历史基础，也是这一地区各族人民共同进步与发展的需求。

甘肃作为古代西北丝绸之路的必经之地与重要组

成部分，历史上曾经是草原文明与农耕文明交汇的锋面，是多民族历史文化交融的历史舞台，世界几大文明（希腊—罗马文明、阿拉伯—波斯文明、印度文明和中华文明）在此交汇、碰撞，域内多民族文化在此融合。同时，甘肃也是现代欧亚大陆桥的必经之地与重要组成部分，是现代内陆欧亚商贸流通、文化交流的主要通道。

基于上述考虑，甘肃省新闻出版局将这套《欧亚历史文化文库》确定为 2009—2012 年重点出版项目，依此展开甘版图书的品牌建设，确实是既有眼光，亦有气魄的。

丛书主编余太山先生出于对自己耕耘了大半辈子的学科的热爱与执著，联络、组织这个领域国内外的知名专家和学者，把他们的研究成果呈现给了各位读者，其兢兢业业、如临如履的工作态度，令人感动。谨在此表示我们的谢意。

出版《欧亚历史文化文库》这样一套书，对于我们这样一个立足学术与教育出版的出版社来说，既是机遇，也是挑战。我们本着重点图书重点做的原则，严格于每一个环节和过程，力争不负作者、对得起读者。

我们更希望通过这套丛书的出版，使我们的学术出版在这个领域里与学界的发展相偕相伴，这是我们的理想，是我们的不懈追求。当然，我们最根本的目的，是向读者提交一份出色的答卷。

我们期待着读者的回声。

总序

本文库所称“欧亚”(Eurasia)是指内陆欧亚,这是一个地理概念。其范围大致东起黑龙江、松花江流域,西抵多瑙河、伏尔加河流域,具体而言除中欧和东欧外,主要包括我国东三省、内蒙古自治区、新疆维吾尔自治区,以及蒙古高原、西伯利亚、哈萨克斯坦、乌兹别克斯坦、吉尔吉斯斯坦、土库曼斯坦、塔吉克斯坦、阿富汗斯坦、巴基斯坦和西北印度。其核心地带即所谓欧亚草原(Eurasian Steppes)。

内陆欧亚历史文化研究的对象主要是历史上活动于欧亚草原及其周邻地区(我国甘肃、宁夏、青海、西藏,以及小亚、伊朗、阿拉伯、印度、日本、朝鲜乃至西欧、北非等地)的诸民族本身,及其与世界其他地区在经济、政治、文化各方面的交流和交涉。由于内陆欧亚自然地理环境的特殊性,其历史文化呈现出鲜明的特色。

内陆欧亚历史文化研究是世界历史文化研究中不可或缺的组成部分,东亚、西亚、南亚以及欧洲、美洲历史文化上的许多疑难问题,都必须通过加强内陆欧亚历史文化的研究,特别是将内陆欧亚历史文化视做一个整体加以研究，才能获得确解。

中国作为内陆欧亚的大国，其历史进程从一开始就和内陆欧亚有千丝万缕的联系。我们只要注意到历代王朝的创建者中有一半以上有内陆欧亚渊源就不难理解这一点了。可以说，今后中国史研究要有大的突破，在很大程度上有待于内陆欧亚史研究的进展。

古代内陆欧亚对于古代中外关系史的发展具有不同寻常的意义。古代中国与位于它东北、西北和北方，乃至西北次大陆的国家和地区的关系，无疑是古代中外关系史最主要的篇章，而只有通过研究内陆欧亚史，才能真正把握之。

内陆欧亚历史文化研究既饶有学术趣味，也是加深睦邻关系，为改革开放和建设有中国特色的社会主义创造有利周边环境的需要，因而亦具有重要的现实政治意义。由此可见，我国深入开展内陆欧亚历史文化的研究责无旁贷。

为了联合全国内陆欧亚学的研究力量，更好地建设和发展内陆欧亚学这一新学科，繁荣社会主义文化，适应打造学术精品的战略要求，在深思熟虑和广泛征求意见后，我们决定编辑出版这套《欧亚历史文化文库》。

本文库所收大别为三类：一，研究专著；二，译著；三，知识性丛书。其中，研究专著旨在收辑有关诸课题的各种研究成果；译著旨在介绍国外学术界高质量的研究专著；知识性丛书收辑有关的通俗读物。不言而喻，这三类著作对于一个学科的发展都是不可或缺的。

构建和发展中国的内陆欧亚学，任重道远。衷心希望全国各族学者共同努力，一起推进内陆欧亚研究的发展。愿本文库有蓬勃的生命力，拥有越来越多的作者和读者。

最后，甘肃省新闻出版局支持这一文库编辑出版，确实需要眼光和魄力，特此致敬、致谢。

余太山

2010 年6月30日

目录

序

本书准备讲述匈奴的历史。

公元前3世纪左右,匈奴人在蒙古高原上兴盛起来。他们称霸北边大约有300年的时间,此后又迁至中原,一直到公元5世纪才在中国及欧洲的史书之中绝迹,算起来大约有700年的时间。这700年中,匈奴人的足迹遍布东亚、中亚、西亚以及欧洲的东部和中部。在这700年间,放眼全世界,还没有第二个民族像匈奴那样耀眼,能够先后引起东亚和欧洲的史家来关注他们。

对于中国而言,匈奴在客观上起到了沟通中原与西域甚至南亚、西亚的作用。如果没有来自匈奴的外在压力,很难想象张骞等人会持续不断地出使西域。也正是在那个时候,中国人首次有了模糊的"国际"与"外交"观念,虽然这种"国际"与"外交"仍然带有强烈的中原本位色彩,并不是基于双方平等的关系,但是毕竟形成了中原与匈奴、西域的使者往来,使得中原、草原、西域三种不同性质的文化开始尝试沟通与理解。

对于欧洲来说,匈奴人的入侵直接动摇了罗马帝国的统治基础,使欧洲从统一走向了分裂。中世纪之后的欧洲人用教会的思想统一取代了政治统一,天主教代替了希腊罗马文化,这同时也为后来的文艺复兴埋下了伏笔。换言之,今天欧洲的政治状况和文化生活,其基本格局也是在匈奴入侵之后建立起来的。

这不禁让我们感到惊讶。匈奴这样一个来去如风,没有自己的文字,四处充当入侵者和掠夺者,同时被具有高度文明的中国和欧洲视为蛮夷的游牧民族,竟然扮演了文化的沟通者与文明的催化剂两重角色!然而这就是历史,光明与黑暗总是交织在一起。陈寅恪先生在解释何以会出现泱泱大唐的盛世之风时,曾经有这样一段表述:"李唐一族之所以崛起，盖取塞外民族野蛮精悍之血，注入中原文化颓废之躯，旧染既除，新机重启，扩大恢长，遂能别创空前之世局。”其实何止李唐一朝而已，中国历史上每一次游牧民族南下侵扰，在带来战乱和苦难的同时，总会促成文化之间的碰撞与交流，从而带动中原的儒家文化发生一些改变，来应对新的局面。在匈奴之后，鲜卑、突厥、契丹、女真、蒙古，一直到清朝莫不如是，切不可低估北方民族对于中国历史的巨大影响。

最后要提前向诸位读者致歉的是本书的历史叙述问题。因为匈奴民族没有自己的文字，没有自己的历史诉说，所以我只能大量依靠中原的正史记载来进行介绍。这样就免不了会讲述汉朝的部分多于匈奴，而且难以除去中原本位的影响，尽管我尽可能地去掉一些中原人带有感情色彩的历史叙述，但是仍然做不到完全站在匈奴的角度来讲述这段历史。这不能不说是一种遗憾，只能希望诸位读者在阅读时不断提醒自己这一问题。

下面，就请诸位跟我一起，回到公元前3世纪左右的蒙古高原，去揭开这一历史画卷吧！

1 匈奴的基本情况

1.1 匈奴的族属源流

北方民族以游牧为主要生活方式，在生活中虽然有其本民族的独特语言，但是文字的发明却远远晚于农耕民族。匈奴就是这样一个民族。当骑马的匈奴人与戍卫农耕的汉地士兵发生接触之后，一直到公元前1世纪中叶，匈奴人似乎都没有发明文字的迹象，自然也就没有关于自己祖先的文献记载问世。匈奴人在追逐水草的时候，似乎对自身生活的关心超过了对本民族历史的关怀。基于这样的原因，匈奴人的祖先究竟是谁？他们是怎样繁衍成为后来的匈奴民族？匈奴人与华夏民族的初次接触发生在何时？这些问题的答案今天都已掩埋在历史的陈迹中，再也无处追寻了。反而是华夏民族的史官帮了匈奴人的大忙，他们不断在用汉字记载着两个种族之间的一次次碰撞与对话。今天的历史学家们只能够依靠这些用汉字来书写的历史记录，尝试探求匈奴人的种族来源。

汉武帝时期的大史家司马迁，是最早系统记述匈奴种族来源的人。在司马迁撰写的《史记》中，专门有一篇《匈奴列传》，司马迁在开篇就写到：今天的所谓匈奴人，其实是夏禹的后裔，祖上的名字叫做淳维。在更加古远时代的唐尧虞舜之世，北方的夷狄还有山戎、猃狁、荤粥等等。他们世世代代在北方草原上过着游牧生活，随着牧群而不断迁徙。这种说法也许并非司马迁一人独创，可能是汉朝人对匈奴民族的普遍认识。当时的汉朝政权还没有今天的国家意识，从天子到下层百姓都相信"普天之下，莫非王土；率土之滨，莫非王臣"。在他们看来，匈奴民族并不是一个和中原华夏民族拥有对等地位的民族，只是处于华夏边缘位置上的"夷狄"。这些夷狄本来也曾经是华夏民族的一部分，今后也必然会臣服于处于天下中心位置的汉朝。这一说法在后世史家中最为流行，东汉的班固曾随大将军窦宪出征匈奴，对匈奴应有一定程度的了解，但他在创作《汉书》时也完全袭用了司马迁的记载，几乎只字未改，说明班固至少是认同司马迁的说法的。

汉朝乃至唐以前的众多学者，他们都努力把外族夷狄塑造成为远古华夏民族的后裔。如果我们翻阅《史记》的不同篇章，就会惊讶地发现，司马迁在《朝鲜列传》中强调朝鲜王满，以前是中原的燕国人，而在《东越列传》中又说到闽越王无诸和越东海王摇，他们的先祖都是在卧薪尝胆的越王勾践之后。到了南朝史家范晔创作《后汉书》的时代，所谓的南蛮，其实是古圣王高辛氏时逃入南山中女子的后代。在今天看来，这些传说实际上只是儒生们以华夏民族为中心的思想体现，并不能作为可以信据的历史事实，但在司马迁之后的2000年中，学者们在论及这一问题时，几乎都会以司马迁的结论作为依据。即使稍稍有所不同，也能清楚地从中看到司马迁的影子。如与司马迁同姓，在唐代有“小司马”之称的学者司马贞，他在《史记·索隐》一书中引用了大量汉魏两晋学者的观点。其中曹魏学者张晏认为淳维应当是在夏桀被商汤打败之后，跑到北方荒无人烟之处避祸去的。此后，又有一位不知具体年代的史学家乐产（约为魏晋南朝人）著有《括地谱》一书，里面提到：夏朝的最后一位君主桀在位期间，荒淫无道，被殷商首领汤打败。汤将桀流放到了鸣条山中，3年之后，桀死在鸣条山中。桀的儿子獯鬻就娶了桀的众妾，他们移居到北方的大草原上躲避仇家，过上了游牧生活，他们的子女不断繁衍生息。中原王朝的人们就把獯鬻的后代称作“匈奴”。

这里我们可以注意一下。司马迁只是说，匈奴人的祖先是夏的后裔淳维，并未说到淳维为什么要到北方去，也没有说明淳维是什么时间到北方地区的。张晏至少要比司马迁晚出生300年，他却突然说淳维北奔是在殷商灭夏的时候，而很可能比张晏还要晚出的学者乐产，更是编出了一个愈加复杂的故事。在这个故事里面，我们可以看到主人公的名字已经从淳维换成了獯鬻，獯鬻明显是从《史记》中的荤粥改编而来，而且还被进一步确认为夏桀的儿子。父死而娶后母，正是古代北方民族的传统风俗，司马迁在《匈奴列传》中也曾经提到过，而关于北方草原的游牧生活云云，显然都是改编自司马迁的《匈奴列传》。

司马贞在引述过乐产的故事之后，又引用了3位汉魏学者的观点。一位是东汉的应劭，他在其名著《风俗通》中说，匈奴在殷商时代本来叫做獯鬻，后来改称匈奴。另一位是汉末的服虔，他的观点与应劭类似，认为匈奴人在唐尧时代被称作荤粥，在周朝被称作猃狁，在秦朝则被称作匈奴。最后一位是三国时期吴国的韦昭，他说匈奴人被称作匈奴，是汉代的事情，荤粥是匈奴的别名。3位学者的观点都有不同，不易统一。司马贞在结尾说，大概淳维是匈奴民族的始祖，和乐产说的獯鬻是同一个人，只不过叫不同的名字而已。其实司马贞也弄不明白这么多不同的说法应该如何取舍，无可奈何之下，只好采取大和稀泥的办法。明明乐产没有说过淳维与獯鬻是同一个人，司马贞却干脆把他们拉上关系，这样算是解决了故事之间不同版本的矛盾，但还有荤粥等别名该怎么办呢？司马贞干脆一不做二不休，他在《史记·五帝本纪·黄帝本纪·索隐》里面说：荤粥也是匈奴的别名。匈奴人在尧舜之世以前被称作山戎，也叫獯鬻，在夏朝被称作淳维，在商朝被称作鬼方，在周朝被称作猃狁，到了汉朝才被称作匈奴。这个说法其实又与司马贞在《匈奴列传·索隐》里面的说法矛盾，他一方面要调和司马迁和乐产记述的不同，承认獯鬻是夏桀的儿子，另一方面又在《五帝本纪》里说獯鬻叫山戎，是在尧舜以前的名号，这样岂不就有两个獯鬻了？而且这两个獯鬻一个是对民族的总称，另一个又是具体的人，把本来简单的问题变得复杂无比。

清代乾隆年间的学者梁玉绳写了一部大书，叫做《史记志疑》，顾名思义，就是他把自己读《史记》所遇到的疑问都作了比较详细的考察，汇为一编。关于乐产与司马贞的问题，他也注意到了，所以他在《史记志疑·匈奴列传》中就提出了上述诸多疑问，并且明确表示，司马迁的“匈奴人是夏禹后裔”之说值得怀疑，而乐产《括地谱》完全是虚构出来的。梁玉绳论证道：北方戎狄很早以前就已经存在。淳维只是一个传说而已，根本无从考察是谁的后裔。司马迁在编写《史记》的时候把各种历史记载都拼在一起，没有作任何区分，显然是有问题的。

此后，晚于梁玉绳近百年，有一位日本学者桑原骘藏也关注到了这一问题。桑原骘藏是日本明治时期出现的重要历史学者，他在 1907 年到 1909 年间曾作为日本文部省留学生在中国各地游学考察，有很好的汉学基础。桑原除文献考察外，开始有意识地使用一些语言学的比较手法进行研究。他在一篇名为《张骞西征考》的文章中提到：根据《史记》的《匈奴列传》，匈奴的祖先是夏禹后裔淳维。但是淳维与夏禹的关系还是很难确定。我猜测淳维的发音为 Shun-Wei，这与匈奴 Hun-ni 似乎稍稍接近。有人据此认为，也许是先有淳维的名字，然后才有匈奴这一种族的名称，不知是否如此。虽说把淳维与匈奴视作同音，确实有些牵强，但是 Sh、Kh、H 三类声母彼此发生讹变，在音韵学史上，也不是完全没有的事情。虽然桑原开始尝试使用新的方法来解决问题，但他仍未能跳出司马迁的影响范围，依旧在讨论淳维与匈奴的关系问题。仅从这一点来说，桑原骘藏的思考还不及梁玉绳深入明晰。

梁玉绳固然目光敏锐独到，发现了问题所在，但是这种问题在今天的历史学家来看，实在构不成一个难题。今天在民间流传的，关于中国上古时代的种种故事，大部分都与此有类似的特点。它们的早期版本非常简单，往往就是一两句短短的描述，而后来的学者对这一两句描述的附会越来越多，像滚雪球一样不断地一层一层积累上去，到后来就完全敷衍成一个有着复杂情节的庞大故事。著名历史学家顾颉刚先生把这种现象概括为“层累的古史观”，他通过编辑《古史辨》让我们能够认识到这些传说故事不断形成的历史过程，从而能够认清它们的原貌。匈奴来源的故事从司马迁到张晏，最后发展到乐产的《括地谱》，就是顾颉刚先生所说的“层累的古史观”最典型的体现。

“匈奴”作为一个族群名称，究竟在什么时候开始被人们广泛使用的，这是一个值得讨论的问题。有人认为，《逸周书·王会解》有“匈奴狡犬”的说法，而后来的《成汤献令》又列举了在中原政权正北方向的 13 个少数民族：空同、大夏、莎车、姑他、旦略、貌胡、戎翟、匈奴、楼烦、月氏、孅犁、其龙、东胡。匈奴排在第8位。光绪年间的学者丁谦著有《〈汉书·匈奴传〉地理考证》，便根据《逸周书》的记载，认为《成汤献令》的内容反映了夏商之际的历史面貌，所以"匈奴"这个名词至少在夏商之际就已经存在于文献中了。

丁谦的这一考证大有问题。《逸周书》是一部内容极为复杂的文献汇编。所谓《逸周书》，是相对于五经中的《尚书》而言。今天流传的《尚书》中有《周书》30篇，被古代儒生认为是孔子删述而成的。《逸周书》则是在《尚书》以外，儒生们通过各种方式收集到的与《尚书·周书》相近的残篇。儒生们将这些残篇视为孔子删削《尚书》的余篇，也命名为《周书》，因为此书实际上是《尚书·周书》之逸篇，故此后世将其称为《逸周书》。到了西晋武帝太康二年（公元281年），有个盗墓贼在汲郡（今河南省卫辉市）发掘了一座大墓，有人说墓主人是魏襄王，也有人说是魏安釐王。在当时的知识分子中引起轰动的是，盗墓贼从墓中发现了几十车的竹书，都是当时认为失传的先秦典籍。令人感到可惜的是，盗墓贼为了照明需要，在墓中就直接点燃这些竹书当做火把，导致官府出面清点文物时，留下来的竹书多是残篇断简，编排次序也已经完全混乱了。晋武帝让秘书省官员重新排序并整理文字，里面就有《周书》数篇，因为是在汲郡墓中发现的，这部分《周书》就被人称作《汲冢周书》。有人认为，《逸周书》就是把汉代所发现的《尚书》残篇和《汲冢周书》编辑在一起，从而形成的文献汇编。但大部分学者还是相信，今天我们所能见到的《逸周书》并不是汉晋时期的文献原貌，而是后来人托伪的作品。从另一方面来说，《成汤献令》北方13个少数民族中提到的"莎车"、"月氏"等等，至少是汉代才开始出现的名称。这些西域小国只有在张骞通西域之后，汉朝政府才与他们有了初步的往来，所以《成汤献令》这一篇的成书时间，至少也应当在西汉中期以后。故此，丁谦依据《逸周书》的内容，判定夏商时期已有"匈奴"这个名称，是非常不可靠的。

司马迁在《史记·秦本纪》"惠文君后七年"（公元前318年）记载韩国、赵国、魏国、燕国、齐国联合匈奴一起来进攻秦国，又在《李牧传》

中提到赵国名将李牧平时驻守在代县的雁门关，专为防备匈奴来袭。这里虽然两次提到匈奴，但司马迁究竟是照搬前代的史料，还是使用他当时通用的称呼来记载一个外族，今天也完全无从考察。但从战国时代荀况的著作来看，《荀子·强国》篇中在提到秦国时说到秦国北面紧挨着胡貉，西面则有巴戎，在秦国北面的"胡貉"应当是指匈奴。司马迁在《史记·匈奴列传》中也提到战国七雄之中，有三个国家都与匈奴接壤，这三个国家就是指燕国、赵国和秦国。由此来看，荀况提到匈奴民族的时候，不说匈奴而说"胡貉"，很有可能匈奴这一名称在荀况生活的年代尚未被广泛采用。

《战国策·燕策·燕太子丹质于秦》中也连续两次提到匈奴。这一记载是这样的：樊（於期）将军从秦国逃亡到了燕国，燕太子丹收留了他。燕国太傅鞠武劝说太子丹说："您可不要收留这个樊於期啊！秦王性情暴戾，平时对燕国已经心怀不满，光是想到这一点就让人担心，更何况听到我们收留了樊於期呢！这就好比把肉扔在老虎常来常往的路上一样啊，会造成无可挽回的大错，即使有管仲、晏婴这样的谋臣也无计可施了。希望您立刻把樊於期送给匈奴人以灭口，然后联合西面的赵、魏、韩三国，南面的齐国、楚国，再与北面的单于（匈奴人的最高统治者）谈判，或许能应付眼前的难局。"太子丹答道："太傅提供的方案实在旷日持久，而我已经急不可耐了。而且不止是这个问题而已。樊於期将军已经走投无路了，现在投奔到我这里，我不能因为害怕强大的秦国，而把朋友交给匈奴人处理！"查证史书可知，《战国策》的这一记载大致发生在秦始皇十九年（公元前 228 年），7 年之后，秦始皇即已统一天下，而樊於期与燕太子丹此后联手导演了一出荆轲刺秦王，震动天下，为后世所津津乐道。这段对话中，鞠武和燕太子丹各提到了一次匈奴，这是否可以说，匈奴作为族群的名称，在战国末年就已经出现了呢？

似乎还不能如此肯定。《战国策》是西汉刘向编辑战国史料而写成的一部书。刘向生活在西汉中后期的宣帝、元帝时代，并不能排除他会对战国时期的历史记载进行重新改写的可能。另外一点，根据《史记·荀卿列传》,荀况先在齐国讲学,后来因为躲避谗言,转投楚国春申君门下,任兰陵令。春申君死后,荀况就一直住在楚国兰陵。而春申君死的时间有据可查,大致在秦始皇九年(公元前238年),可见荀况生活的时代距离燕太子丹的上述对话并不久远。《荀子》中尚把匈奴称作"胡貉",而燕太子丹与鞠武却使用了匈奴这一名称,不能不让人有所怀疑。由此来看,匈奴这个名称不太可能诞生在先秦时代。

那么秦朝有无匈奴之说呢?我想恐怕仍然没有。很有名的一例就是《史记·始皇本纪》中的"亡秦者胡"。秦始皇嬴政统一六国之后,不断追求长生不老之术。方士徐市告诉秦始皇,海外有三座神山,人称蓬莱、方丈和瀛洲,山上有仙人生活。如果能见到仙人,就可以得到长生不死之药。于是始皇帝便派遣徐市率领童男童女数千人远航海外,去寻访仙人,结果一去不回。就在徐市出海后的第4年,秦始皇三十二年(公元前215年),秦始皇巡视辽东,求长生之心依然迫切,让燕地的方士卢生出海寻访仙人羡门、高誓。结果卢生没找到仙人,却不知从哪里弄来了一本预言书。书里有一句话,大大触动了秦始皇。书里面说:"亡秦者,胡也。"嬴政看过之后,立刻命令大将军蒙恬发兵30万,向西北出击匈奴,并修筑长城。后来东汉学者郑玄评论此事说,"胡"其实是指秦二世胡亥,始皇帝看了预言,却反以为是匈奴。从这一事件中,我们可以发现,秦始皇时人们称匈奴为"胡"。"胡"是对北方民族的笼统叫法,看来匈奴之得名,时间上限应当设在秦汉之际。

西汉文帝时期的贾谊著有《过秦论》,里面数次出现"匈奴"一词,应当是比较可靠的文献依据。贾谊死在汉文帝十二年(公元前168年)。在此之前,中原政权与匈奴已有较多的接触。蒙恬北击匈奴之后,汉高祖刘邦还与匈奴在山西地区进行会战,最后被围于平城(今山西省大同市)以东的白登山(今大同市东北马铺山)。此后虽然通过和亲政策,暂时解除了危机,但匈奴作为边患,一直困扰着西汉的北部边疆。我们可以推测,匈奴的得名,大概就在公元前215年至公元前168年的50余年之间。这期间汉人也许给匈奴还起过其他的名字,比如荤粥、獯鬻、猃狁之类,但最后终于形成了比较通行的说法——"匈奴"。

这里需要注意,匈奴这个名字是典型中原汉人所起的译名,而匈奴人大概称自己是“匈人”,“奴”字恐怕是汉人加上去的。

民国时期的大学者王国维曾经作过《鬼方昆夷猃狁考》一文,最先提出了这个问题。王国维在文章中论述道:“曰戎曰狄者,皆中国人所加之名;曰鬼方、曰混夷、曰獯鬻、曰猃狁、曰胡、曰匈奴者,乃其本名。而鬼方之方,混夷之夷,亦为中国所附加。”王国维先生的这段论述比较容易理解,故此不再以白话文表达。王国维想强调的是,华夏民族为少数民族提供的名号,多有音译加丑名的现象。鬼方、混夷都可视为Hun的音译,再加上方、夷等贬义词。匈奴其实也不例外。“匈”表示音译,而“奴”在汉语中显然不是一个褒义词。《史记·卫将军骠骑列传》中记载:(赵破奴)为匈河将军,攻打匈奴一直到达匈河沿岸,并未取得战功。《汉书》既有《史记》的“匈河”,时而又冒出来几处“匈奴河”,如《匈奴传》中说赵破奴率骑兵万余,攻至匈奴河沿岸。这里的“匈河”与“匈奴河”恐怕指的是同一条河流。丁谦在《〈汉书·匈奴传〉地理考证》中认为,匈奴水就是塔米尔河(Tamir,今在蒙古人民共和国境内)的西源,匈奴王庭就在塔米尔河沿岸水滨,故此得名。我们无需讨论丁谦对匈河是塔米尔河的判断正确与否,但需要注意曾有一条河流被命名为“匈”,这条河流的命名显然与匈奴族群的起源有着密切的关系,有这样的认识就已经足够了。

根据历史学家与人类学家的推测,目前学术界认为匈奴人与汉人应该都属于黄种人,所以外貌特征上相对比较接近,虽然与中原人有一些不同,但又不像中亚、欧洲白种人那样的高鼻深目。特别有趣的是,公元5世纪时,罗马帝国曾经派出外交官员与当时西迁的匈奴人进行交涉,当时匈奴人的首领是在欧洲声名赫赫的阿提拉。这位叫做普利斯库斯的外交官曾经亲眼见到了阿提拉,并且记录了阿提拉的相貌,“他的身材是矮小的,胸部宽阔,长了一个大脑袋,但灰色的眼睛很小。他的鼻梁很平,脸膛发黑”。从这些记录来看,阿提拉明显是今天所说的蒙古人种。另外今天可以看到汉代留下来的文物,最典型的比如一些汉代墓葬里面的画像砖,其中有一部分画像包含了匈奴战俘的形象。从这些匈奴人的轮廓外观来看,虽然穿着打扮与中原人不同,但外貌似乎没有独特的地方。

因为匈奴人曾经入侵过欧洲,所以欧洲学者对于探讨匈奴人的种族问题格外关心。根据姚从吾先生撰写的《欧洲学者对于匈奴的研究》一文,我们可以了解到,18世纪的法国学者得岐尼在其《匈奴、土耳其、蒙古与其他的西方鞑靼人的通史》中提出,匈奴人就是后来的突厥人,蒙古人又是突厥人的后代,所以"匈奴—突厥—蒙古"是一个传承系统,欧洲学者将其统称为鞑靼人。因为得岐尼是比较早开始研究中文文献的西方学者,所以他的意见对于爱德华·吉本的《罗马帝国衰亡史》影响非常大。吉本甚至称赞得岐尼对中文文献的解读,揭开了人类历史新的与最重要的序幕。得岐尼的说法对欧洲学者影响非常大,再加上蒙古人西征进入欧洲发生在13世纪,欧洲学者对此印象深刻,自然会把蒙古人与匈奴人联系在一起,所以这种意见几乎成为学术界的主流观点,只是在匈奴人与突厥和蒙古的关系上还存在争论。有些人认为突厥人是匈奴的后裔,而蒙古人与匈奴无关;亦存在相反意见,即蒙古人是匈奴的直系后裔。更有甚者,如白鸟库吉,在其研究中时而说匈奴人是突厥人,时而又说匈奴人是蒙古人。在这些争论过程中,还伴随着一些其他意见,比如有人认为匈奴人是斯基泰人,还有人认为匈奴人是回纥人,更有人认为匈奴人是芬兰人,以上这些都是白种人,明显与历史记载不符,故而随着时间的推移与讨论的深入,这些说法逐渐没有人再提起了。

突厥人图

其实蒙古人种只是现代人类学上的划分,通过现代的人种概念来讨论一个历史上的民族，而且还引起了如此之多的争论，其意义何在，是值得我们反思的事情。进入20世纪晚期，关于匈奴人的族源问题也没有更多讨论了，因为学者们都已经意识到匈奴的族群并非一成不变。在匈奴人漫长的历史中，他们一直把被征服地区的少数民族同化为匈奴人，这其中包括史书中记载的东胡等等，甚至匈奴单于还与汉朝女子通婚。同样，当匈奴在蒙古草原上衰落之后，取代他们的是来自于兴安岭一带的鲜卑人，而匈奴人自然又被鲜卑人吸收同化。这种民族之间不断的征服与重构，在欧亚大陆上可能每天都在发生着。匈奴作为一个国家，没有自己的文字，所以无法构筑自己的历史，随着国家灭亡、族群星散，各部落融入其他欧亚民族。所以匈奴的族源演变众说纷纭，也是可以理解的事情。

1.2 匈奴的政治结构

匈奴作为一个长期与中原政权相对抗的民族，究竟其社会是什么样子的，匈奴国家又是怎样组建的，想必是读者非常好奇的问题。我们就通过这一章进行一个简单扼要的介绍。这样今后我们在介绍具体历史事件时，读者也就不会为突然出现的诸多官名感到困惑了。

匈奴的最高首领被称作单于。“单于”这个词究竟是什么意思，也有不同说法，现在很难确认，《汉书》中认为是“广大”之意。从现有史料来看，匈奴的首领都被称作某某单于，如头曼单于、冒顿单于、呼韩邪单于等等。另有一种情况就是单于某某，比如后面将会出现的单于咸、单于舆等等。前者大致上可以认为是单于的名号，比如头曼，按照夏德和白鸟库吉的研究，在这里应该是“万”的意思，而冒顿则是“圣”的意思，这未必是单于实际的名字，而是一个称号。至于单于咸、单于舆，则代表这位单于本来的名字，譬如单于咸被称为乌累单于，而单于舆则被称为呼都而尸道皋若鞮单于，又在史料中被简称为呼都而尸单于。

这些奇怪的单于号都来自于汉人对当时匈奴语言的音译，于是就有学者推测匈奴语应当更接近于后来哪种民族语言。这个问题往往与前面我们讨论过的匈奴族源问题纠缠在一起。比如19世纪的时候，圣马丁提出匈奴人是芬兰人的同时，强调匈奴人所说的是近代芬兰和匈牙利一带的语言，当然这种说法因为过于极端，所以没有得到多少学者的认同。但是，在反对圣马丁的学者中间也有分歧，大致可以分为3类：通古斯（东胡）语说、蒙古语说和突厥语说。我们前面提到，白鸟库吉在匈奴的族源问题上出现过摇摆不定的状况，同样的情况也出现在匈奴语问题上。他最初在《匈奴及东胡诸族语言考》中认为匈奴语是通古斯语和蒙古语的混合，后来又在《蒙古民族起源考》中认为匈奴语同时含有蒙古语和通古斯语的成分，所以他将匈奴单于号一一作了考察和释义。比如单于是蒙古语和通古斯语中的Činkba或Činkai，即"广大"之意；而单于的妻子——阏氏则是蒙古语和通古斯语中的izi或Aši，即"妻子"；另外一些单于号中常见的词如若鞮，可以还原为蒙古语和通古斯语中的sŭhutai或säkäti。实际上，北方草原民族的语言彼此之间有明显的相互影响。蒙古语、突厥语和通古斯语中本来就有很多共同词汇，匈奴强盛的时期大大早于突厥、蒙古和满族，突厥语、蒙语和通古斯语中的很多词汇很可能是受到匈奴语的影响，用几个词汇的相似来解释语言的关系是没有意义的。关于匈奴语的问题，后来学者还有很多讨论，这个问题比较复杂，我们在这里只介绍与单于号相关的一些内容，其他的部分与主题无关，就不再赘述了。

在汉地政权中，从尧舜禹开始，就有所谓从君主禅让到世袭的过渡，其实是由部族推举制走向宗法继承制。匈奴是否也存在这样的变化，我们从史料中似乎看不出来。史书中第一位出现有事迹可考的，就是头曼单于，他后来被其子冒顿单于夺位，此后除非出现政治异动，匈奴单于一直是父子相承。据《汉书》记载，冒顿单于属于挛鞮氏，号称"撑犁孤涂单于"，"撑犁孤涂"翻译过来就是天子的意思。这个天子与汉地政权中所谓的天子似乎没有直接的关系，因为班固说这个称号的意思是"像天那样广大的首领"。班固毕竟是东汉人，相对比较接近冒顿单于的时代，再加上他曾经亲自参与过出击匈奴的战役，所以他对匈奴的了解是不容怀疑的。

《史记·匈奴列传》提到，在单于之下是左右贤王，接下去是左右谷蠡王，以下依次是左右大将、左右大都尉、左右大当户、左右骨都侯。其中左贤王专门由太子出任，又称为左屠耆王，因为屠耆在匈奴语中有"贤明"的意思。从左右贤王以下到左右当户，各自有各自的封地及军队，军队多的可以达到骑兵万名，少的也有数千人。单于将骑兵分为24支部队，每支部队都号称万骑，首领为万骑长。万骑长自己任命千长、百长、什长、裨小王、相、都尉、当户、且渠等中低级官员。那些重要官职均为匈奴大贵族世袭，其中以呼衍氏、兰氏、须卜氏地位最高，号称三姓。各王之中，以左右贤王、左右谷蠡王的封地最大，兵力最强，封国内由左右骨都侯负责辅佐行政。这就形成了一套由单于自上而下、金字塔形的统治秩序。

《史记》的记载非常详细，班固在《汉书》中基本照抄了《史记》的这些内容。但到了《后汉书·南匈奴列传》中，范晔对此又进行了补充，他写道：匈奴大臣以左贤王地位最高，以下依次是左谷蠡王、右贤王、右谷蠡王，这四王被称作四角；再往下是左右日逐王、左右温禺鞮王、左右渐将王，被称为六角。四角与六角都是单于的儿子或兄弟，按照这一次序继承单于的位子。异姓大臣就是左右骨都侯，接下来是左右尸逐骨都侯，其余日逐、且渠、当户等官号，其地位高下依照权力大小和部众多少排列。

范晔这段话讲述的内容比《史记》、《汉书》要更加具体，也有一些微小不同。《后汉书·南匈奴列传》反映的内容，主要是东汉以后南匈奴的状况，其官制相比于西汉时代的匈奴，可能会发生一些变化，但我想从大的方面来说不会有很多不同。首先关于匈奴王与侯的关系，同姓封王，异姓封侯，这一标准应该不会有变。虽然匈奴也将一些异姓封王，比如休屠王、瓯脱王、昆邪王等等，甚至汉人投降匈奴者如卢绾被封为东胡卢王、李陵被封为右校王等等，但这些王大概都是挂一个虚名，无论在封地、统领部众还是在政治影响上，都不可能与上面提到的四角、六角相比。

匈奴的领土大致可以划分为单于直辖的单于庭和诸王封地两部分。诸王封地又可以分为左右两部，左部在东，右部在西，相当于三个大游牧区。虽然匈奴人居无定所,但这三个大游牧区的相对方位是不变的。在这三大游牧区之中,位置最难确定的就是单于庭所在。单于庭通常有广狭两种含义,广义上的单于庭,即指单于直辖区,领土面积比较广大;狭义上的单于庭,就是单于王帐的所在,这是一个相对较小的范围。针对狭义的单于庭所在,近现代的诸多中外学者都对此作过推测,但没有一致的意见。这里我想举黄文弼先生的结论为例,大致说明一下单于庭的范围。黄文弼先生在其《前汉匈奴单于建庭考》中认为,单于庭应当在鄂尔浑河河畔,杭爱山东麓,民国时称为哈剌巴尔噶逊(这个词在回鹘语和蒙古语中均有,意即黑城)的附近,今在蒙古人民共和国境内。但黄文弼先生的理由是在这里发现了突厥毗伽可汗碑和回纥可汗碑,又引用了元代耶律铸的《双溪醉隐集》作为证据,这些都是过于晚出的材料,恐怕不足以说明单于庭的位置。真正汉代的记载,只有《史记·匈奴列传》(《汉书·匈奴传》亦同)提到,匈奴人每年要举行3次集会。其中正月由诸王、二十四长等人在单于庭有一次小型集会,并进行祭祀活动。五月又要在龙城举行大型集会,这一次会组织族人祭祀匈奴先祖以及天地鬼神等等。到了秋天,牛马膘肥体壮之后,又会在蹛林再次举办大型集会,核算一年中人口及牲畜数量的增减,相当于处理财政事务。由此,我们大致上可以判断出,龙城、蹛林肯定是在单于直辖控制范围之内,而单于庭的具体位置,应当是在不断变化之中,不像其他两处有具体的地名。实际上,即使是龙城、蹛林两地,因为史料记载过于简单,今天也无法确认其具体方位。故此学者无法确认单于庭的位置,的确是没有办法的事情。

其实单于庭虽然位置并不固定,但我想大致应该在龙城、蹛林两地之间,这个推测恐怕没有问题。因为这两个地点无疑是不会变动的,一个是五月集会之地,一个是秋季集会之地,中间会有1到3个月的间隔,那么在这3个月中,单于一定是在这两地之间的途中移动。在秋天蹛林的财政会议结束之后,单于虽然要移往别处过冬,但是也必须保证在正月之前能够通知其他各部赶到一个确定的集合地点,来召开正月之会。这样的话,大致可以确定单于的移动仍然是有规律的,并不是在广阔的单于庭领地上肆意游荡。这种现象其实与辽金元代皇帝捺钵非常类似。捺钵是一个契丹语词,即"行营"之意。契丹、女真、蒙古这些民族同属游牧民族,所以皇帝也不喜欢定居生活,而是根据四季气候不同不断迁移。以辽代为例,皇帝四时捺钵的范围一定在辽代的"五京"之间,即上京临潢府(今内蒙古自治区赤峰市林东镇)、东京辽阳府(今辽宁省辽阳市)、南京析津府(今北京市)、中京大定府(今内蒙古自治区宁城县)、西京大同府(今山西省大同市)五处。元代皇帝则是在大都(今北京市)到上都(今内蒙古自治区正蓝旗)之间,所以移动路线与范围都大致固定,我想匈奴单于庭的情况理应与捺钵类似。

关于诸王的封地,按照左右两部的笼统划分,左部相对于汉地来说,在上谷郡(今河北怀来县)东北,右部则在上郡(今陕西省榆林县)西北。具体左右贤王、左右谷蠡王的牙帐在什么位置,现在也无法确认。此外就是一些归附匈奴的其他民族,如浑邪王和休屠王封地在今天甘肃的河西走廊一带。汉武帝时出击匈奴,霍去病率军由陇西出发,过燕支山(今甘肃省山丹县东南),一路沿祁连山脉进军,后来俘虏浑邪王之子,又得到休屠王祭天所用的金人,此后汉朝在这片土地上设置了河西四郡,即武威、张掖、酒泉和敦煌,其地名今天仍在沿用。关于这一事件,我们在后面还会详细叙述,这里先不多说。由此来看,浑邪王与休屠王的领地就在霍去病行军路线之上,应当没有争议。

诸王以外,在匈奴之中,我认为就剩下阏氏最为重要了。唐代注解《汉书》的大学者颜师古认为,阏氏就是皇后的称号,但我们可以注意到,在史料记载中,单于可以拥有多个阏氏,比如冒顿单于与东胡作战,就是从东胡恃强向冒顿强索他最喜欢的一个阏氏开始的。所以北宋史学家刘攽就提出异议,说匈奴单于不过是将妻子称作阏氏,颜师古的解释太过于俚俗了。日本学者白鸟库吉基本同意刘攽的解释,他将阏氏还原为通古斯语和蒙古语里面的妻子一词。匈奴人没有中原汉人的宗法观念,汉人奉行的是一夫一妻制,在妻之外只有妾,身份权力均低于妻,而单于的妻子全都叫阏氏,由此可见匈奴是一夫多妻制的社会。

阏氏读如"烟支"。唐代司马贞注释《史记》所作的《史记索隐》中,引用了东晋史学家习凿齿给东晋燕王所写的信,信里面说:山下有一种叫做红兰的植物,不知道您是否了解。北方人用红兰的花作染料,可以制成红黄两色。花朵上最鲜艳的部分可以做烟支,妇女可以用来化妆。我小时候见过烟支几次,印象深刻,现在发现这里竟然有红兰生长,以后一定要帮您也种一些。匈奴人将妻子称作"阏氏",就是说美貌如烟支一般。我猜想习凿齿的这种说法并不是完全没有道理的,因为当汉武帝在河西走廊将匈奴人驱走之后,曾有歌谣说:"亡我祁连山,使我六畜不繁息;失我焉支山,使我妇女无颜色。"大概确实有这样的含义,所以才会有这种歌谣。

史料中不仅单于有单于号,诸王有王号,很明显阏氏也有属于阏氏的号。比如《汉书》里面就提到,王昭君被选出塞之后,就得到宁胡阏氏的名号。这里的"宁胡"二字明显是汉朝人起的,匈奴人未必真的了解其含义,就直接拿来用了。再如呼韩邪单于娶了呼衍王的两个女儿,姐姐被称为颛渠阏氏,妹妹被称为大阏氏。后来乌珠留若鞮单于也有第二阏氏、第五阏氏。可见阏氏也有属于自己的独立名号,从大阏氏、第二阏氏、第五阏氏这样的序数词可见,也许阏氏之间也有一套独立的位号体系,只是资料有限,我们无法了解到更多而已。

阏氏对政治的影响力非常巨大。当汉高祖迎战冒顿单于,最后受困于白登的时候,是通过贿赂阏氏来说服冒顿撤军的。呼韩邪单于病死之前,也要与颛渠阏氏和大阏氏来商量安排谁做继承人。在《汉书·匈奴传》中,不乏阏氏通过各种手段干预政治的例子。值得一提的是,在欧洲人对匈奴人的记载中,匈奴王布雷达和阿提拉,都有与自己的妻子一同接见并宴请欧洲使臣的情况,甚至在布雷达死后,其妻仍然与阿提拉的妻子一起出现在招待宴会上,可见阏氏的地位之高。这种现象在汉地会被批评为"牝鸡司晨",认为是阴阳颠倒,但在游牧民族政权中似乎是普遍现象。唐太宗对太子人选心存疑问,作为长孙皇后的兄弟,长孙无忌的意见就起着决定性的作用,很早就有学者认为这是鲜卑风气使然,母族一方的人在事务决定方面具有较大的发言权。后来田余庆先生研究鲜卑的子贵母死现象,也指出了草原部落中母氏或母族地位的重要。如果我们从中原王朝的政治文化出发,去看待这些现象,会感觉十分奇怪,但在游牧民族之中,这恰恰是维系部落存在的一种重要手段。

从上面的介绍来看,匈奴拥有一套与中原王朝风格迥异的统治方式与等级制度。大体来说,因其游牧民族政权的特色,匈奴国家是以一个个的部落为基本单位构建起来的,所以没有固定的行政区划和文官制度。中原王朝以农耕为基础,需要将民户固定在土地上,减少人口的流动性,才能够为王朝提供稳定的财政收入,从而衍生出了郡县等行政区划和各种管理制度。究其实质来说,匈奴政权与中原王朝的区别,就是游牧文化与农耕文化之间的对立,此后双方会在草原与农垦区的分界线上展开长达数百年的争斗,绝不是什么偶然的事情。

1.3 匈奴的游牧生活

我们提起匈奴、突厥、蒙古等少数民族时,通常会使用“游牧民族”这一词汇。但假如大家打算打破沙锅问到底的话,“游牧”这一说法究竟起于何时?“游牧”又是怎样的生活状态?这些问题却未必是我们一下子能够回答出来的。尤其是对那些从小在城市中长大的读者来说,不论农耕也好,游牧也好,大概大家都如笔者一样,没有这方面的生活经历吧!那么我们在此也就有充分的理由,来讨论一下游牧生活的话题了。

“游牧”一词,最早是汉代人在注释《周礼》时使用的。《周礼》这部书的来历很奇特。准确地说,它是在西汉中后期突然被发现的一部书。关于这部书的真伪问题,古今学者争论不休,这个问题不是我们这本书所要讨论的内容,在此我们可以略过不提。但自西汉以降,越来越多的儒生都开始相信,《周礼》这部书是周公辅佐周成王治理天下,从而使国家达到太平盛世之后,留下来的一部记载周代政治制度的书。《周礼》按照天、地、春、夏、秋、冬分为六大部分,每一部分又被分为若干个小的机构,每一个机构都各自负责专项事务。就在《周礼》的《地官·司徒》中，有一个很小的官职叫做囿人。《周礼》里说，囿人是专门负责“囿游之兽禁”的。什么叫做“囿游之兽禁”呢?《周礼》没有继续讲，读者不一定能准确理解，所以汉代的学者就必须对此进行解释。东汉的郑众对此的解释是，所谓“囿游之兽”，其实就是“游牧之兽”。这可能是“游牧”一词第一次出现在历史文献之中。古人通常把天子打猎的固定区域称作“囿”，“游牧之兽”就是生活在囿中的野兽。由这一解释可以看出，郑众使用“游牧”一词，是有区别于人工圈养的意思在内的，进行“游牧”活动的是兽而不是人，显然与我们今天对“游牧”一词的理解和使用，有着明显的不同。

从传世文献来看，最早把“游牧”一词用来描述人们生活方式的，是唐初的著名政治家魏征。读者对魏征都很熟悉，在此我们无需多作介绍。魏征曾与当时的大才子温彦博对如何处理突厥降人的问题有过一番讨论，其讨论内容被宋代人整理为《论突厥议》，收在一部名为《文苑英华》的大书中。魏征在讨论中援引汉代的匈奴为例，有这样的说法:“匈奴游牧逐草，居无常处。”这里对“游牧”一词的使用，基本上与今天的含义没有区别。此后，人们开始使用“游牧”一词，专门描述匈奴等北方民族的生活。比如宋代的历史地理学者乐史氏在《太平寰宇记》一书中就讲到，匈奴人的生活习惯是吃牛羊肉喝乳酪，穿皮毛做的衣服。平时不生活在城市里，也不以种地为生，而是找肥沃的土地来过着“游牧”生活。这方面的例子很多，举也举不过来，我们也不必一一细说。这里我们只需要明确一点，今天大家所使用的“游牧”一词，并非什么高深莫测的社会学、人类学的术语，实际上在唐宋时期的文人及历史学家们，已经普遍接受了这样的概念。

当然，考古学、人类学、社会学的研究者为我们理解“游牧”这一概念，提供了更加多样的角度。欧美的人类学家们自20世纪40年代以来，对民族问题进行了大量的考察，其中最为重要的就是深入各个民族内部的田野调查。

所谓田野调查，是文化人类学与考古学采用的基本研究方法。简言之，就是采取实地取样、直接观察的方法，在研究工作开展之前，获得第一手资料。然而,现代产生的人类学不可能调查到古代民族生活的方方面面,但关于游牧问题,当代内蒙及青藏地区的牧民生活仍有借鉴的必要。比如,我们大家都知道,游牧活动的核心是牲畜,牧民只能通过这些牲畜来获得生活必需品,而牲畜的生长繁衍又与自然环境的关系很大,这都是牧民必须具备的游牧知识。譬如说,游牧经济中最常见的就是马、牛、羊这三种动物,一个牧民或部落中往往同时放牧这三种牲畜,这又是为什么呢?马易于驯服,而且是游牧活动中最为重要的交通工具,马奶也是牧民的食物。但是马比起牛、羊来说,它们只有一个胃,所以对草食的消耗量大,食用价值又低,所以在牧民之中,养马更多的是利用它们行动快速的一面,实用价值大于经济价值。牛行动迟缓,但在抵抗恶劣天气以及防卫猛兽方面,都有其优于羊、马之处,同时其肉、奶、皮可以大量供应。至于羊,它们的经济价值介乎于牛马之间,但产奶量要大于牛,而且繁殖能力最强(据称,一般牛的年繁殖率仅在3%左右,而羊可高达20%~40%之间),可以说是牧民中最常见的牲畜。而且这三种牲畜进食的方式也有不同。牛、马吃草,均是从草的偏上部分咬断,而羊则是舔食,即从草的底部咬断。一片草场如果由牛、马先吃,然后羊可以稍后食用;如果让羊先吃过,那么牛、马就无从下口了。所以在游牧时,遇到气候不佳、草场有限的时候,必须先让牛、马吃过,才能让羊最后进入。游牧部落将这三种牲畜同时放牧,既要分别利用其特点,又要在空间和时间上进行合理安排。

在汉地我们经常见到农民家中也有牛、马、羊,但数量不可能像牧民那么多,此外,定居家庭中常常会有一种牧民家中没有的牲畜,那就是猪。为什么牧民不养猪呢?因为猪的情况与上述三种牲畜不同。牛、马、羊均以植物的茎叶为食,这些植物又不同于人类食用的菜,绝大多数是人类没办法直接咀嚼消化的东西。猪吃的东西则与人类食物相近,所以在环境恶劣、资源匮乏的地区,牛、马、羊无论如何也不会出现跟人争食的现象,而猪就会变成人的竞争对象。尽管猪可以为人提供肉食,但猪本身也消耗食物,等于两相抵消。再加上猪本身行动力弱,防御力差,难于长途跋涉,随季节进行转移,使得猪无法成为游牧民

牧场羊群

族放牧的对象。在牧民生活中，唯一被允许存在的食物竞争者就是狗。因为狗可以帮助牧民管理牲畜，保护羊群，特别是在狩猎时，是除马以外对人类帮助最大的动物。

牧民驱赶牲畜，不断迁移游牧，也有其固定的模式。根据哈扎诺夫的研究，欧亚草原民族通常是根据季节作南北方向的水平移动；日本学者江上波夫说得比较具体，他认为夏季水草丰富时牧民和牲畜多聚集在河流或湖泊附近，而冬季则分散移动到山区。实际上，多数牧民都是在春秋两季移动较多，而在夏冬两季移动较少。这是因为春季草原开始生长，放牧点必须不断转移，而秋季则要尽可能让牲畜多吃草料，积累热量和脂肪，为过冬提前作准备。总体而言，这些游牧的模式都是由所在牧区的环境和季节决定的，所以牧民的经验在游牧生活中尤为重要。

以上是每个牧民都十分了解的基础知识。正是人类学家对牧民生活的亲身调查，才使我们对此有了基本的了解。由此我们可以理解，为什么游牧民族不能转而去过定居生活，为什么农耕民族与游牧民族有那么多的不能相容之处，实在是双方对自然界取予方式的差异所致。农耕依赖天时地利和个人投入的劳作，而游牧则取决于牲畜与草场。这些都是游牧民族的共性，匈奴自然也不会例外。我们虽然不知道匈奴生活的细节，但从游牧民族的共同点出发，也可以大致想象匈奴的生活状态。

与匈奴的游牧生活直接相关的，就是匈奴人所处的地理与自然环境。在秦汉时期，匈奴的活动范围，大致在今天蒙古高原以及新疆东北部的草原地区。这一地带属于温带半干旱气候区，地理环境非常复杂。在蒙古高原的东部，是大兴安岭山脉以及西辽河的森林—草原地带；南部地区则是平原与山脉交错地区，如燕山山脉、阴山山脉等山岭将一块块平原分割开来，大致由东向西分别是冀北、晋北、河套及鄂尔多斯地区，农牧皆宜；西南方向从甘肃到新疆北部，主要是沙漠和戈壁，也有一些草原零散分布，而正西方向则是从蒙古高原延伸出去的阿尔泰山、杭爱山和天山山脉；北部的贝加尔湖地区与东部相同，都是森林、草原地带。蒙古高原在四面环围之下，居于中心的位置。又因为三面的山岭，形成了一个既是高原，又像盆地的地形，大致上是西北高而东南低，其中大部分地区布满石砾。匈奴人生活的地区基本上是在蒙古高原与周围草原、山岭的交界处，其中最主要的就是阴山一线。

阴山山脉在今天内蒙古自治区境内，与黄河大致平行，是大青山与狼山的总称。因为这一地区海拔较高，所以阴山的地面高度并不高。匈奴人经常从蒙古高原上骑马翻越阴山而南下，故此这一带汉人与匈奴人争夺最为激烈。从战国时代开始，赵国就在此地修筑长城防备匈奴南下，双方曾经在这里展开过长期战争，最终山南平原还是被赵国占据，直到冒顿君临匈奴之后，才重新夺回此地。在秦汉时期，阴山地区一直以草木繁盛著称，《汉书·匈奴传》就借侯应之口说到：阴山东西长一千余里，草木繁盛，禽兽众多。冒顿单于就驻扎在此，用阴山的树木削为弓箭，把这里变成了匈奴人的苑囿。阴山南麓既有山岭树林可以凭借防守，又有山中禽兽可供狩猎，还有山下平原可以牧马，在百年间已经成为匈奴人重要的活动地区。所以汉武帝出击匈奴，首先以阴山一线为主要争夺地区，将匈奴从这里逐出，才能取得对匈奴的战略主动权。后来就有所谓匈奴人离开阴山之后，每次经过，都要大哭一场的说法。

我们知道游牧民族自己没有独立的培养种植能力，所以对外在的辅助性资源依赖性比较强。在蒙古高原上没有大面积的森林存在，如果需要制作打猎及军事行动必须的箭支，就必须要有山地的林区供给。另外匈奴人生活中必须的穹庐也需要木架，载重的马车车轮必须由木料制作，这些都要仰赖森林。另外一点，当初夏来临的时候，草原上生长一春的草已经被牧群吃得差不多了，而山区的气温与平地有别，往往春天来得略晚，牲畜可以在山区重新获得充足的食物，到冬季后也可以躲避风寒。山坡迎风处冰雪较薄，易于羊、马用蹄子刨开冰雪，也容易吃到草料。由此可见，阴山地区是匈奴人最容易获得这些资源的地方。比起兴安岭、贝加尔湖等地，阴山气温适宜，路程较短，而且没有如鲜卑或坚昆、丁零之类同属游牧民族的竞争者。这也就难怪为什么匈奴人离开阴山之后牲畜会瘟疫频发了。

今天的阴山山脉

除去阴山之外，对匈奴人而言，最重要的牧场就是今天内蒙古西部的额济纳旗以及阿拉善右旗一带。这个地区在汉代被称为居延海，大致东西长600里，南北宽400里左右，范围没有阴山山脉那样大，而且还有流沙存在，但因为有额济纳河从南边的祁连山经河西走廊流经这个地区，所以这里水草比较丰美。额济纳河又称弱水、黑河，其源头来自于祁连山峰上融化下来的雪水，在秦汉时期水流量应当比较大。这里既然有居延海之称，想必额济纳河在这里流经时应当形成了一个方圆不小的湖泊。在汉武帝与匈奴交战的时候，霍去病曾经经过这里攻打祁连山，在公元前 121 年至公元前 99 年之间，汉军在这里与匈奴军队发生过三次大战。可见匈奴从阴山撤出之后，将主要活动区域转向了这里，当汉朝在这里设置边防力量之后，显然对匈奴影响很大。汉朝控制住居延之后，不仅仅取得了河套地区的战略主动权，而且等于打开了西域的通路，所以双方形势的逆转，可以说是由居延一带的战略格局决定的。

匈奴这些游牧生活上的特点，决定了匈奴人的牧区与战区之间必须有比较远的距离。曾经有不少学者认为，匈奴人是游牧民族，所以匈奴在机动力上要胜于汉军。这种看法是不确切的。匈奴军队中的骑兵常年在马背上过行军生活，机动力强于汉军是毫无疑问的。但普通的匈奴牧民是要驱赶着大群牲畜进行移动的，他们的牛羊行动都非常迟缓，特别是对水源有很大的依赖性，而且无论是牛还是马，都不适合做负重工作，所以车对于匈奴人而言也是必需品；再加上天气等因素的影响，普通匈奴人的移动速度绝不可能像他们的军队那样迅捷。所以匈奴军队南下攻击汉人的城市，其重点在于抢劫物资和掠夺汉人作为奴隶，争夺地盘的考虑还在其次，而他们的牧民应当在距离战区较远、相对安全的地方放牧，避免遭到无端的损失。这种进攻模式在汉匈战争的早期使汉人们防不胜防，战场上的索敌工作成为最重要也是最困难的一个环节，直到汉武帝时改消极防守为主动出击，才扭转了汉朝被动的局面。匈奴人偶尔也会要求牧民的放牧配合军队的军事行动，但这样破坏了牧民的习惯，通常没有好结果。比如汉宣帝本始二年（公元前 72 年），匈奴壶衍鞮单于亲自率领骑兵攻打乌孙，虽然在军事上取得了胜利，但在凯旋途中遭遇大雪，九成的随行牲畜被冻死。要知道，乌孙地处新疆北部，那里多山，冬季酷寒无比，牲畜在那里难以安度严寒。壶衍鞮单于之所以如此，其背景不得而知，我想这与匈奴受到东南面来自汉朝的压迫有关。这一事件我们今后在相关章节中还会介绍，这里暂不多说。

如果我们要试图了解匈奴的历史，了解这个异民族国家的所作所为，游牧生活是我们必须抓住的一条线索。比如我们今后会反复提及汉匈之间漫长的战争，尽管战争对匈奴和汉朝双方都造成了人力和经济上的重大负担，但效果上是截然不同的。对匈奴而言，成年男子进入军队，这是非常自然的事情，所以人力上的伤亡损失，对匈奴而言只是诸多消耗中的一个方面。更为重要的是，汉武帝以后汉军历次出击，都俘获了匈奴大量的牲畜，这是对匈奴经济的直接破坏。后来匈奴走向衰弱的一个重要因素，就是在战争损失之外，牲畜间屡次出现瘟疫流行，畜群大规模的死亡会给匈奴经济带来毁灭性的打击，影响到了匈奴人的日常生活。中原农耕区虽然也会遭到水旱之灾，但只要适当调粮赈灾，荒年一过，作物的成熟毕竟要比牧群的繁衍快得多。这大概也是历史上游牧民族屡次征服农耕民族，但最终会被农耕民族所击败的重要原因吧！

2　匈奴在北方草原的兴起

2.1　冒顿单于的兴起

司马迁在《史记·匈奴列传》里面提到，匈奴的历史可以上溯到夏朝，但一直到秦朝为止，与匈奴接壤的秦国、赵国、燕国等等，似乎对匈奴的情况并不十分了解。秦始皇派蒙恬将军率领30万士兵北击匈奴，才开始收集关于匈奴的各种情报。汉地人慢慢知道了匈奴当时的首领叫做头曼单于。

头曼单于本来被蒙恬打得十分狼狈，不得不退出了水草丰美、十分适宜匈奴人生活的河套地区，开始逐渐向北迁徙。结果秦国出了个指鹿为马的赵高，不但利用阴谋手段让秦二世胡亥上台，而且还逼迫扶苏、蒙恬自杀。秦国北疆的军队进入群龙无首的状态，国内又爆发了陈胜、吴广等人的大泽乡起义，整个秦帝国陷入混乱之中。蒙恬北击匈奴时率领的部队，以及北疆长城沿线戍守的军人，本来就是从各地征发来的民夫。国内发生暴乱之后，这些戍边部队不是被征调回去平叛，就是趁机逃散，北疆领土顿时变成了一种无人防守的真空状态。头曼单于发现机会来了，于是率领自己的族人从北边迅速回到了阴山南麓，这时秦政府忙于对付内部的烽烟四起，根本没办法处理北部边疆的问题，让匈奴人重新在黄河沿岸站稳了脚跟。

就在这个时候，匈奴民族历史上的第一位重要人物登场了。头曼单于有一个儿子，名叫冒顿，这两个字只是汉代人为他名字作的音译，大概发音类似于“末读”。这个名字应当如何复原？是什么含义？很多历史学家都对此作过研究。德格罗特在《纪元前的匈奴》一书中认为冒顿就是 Mortur。巴克尔的《鞑靼千年史》和夏德的《阿提拉族谱考》则复原其为突厥语或蒙语中的 Baghdur，在蒙古语中是勇士的意思。也有人认为应当是Bordon,或是Maodun。日本学者白鸟库吉写过《蒙古民族起源考》,认为冒顿应当是蒙古语的Bagdo,意为神圣。白鸟写道:冒顿今天读如Mou-tun,《〈史记·匈奴列传〉索隐》说冒读如墨,《汉书》注说冒音墨,顿音毒。所以冒顿古音应当接近Mok-duk或Bok-du(Mok-dok, Bok-dok)。到目前为止,很多学者都对冒顿的名字作了各种各样拟音的尝试,但都没有一个确定的答案。从各位学者的研究看来,冒顿更像是一个名号,而不一定是一个名字。由此可知,冒顿并不是在他出生时就有的名字,而是成为单于以后获得的名号,这一内容我们在有关章节里还有讨论,这里暂不赘述。不管冒顿是什么含义,司马迁等汉代学者自然是无法区分名字与名号有什么分别,所以把冒顿作为他的名字,也可以理解。我们为了叙述方便,在这里也姑且把冒顿当做一个名字来使用。

冒顿像

司马迁在《史记》里说,冒顿是头曼单于的太子,对这一记载,我以为不能轻信。头曼单于的儿子很多,匈奴人当时也没有汉民族的宗法意识,单于的位子不一定要传给自己的嫡长子,所以太子云云,大概都是汉代人的说法。当然我倾向于冒顿大概是头曼单于比较年长的一个儿子,这应该是没有问题的。冒顿成年之后,头曼单于又有了一个小儿子。头曼单于因为宠爱这个小儿子的生母,想让小儿子继承自己的位置,故此对冒顿有点担心。当时匈奴人的西边是月氏人,也是一股不容忽视的强大力量。头曼单于经过周密的计划,决定把冒顿派到月氏去当人质。这可真是非常高明的一着。古代的外交与今天不同,今天的外交人员有国际法的保护,人身安全有一定保障,但是古代没有国际法，国与国之间为了表现自己的诚意，通常会委托本国身份尊贵的人物到对方国家去做人质。假如两国之间突然爆发战争，那么人质几乎必然会被对方杀掉，成为国家战争的第一个牺牲品，所以人质会令双方投鼠忌器，是一种双方相互信任的象征，用来维系双方的和平关系。月氏与匈奴在此时大概强弱相当，无论哪一方都怕对方主动进攻。冒顿作为头曼单于的儿子，如果被派往月氏当人质，会是一个最高等级的人质，可以表现出匈奴对月氏的充分尊重，有助于匈奴西线的稳定；从另一方面来说，把能力超过小儿子的冒顿派往国外，今后小儿子继承单于位的阻力也就小一些，如果以后不放心，也可以借月氏人的刀杀掉冒顿。这可谓一箭双雕。

头曼单于把冒顿送到月氏之后，看到秦朝的内乱一时半会儿不会平息，自己南下的进展也很顺利，便对冒顿起了杀念。他调集部落精兵，对月氏人发动了突然袭击。月氏人对此非常气愤，打算把冒顿就地处斩。但冒顿何等聪明，他对父亲把自己派到月氏来的用意一清二楚，早就为这一天的到来作了准备。冒顿听到匈奴大举进攻的风声之后，偷了一匹快马，从月氏人那里溜了出来。头曼单于没来由地跟月氏人结下了梁子，却没达到目的，冒顿仍然好好地活着。头曼单于一次杀他不成，却也不好意思再下手，反而是冒顿借着这次大难不死的机会，在匈奴人中间变得声望很高。头曼单于没有办法，只好封他做了万骑长。

经历了这次的事件，死里逃生后的冒顿不敢再有丝毫大意。他觉得头曼单于现在虽然暂时不会对他动手，但是难保什么时候不会再出岔子，再加上头曼单于的态度已经是明确摆在那里了，他把冒顿当做自己小儿子上台的最大一块绊脚石。虽然现在的自己对头曼单于来说还算有用，但是头曼单于的岁数也很老了，临死之前一定会对自己动手，与其等着任人宰割，倒不如先下手为强。冒顿主意已定，便着手准备，想要为自己争取一线生机。

冒顿打算先从自己掌管的这支军队下手，在军队中培养自己的势力。于是他制作了一种鸣镝，以此来训练这支万人队。所谓鸣镝，俗称响箭，估计是在箭上装了一个哨子之类的装置，箭飞到空中，会发出尖利的哨响，后世多用这种箭来发送信号。《水浒传》里经常提到这种响箭，冒顿就是其发明者。冒顿给万人队下了个死命令，他说："我把这支响箭射向哪里，哪里就是你们的目标，大家必须一起向响箭的方向射箭。如果有不动手的人，我就要砍下他的脑袋！"冒顿先让大家出去打猎，遇到鸟兽之类，冒顿就会放出响箭。骑马射箭对匈奴士兵来说是家常便饭，但是因为他们打仗习惯于在马背上运动作战，所以纪律性并不强，经常有响箭已经射出去好一会了，士兵还没动手射箭的现象，又或响箭还没射出去，已经有人先动手射箭了。凡是这样行动与冒顿不一致的士兵，真的都被冒顿砍了脑袋。打猎练得差不多了，冒顿就拉来了自己的几匹好马，这几匹马都养得神骏异常，冒顿平时也很喜欢。冒顿让大家把这些马团团围住，用响箭射向自己的爱马，众士兵反应各异。有的想都不想，跟着就是一箭；有的却还在揣摩冒顿的用意，不明白到底是真是假，手上的弓箭就慢了半拍。冒顿立刻把不射的士兵拖出来杀了，士兵们这才弄明白，原来这位大人是认真的。

冒顿就这样训练了这支万人队一段时间，靠这种手段建立威信，以后鸣镝所至，没有人敢不射箭的。最后冒顿为了检验自己的训练成果，用鸣镝射自己的妻子，左右士兵有害怕不敢射的，冒顿把这些不敢放箭的士兵都砍了头以后，再也没有人敢违抗冒顿的鸣镝了。冒顿率领亲兵跟着单于打猎的时候，故意把鸣镝射向头曼单于养的几头好马，众人自然是用弓箭招呼，没有一个表现出丝毫犹豫的。冒顿觉得条件已经成熟，就等着夺权的时刻到来了。

匈奴人喜欢打猎，头曼单于也不例外。他经常带着身边亲信出去游猎，有时也会让冒顿跟在身边。有一天，头曼单于照例出去打猎，冒顿和部下紧紧跟随。趁着头曼单于身边警卫分散的时候，冒顿的鸣镝向头曼单于射出，冒顿的部下下意识地把弓箭射向头曼单于，一阵箭雨过后，头曼单于死于非命。冒顿看到头曼单于已死，就率领士兵分头将自己的后母、幼弟，以及平时跟自己关系不睦的大臣一一杀掉。冒顿本来能力出众，在族中人望很高，现在头曼单于又死了，剩下的人自然全部愿意追随冒顿，冒顿顺理成章地继承了头曼单于的位子，史称冒顿单于。

如果说头曼单于在位期间，匈奴经历了由衰弱走向强盛的重要转折的话，那么冒顿单于则带领匈奴进入了最强大的阶段。《史记·匈奴列传》中说，位于匈奴东方的东胡国王在听说冒顿弑父的恶行之后，派遣使者到匈奴来见冒顿，希望冒顿能把头曼单于养的一匹千里马送给自己。冒顿的大臣们纷纷抗议，认为千里马是匈奴的宝马，不可以答应这种无理要求。冒顿却说："何必吝惜一匹宝马，而得罪了自己的邻国呢？"就让使者把千里马带回了东胡。东胡大概认为这是匈奴人示弱的表现，觉得冒顿太年轻，好欺负，又派使者跑来，要求冒顿把自己的夫人献给东胡王。冒顿的大臣们更是勃然大怒，纷纷认为东胡不讲道理，竟然得寸进尺，提出这样的要求，应当不惜一切代价与东胡开战。冒顿又说："何必为了一个女人，而得罪了自己的邻国呢？"又挑了一个美女送给了东胡王。东胡王更加得意，觉得匈奴也没什么了不起，就有吞并匈奴的打算。东胡与匈奴之间，有一片广袤的无人区，两国各自在无人区和国境处有一片军事缓冲区。东胡王让使者跟冒顿说："匈奴没有能力控制这片无人区，你们既然不过来，我们打算将这片地区全部占领。"冒顿的大臣们觉得这片无人区没太大价值，就是给东胡也无妨。冒顿却勃然大怒，说道："土地是国家的根本，怎么能把土地送给别人呢！"于是他把胆敢建议放弃这片土地的大臣统统

冒顿杀父图

斩首。冒顿亲自披挂上马，下令说国内士兵有敢落在自己马后的，立刻杀头，于是向东胡发起总攻。东胡王压根没想到胆小的匈奴人竟敢主动出击，根本没有设防，等到冒顿率军打到眼前，匆忙迎击，一战而溃败。冒顿就趁此机会灭了东胡国，掠夺了东胡的人口畜产。匈奴国力就此达到顶峰，先后把西边的月氏，南边的楼烦、白羊等部族打败或兼并。

冒顿继续着头曼南下的计划，他把自己的王庭确定在阴山南麓。阴山东西连绵千余里，又有大片的草场，适宜匈奴人的游牧生活。这个地方毗邻汉的北方边境，便于南下掠夺。就在冒顿积蓄力量、准备扩张的时候，中原政权却无暇北顾了。这时秦末的暴乱已经渐渐平息，秦政权也在刘邦、项羽的大军之下轰然倒台。项羽挟持楚怀王，自立为西楚霸王；刘邦明修栈道，暗度陈仓，夺取关中，与项羽对峙。各处诸侯不是分投楚汉，就是自保边境，根本没人注意到北方边疆局势的异变。冒顿趁此机会，把匈奴的骑兵发展到30万人，并不断入侵燕国和代郡等地，成了北方最强大的民族。

从今天流传下来的史料来看，冒顿到底拥有多少部队，是有分歧的。《史记·匈奴列传》和《刘敬传》中都说，匈奴这时的士兵大约有30万。《匈奴列传》中又说在汉高祖七年（公元前200年）时，冒顿以40万之众将刘邦围困在白登。由此可见，冒顿从楚汉相争时起，到白登之围之间的10年时间内，部队扩大了10万。但西汉文帝时期的贾谊却说，匈奴的战士大概共有6万多人（贾谊《新书》卷4《匈奴》），不知道为什么会突然少了这么多。贾谊的分析是，匈奴士兵约有6万，如果一家五口人出一个兵的话，那么可以算出匈奴大概有户口30万，还不如汉政府治下的一个大县的人口数。贾谊可能对匈奴的实力有所低估。匈奴作为北方最强大的民族，只有区区6万士兵，似乎难以想象。《汉书·西域传》也说，西域的乌孙国总人口63万，兵18.88万；大月氏人口40万，兵10万，兵民比值大概是3到4口人出1个兵。按照这个比例来说，假定冒顿真有骑兵40万人，那么匈奴的人口大约在150万人以上，加上匈奴抢来的各地奴隶，数字恐怕要比这个大得多。

当然匈奴人男性都要学习骑射，所以人人皆可以充当骑兵战士，甚至女子都有弯弓作战的能力，匈奴的人口和部队到底达到什么样的规模，还不易确定。但是大致可以确认的是，冒顿的兵力在30万到40万之间没有问题。因为白登之战中，汉高祖刘邦的兵力为30余万，史料记载应当不会有错，冒顿想要对抗30余万的汉兵，没有三四十万的骑兵是不可能的。从以上讨论来看，与汉政权相比，冒顿在北方的军事对比上已具有较大优势。当年蒙恬率30万大军就可以把匈奴赶出河套地区，现在的冒顿已非当年的头曼，不但拥有与汉政府正面对抗的实力，而且还能将其围困在白登，可见冒顿经营匈奴政权有多么成功了。

冒顿杀掉头曼单于，在公元前209年，即刘邦称汉王的3年之前。他死于汉文帝六年（公元前174年），在位35年。在这35年间，冒顿在南下之余，又扫荡北边，先后平定了浑庾、屈射、丁零、鬲昆、薪犁等国家，建立了一个庞大的政权。这一政权不断伺机南下，形成了汉政权北方最大的边患，双方的和和战战一直持续了近400年之久。以下在历史舞台上演出的白登之围、昭君出塞等一幕幕脍炙人口的历史故事，都是从冒顿单于如彗星般的迅速兴起而开始的。

2.2 白登之围始末

白登之围是汉高祖刘邦对匈奴作战的一次重大失败，这次失败给西汉君臣留下了极为严重的心理阴影，以至于在高祖之后的百年中，政府只要一讨论对匈奴发动战争，就一定有臣子举出白登之围的例子来进行劝阻。作为对手，冒顿单于大概比项羽更让刘邦感到棘手，所以刘邦除了使用和亲政策对其进行安抚之外，似乎并未拿出任何手段来解决北方边疆的问题。下面就由我来把这场战役介绍给各位读者。

故事要从刘邦称汉王，在汉中起兵说起。刘邦与项羽俱奉楚怀王之命，入关破秦。本来二人在怀王面前早有约定，谁先打进函谷关，谁就可以做秦地的王。刘邦比项羽先一步攻下函谷关，已经作了称王的准备，谁知道项羽勃然大怒，率领大军直入函谷关，摆出一副要开战的样子。刘邦的人马远远少于项羽，正面作战根本无从谈起，只好乖乖奉项羽的号令,放弃了称王的打算。项羽趁势撕毁了与怀王的约定,自封为西楚霸王,分封破秦有功的众位诸侯。项羽本人打算回到自己的大本营彭城,而把刘邦迁到了比较偏僻的汉中,又派了3个秦朝降将章邯、司马欣、董翳在旧秦的领土为王,将关中地区一分为三,名义上是安排秦朝降将回到故土,实则想借秦人的力量监控刘邦,堵死刘邦向北的出路。刘邦也明白项羽这样安排背后的含义,毕竟力量不如人,于是就在项羽部卒的监视下,缓缓进入了汉中的封地。

刘邦在南下汉中时,表现出来的态度十分恭顺。从关中平原到汉中盆地,中间横着一道山陵险峻的秦岭。想要翻越茫茫秦岭,在古代可不是一件容易的事情。秦汉时期的军队商旅通常会选择从秦岭北麓的郿县出发,出斜谷,再顺着褒河河谷一路向南,才能抵达秦岭南麓的褒城县。这条路在后世被称为褒斜道,在数条交通线路之中通行起来最为方便。尽管如此,现在我们说来容易,在古时走起这条路来还是很吃力,其中褒河一段没有易于行走的山路,只能在悬崖峭壁上建立栈道,才能通行。栈道用一根根大木桩横插进山壁,铺成一条小路,下面就是落差极大、奔流湍急的褒河。走在栈道上,完全像在空中行走一般,脚下河水浪花翻腾,让人头晕目眩。今天的褒城县仍有栈道的遗址复原,但因为褒河修了水库,已经无复当年的凶险感觉了。刘邦撤离关中,按照常规走了褒斜道,他听从张良的意见,所过之处烧毁栈道,表示绝不会从汉中北上。项羽看在眼里,自然也就放了心,不再提防刘邦,而将目光转向对自己不大服气的齐国去了。

刘邦在汉中老实待了没有4个月,看到项羽把主力东遣,觉得时机已经到来。刘邦手下的人都是跟着他从东边一路打过来的,对汉中、巴蜀的生活也不适应,将士们迫切希望能回到故乡去。这时候大将韩信给刘邦出了个主意,明修栈道,暗度陈仓,表面上派出一些残兵弱旅修复栈道,进度极其缓慢,实际上选择绕远路的方式,从汉中一路向西,绕到陈仓县(今天的宝鸡一带),跨过秦岭。章邯、董翳、司马欣三人还在注意着刘邦修复栈道的进度,根本没想到对方会虚晃一枪,从陈仓方向攻过来。章邯仓促之下去陈仓迎敌,大败而归。刘邦迅速平定关中地区，又经过了4年征战，这才把项羽逼得自刎乌江，天下算是暂时回到了统一的局面。

但是就在这年十月，燕王臧荼造反，发兵攻下了代郡。刘邦挥军北上，马不停蹄，解决了臧荼的叛乱，改封卢绾为燕王。这次事件大概给刘邦敲了警钟。眼下自己虽然打败了最大的对手项羽，各地的诸侯王名义上臣服于汉，但是都各怀鬼胎，不知道什么时候就会起兵想把自己赶下台。刘邦经过一番考虑，决定要一个一个地收拾这些诸侯王，从谁开始呢？其中有一位被封为韩王的韩信，进入了刘邦的视野。

这位被封为韩王的韩信，跟我们上面提到的大将韩信是两个不同的人。献上明修栈道、暗度陈仓之计的韩信这时已经位居楚王，名噪一时。而这位韩王信出身更为高贵，是韩国王室的后代。刘邦入关之初，就在韩国旧领土上寻访到了他，此后，韩信一直在刘邦身边效力，与刘邦的关系比较密切。刘邦占据关中，开始四面出击，韩信受命收复韩国旧土。大概因为韩信的王族身份，他在韩国境内的军事活动进展十分顺利，很快就被刘邦封为韩王。

平息燕王臧荼的叛乱之后，刘邦先将楚王韩信降为淮阴侯，夺去了他大部分的兵权，接着就瞄上了韩王信。与楚王韩信不同，韩王信是名门之后，在韩地人望很高，不能直接动他。刘邦借口防御北疆匈奴，要求韩王信带领人马向北移动，定都晋阳。这位韩王信当然对刘邦此举的目的心知肚明，就上书刘邦，要求把韩国的治所移到马邑去。马邑在今天山西省的朔县附近，当时属于雁门郡，比晋阳更为靠近北边，特别是马邑处于秦长城以北，背靠句注山，匈奴骑兵可以从西北方向直接奔袭过来，虽然位置冲要，但从当时的情况来看，却未必适合汉人驻守。韩王信为此专门写信给刘邦，说道："我的封地与匈奴人接壤，太过靠近边疆，匈奴人经常前来骚扰掠夺，边患严重。晋阳距离边境太远，无法作出快速的反应，希望您允许我将治所移到马邑去。"（《史记》卷93《韩信列传》）我推测韩王信这一举动，一方面表示自己愿意遵从刘邦的决定；另一方面又带着主力部队撤到汉匈边界的中点，一旦情况有变，刘邦与他正面开战，他尚可投降匈奴作为后援，继续在此周旋下去。

刘邦见了韩王信的来信，自然是欣然同意，两人各怀鬼胎，都在为今后公然撕破脸皮作着准备。就在这一年的秋天，汉地农耕到了收获的季节，匈奴人也开始准备大举南下，希望掠夺更多的粮食。冒顿亲自领兵，直接从阴山南麓的王庭所在出发，一路辗转向南。韩王信一边派出使者向刘邦告急，希望刘邦发兵救援，一边又对匈奴人的来袭消极应付，于是冒顿没费吹灰之力，就来到了马邑城下，鞭梢所指，匈奴的大军就把小小的马邑城围了个水泄不通。

刘邦接到韩王信的告急信件，立刻就识破了韩王信玩弄的这种小伎俩，匈奴人来得如此神速，如果说韩王信没有与匈奴人互通款曲，恐怕没人会相信。倘若刘邦就这样发兵的话，等在救援部队面前的无疑将是准备充分的匈奴铁骑，所以刘邦没有把部队派向马邑，而是先在太原、上党一线集结力量，然后派了个使者去见韩王信，当着众人的面把韩王信数落了一通。韩王信看到刘邦没有上当，就宣布投降匈奴，引导冒顿的大军向南翻越句注山，进入阴馆县。匈奴人完全突破句注山一线，进入地势相对平缓的滹沱河流域，向太原郡进军，而韩王信则向上党进发，成了匈奴的先锋部队。刘邦这时已经不能再坐视韩匈联军南下。这年冬天，他先亲自率军，在上党郡的铜鞮县与韩王信的主力进行一场会战。韩王信在这场战斗中被刘邦打得大败，不但主力被全歼在战场上，而且身边亲信将领几乎悉数战死。经历这一场会战之后，韩王信已经没有了在韩国立足的资本，无奈之下，只好完全投靠到冒顿单于一边，成为匈奴日后数次入侵的重要向导。这都是后话了，这里暂且按下不提。

冒顿不愧是匈奴民族历史上首屈一指的天才领袖，他很快就判断出来，自己将要面对的是汉朝的数十万大军，这些部队在楚汉战争中积累了足够的经验，且在自己的领土之内作战，一定会尽自己十二分的力量奋战到底，匈奴人绝不可能轻易获胜。于是，冒顿单于布置了一个大胆而周密的作战计划，历史上著名的白登之围就此将拉开序幕。

匈奴人与汉朝大军最初的接触战发生在晋阳。起初是汉军的探

刘邦与冒顿

子在广武(今山西省代县)发现有匈奴的骑兵队集结,后来匈奴骑兵越聚越多,到了万人以上的规模。这支匈奴骑兵队沿着滹沱河沿岸一路向南,看情形是准备攻击狼孟、晋阳一线。探子不断打听情报,得知这支万人以上的部队原来是由匈奴人的左右贤王率领,而担任向导的则是来自上郡白土县的叛将赵人王黄。刘邦对眼下的情况非常困惑,因为冬天已到,按说匈奴人不应该选择在这个季节继续出动掠夺,但是对方的左右贤王是仅次于冒顿单于的重要首领,部队的规模也不小,由此可以肯定,冒顿的主力部队应当就在附近。这种情况下,与其被动防守,不如选择主动出击,如果能够利用己方对地形的熟悉,给予冒顿沉重一击,也许能起到一劳永逸的效果。不过眼见已经是初冬时分,一旦寒流来袭,北方山地之中,一昼夜间就会变得冰天雪地,那时大军如果处于没有城塞的野外,岂不都要冻饿而死?刘邦思来想去,终于决定还是先与眼前的敌人接战,看看情况再说,如果能把冒顿主力引出决战,那么自己利用30多万士兵完全可以打一个漂亮的歼灭战,难不成冒顿还能比项羽更厉害吗?

打定主意之后,刘邦下了进军的命令。30余万汉朝部队一时俱进,声势非同寻常,其中更有一些老兵,从秦末战乱就开始经历大大小小各种战斗，一直过着刀头舐血的日子，这次要面对外族，更是杀气腾腾。匈奴骑兵虽说善于冲刺突击，但面对汉朝军队的厚实阵容，匈奴人也讨不到任何好处，再加上两军在人数上的对比差距太大，使得交战之后，战况呈现出一面倒的情景，匈奴骑兵的冲击就像瀑布上的水流冲击坚硬的岩石，碰起一片水花，却没给岩石带来什么实质性的伤害。反观汉军这边，刘邦手下将领们指挥若定，以坚实的姿态缓缓前进，不给对手任何可乘之机。就在刘邦几乎要相信此战一定会以全歼敌兵、大获全胜而告终的时候，匈奴人的战阵发生了变化。他们把骑兵重编了队形，拨转马头，分成几个小队，开始分批向战场的西北方向撤离。

这一举动非常奇怪，与匈奴人一贯表现出来的悍勇很不一致。刘邦正满心期待给这支骑兵队以致命一击，谁知道在发动总攻之前，他们竟像被狂风吹散的破布片一样远远逃开了。刘邦顿时有一种劲没使上的感觉，这种微妙的感觉让他很不舒服，总觉得预备着一场大战，不甘心就这样简单的收场，立即传令全军追击。与匈奴人快速机动的骑兵不同，汉朝的军队是以步兵为主，也有一部分骑兵和用马来拉的战车，虽然擅长占领和巩固阵地，但无论在短距离的冲刺还是在长距离的耐力方面都不足。所以刘邦只好安排负责运输的辎重部队在后方慢慢前进，前方依靠骑兵顺着匈奴人的撤退方向追踪，主力部队也一分为二，刘邦命令众位将领率领一部分士兵在后面紧紧追赶，而刘邦则坐镇晋阳，指挥战局。汉军就像一条行动迟缓的巨蛇，顺着匈奴骑兵的马蹄印子，向西北方向远远追了下去。

汉军的表现正中冒顿下怀。左右贤王的部队带着追兵在山野中大兜圈子，一会向东，一会向西，把汉军折腾得疲惫不堪。汉军几次打算停下不追，但他们一停下，匈奴人就表现出吝惜马力的样子，停下来让马休息一阵，待汉军远远追到，匈奴士兵却又是打了就跑，根本没办法形成真正的战斗。正所谓屋漏偏逢连夜雨，最让汉军受不了的事情终于发生了。到了这天傍晚，天边飘来一大片乌云，转眼间北风咆哮，大雪簌簌而落，气温立刻降得很低。匈奴人常年在气候变化很快的阴山脚下生活，对这场突如其来的大风雪早有准备，可汉军就惨了。士兵们大多握着铁制的刀枪，身上穿着铁制的盔甲，在这种天气里，兵器和盔甲根本没办法携带。四周都是荒山野岭，又有匈奴人在一旁窥伺，众将官不敢就地安营生火，只好忍着疲劳，再一路奔回晋阳城去。就这么折腾了一晚上，士兵之间每十个人里就有两三个人的指头被酷寒冻掉的。

刘邦虽然胜了这第一仗，但其实是有苦自己知罢了。汉军虽然号称32万，但有不少士兵在冰天雪地中折返跑了一个晚上，受了严重的冻伤，他们没有折损在匈奴人的手里，却折损在这恶劣的天气下。关键是天气如此寒冷，如果坚持进军的话，恐怕将会蒙受更大损失。就在此次会战看起来似乎要无功而返的时候，突然有情报传来，有边防哨兵看到冒顿单于带领人马，驻扎在句注山北面的代谷，有准备在那里过冬的迹象。这个情报让刘邦和众位将领精神一振。紧接着不断有情报传来，冒顿的部队没有再次移动，侦察部队看到出入营帐的匈奴人大多是一些老弱幼残之辈，壮硕的骑兵并不多，随军的牲口也都瘦小得很。刘邦得到情报之后，好像又看到了将匈奴彻底打垮的希望，但他毕竟久经战阵，懂得一切要小心从事，便命令一位大将奉春君刘敬亲自去探查回报。

说起这位奉春君刘敬，是位值得一提的人物。他本来并不姓刘，而是姓娄，是旧齐国人。娄敬本人并没有参与过秦末长时间的战争，他与刘邦的初遇，已经是刘邦平定项羽之后的事情了。那时娄敬被征发去戍守陇西，路过洛阳，正巧刘邦当时正在洛阳，并有建都于洛阳的意思。娄敬当时正与一同被征发的伙伴推着一车粮食赶路，碰上了一队汉军，领头的将领娄敬认识，正是自己的同乡，姓虞，很早就离开家乡，到刘邦部队里参军去了，没想到在这里遇到。也是娄敬本来颇有才华，又素有大志，此时他福至心灵，放下推车用的輓辂，冲到虞将军跟前，大声喊道："我想朝见汉家天子，有一些事情要向他汇报！"虞将军也认出了娄敬，念在他戍守辛苦，且两人有同乡之谊，也就有意帮他一把，便把他留了下来。娄敬一路走来，风尘仆仆，身上只有一件破旧的羊皮袍子，虞将军想帮他弄身新衣裳，去见刘邦时也显得体面一些。娄敬却婉言谢绝，说道：“小人如果穿的是当官人家的绫罗绸缎，就穿着绫罗绸缎去晋谒皇帝；如果穿的是百姓人家的破袍子，那就穿着破袍子去晋谒皇帝。既然要保持本色，就不敢换身上的衣服。”于是虞将军就代为禀报，刘邦同意召见，并请娄敬吃饭。

酒足饭饱之后，刘邦问娄敬到底有什么事。娄敬问道：“陛下您打算在洛阳建都，是不是打算效法周朝，故此有这样举动啊？”刘邦点头表示肯定。娄敬继续说道：“这就是您的不对了。陛下您夺取天下，跟周朝夺取天下是完全不同的两回事啊。周朝的先祖是上古有名的后稷，唐尧把后稷封在邰（今陕西省西安市武功、周至一带），这一家的功德深入民心，从尧舜开始传至殷商，大概有十几代人了。公刘躲避夏桀时的迫害，迁居到豳（今陕西省彬县）。太王又因为戎狄的缘故，从豳迁居到岐（今陕西省西安市岐山县）。两次大迁徙，国人都争先恐后地追随他们。等到周文王做了殷商的西伯，天命所归，吕望、伯夷这些贤人都从东边的海滨之地跑来投奔他。周武王讨伐商纣王，军队到达孟津的时候，有八百诸侯不请自来，派兵助阵，都说现在讨伐纣王的时机已到，于是灭商立周。周公辅佐成王，天下太平，才经营洛邑，因为这里是天下的中心，四方诸侯朝贡，到这里的路程比较平均。周定都于此，意思是说，今后要以德服人，而不是依靠险要的地势，免得后世君主骄奢淫逸，虐待百姓。所以周朝极盛的时候，天下四方都尊奉周天子，根本不用准备戍卒和士兵，边境上的蛮夷也都称臣于周。而周朝衰落之时，分为东周西周，没有诸侯前来朝贡，周天子对天下也失去了约束力。不是因为天子无德，而是因为形势不同了，周的实力衰弱了。

“今天陛下您大不一样，您是在沛县起兵，靠着自己当初的3000人马，先占据巴蜀汉中，再平定三秦，跟项羽大战荥阳，争夺成皋。经历了大战70场，小战40场，让天下人肝脑涂地，父子战死沙场，尸骨至今无人掩埋。现在天下人哭泣之声没有停下来，伤患者也尚未痊愈，而您却想仿效周朝，跟成王康王的时代比肩，小人窃以为不太可能。况且秦地有大山黄河，四面都是险要所在，而且人口众多，一旦天下有变，征发百万人的军队不是问题。因为秦国少有战乱，秦始皇又不断聚敛，所以那里土地丰腴，物产丰富，大家都说那里是天府之国。陛下您如果建都于关中，山东地区即使出现战乱，但是秦地仍然在您掌握之中。这就好比市井小民互相打架，不卡住对方的咽喉，压住后背，就不能认为是获胜。假如陛下您改为建都关中，占据旧秦的领土，这就叫做卡住天下的咽喉，压住天下的后背啊。”

刘邦听了娄敬的一番话，觉得不无道理，便跟群臣商量。群臣大多是山东地方人，都说秦只经历二世就亡了国，而周王朝立国数百年，不如建都洛阳。最后张良出面支持入关，刘邦这才作了定都长安的决定。嗣后，刘邦说道：“首先倡议入关的是娄敬，‘娄’姓其实就是‘刘’姓。”于是娄敬就改名刘敬，作了侍奉刘邦的郎中，人称奉春君。与其他将官不同的是，刘敬没有丝毫的武勋，虽为新贵，但众位同僚与高祖刘邦都不是很重视他，这次把侦查冒顿的重要任务交给他，对刘敬来说也是一次难得的机会。

按下刘敬前往代谷不提。刘邦在刘敬走后的几天里，每天都收到关于冒顿在代谷安置老弱的情报，大家都认为机不可失，现在大风雪已经过去，应当尽快发兵。将领们开始主动请战，认为一定是草原上出现了饥荒或瘟疫，使得冒顿只好将部落安置在代谷，所以匈奴营地里只有瘦弱的牛马。大家七嘴八舌的一说，本想持重的刘邦再也没有了冷静的判断，下令汉军主力向北出动，翻越句注山，直扑代谷。

就在刘邦传令出兵的第二天，刘敬从代谷侦查完毕，赶了回来。他火速入见刘邦，要求刘邦赶紧撤回北上的命令。刘邦急忙召见，询问刘敬代谷情况如何。刘敬先肯定此前几天哨兵们传来的情报不是虚报，冒顿的确驻扎在代谷，但是刘敬不赞成出兵的决定，他说道：“两个国家之间的交战，双方肯定要夸大自己一方的声势，表现出自己强大的一面，才能提高自己的士气，让敌人不敢轻举妄动。现在微臣所见，都是一些老弱之人，匈奴势力如此强大，就算有饥荒瘟疫之类的天灾发生，也不至于到如此地步。这一定是冒顿的诡计，想要暴露自己的弱点，诱使我们上当，我猜想他们一定有奇兵埋伏在附近。所以微臣以为不应该出兵进攻。”

刘敬的分析句句在理，但此时汉军已有 20 多万人开拔上路了，前锋部队恐怕追也追不回来。再加上刘敬没有参与过大的战斗，刘邦总疑心这家伙有点胆小，即便冒顿真有伏兵，自己毕竟统帅 32 万大军，如果就为了担心这些天知道有没有的伏兵而放弃进攻的话，岂不是要被部下和士兵笑话？刘敬的说话技巧也有待提高，面对一个君王，当他犹豫的时候，就应该在一旁静待其思考，而非一味啰唆。但刘敬仗着自己受到刘邦的信任不断劝告，而且还说了什么如果贸然出击，有可能全军覆没之类的话。这样一来，反而把局势弄僵了。刘邦就算想过要不要谨慎思考一下，也被刘敬的极力阻拦激发了斗志。因此刘敬不劝阻还好，越是劝阻，刘邦的怒气就越盛，刘敬一说完，刘邦就指着刘敬破口大骂："你这个齐国来的俘虏，凭着一张利嘴做了我身边的官，现在还敢在这里胡说八道，乱我军心！"便让帐下的亲兵把刘敬绑了，带上枷锁发配到广武（今山西省代县）去了。

冒顿的安排正如刘敬所说。冒顿先让左右贤王打打停停，把汉军拖得疲惫不堪，让汉军一方的将领都希望来一场速战速决的战斗。在这样的心态下作战，汉军一方步兵的优势就完全发挥不出来了。反倒是匈奴骑兵来去如风，每次南下的目的都是掠夺城塞中的粮食与人口，早就习惯了打了就跑的作战方式。从这一点上来说，冒顿已经拥有了战略上的主动权，剩下只要等着刘邦一头钻进自己的圈套中来就可以了。

下面的战斗就简单多了。在刘邦的积极配合下，冒顿的计策得到了充分的实施。先是汉军一路奔袭到了代谷，因为疲劳的士兵和庞大的辎重，使得汉军的队列变得绵延狭长。冒顿的骑兵突然在白登山脚下出现，从汉军两翼冲杀过来，大概有 40 万之多，轻而易举突破了汉军脆弱的侧翼，把汉军狭长的队列一截两半。匈奴骑兵惯用的战法是先集中突破中央，然后再包抄两翼，如果正面与刘邦的步兵交战，只要对方的阵容足够厚实，无法穿透中央，这一战法就无法发挥威力。但现在汉军的中央薄弱，轻松就可以击穿，这样汉军就成了匈奴人攻击的活靶，几乎变成了一场单方面的屠杀。

刘邦在这样的危急时刻，倒是把他的统帅才能发挥到了极致。他不断集结兵力，组织反击，即使大败已呈不可逆转之势，但汉军还是靠殊死抵抗，逃过了被围歼的命运，撤入了离白登山最近的平城，算是稍稍获得了一点喘息之机。冒顿一声令下，40万匈奴铁骑把平城围了个水泄不通，将汉军的另一半部队挡在重围之外，这就是整个中国古代军事史上赫赫有名的“白登之围”。

刘邦被匈奴人围在白登，辎重部队却在城外，粮食无法运送进来。幸好匈奴人擅长骑射，攻城却是他们的弱项，冒顿虽有40万铁骑，却忌惮攻城不克，汉军内外夹攻，倒也不易对付。于是一连7天，双方竟然一场战斗都没打，冒顿希望把刘邦饿死在城里，可以不战而胜；刘邦则盼着城外的部队能找机会突破匈奴人的围困。

眼见得汉军士气越来越低落，刘邦正不知该如何是好，突然有亲兵通传，说陈平求见，刘邦大喜过望，似乎在绝望中抓住了最后一根稻草，让亲兵把陈平赶快请进来。

陈平何许人也，为什么能让刘邦如此兴奋？这个人很不简单。陈平原来是阳武户牖乡人（今河南省原阳县附近），是当地有名的美男子，他不爱种地，只喜欢四处游历。因为游手好闲，陈平在乡里的名声一直不大好。有一次乡里举办祭祀活动，陈平担任祭祀的宰，负责给大家分肉。每位父老乡亲分到的肉都很平均，大家都很诧异，纷纷说道：“没想到陈家这个小子做宰做得不错！”陈平却说：“哎！假如让我来做天下的宰相，也能像做分肉的宰一样啊！”

秦末大乱之后，陈平投奔项羽，参与了灭秦的战役，并被项羽封为信武君。此后，陈平因公事得罪了项羽，辗转投降到刘邦帐下，甚得刘邦的器重。但是众将如周勃、灌婴等不服，多次在背后向刘邦说陈平的坏话，但刘邦依旧用人不疑。刘邦与项羽在荥阳展开拉锯战的时候，陈平献反间之计，宣言楚将钟离昧等人对项羽不满，认为自己立有大功，而没有获得封王的权利，想要投靠刘邦。项羽于是疏远了钟离昧等人。项羽最重要的谋士就是亚父范增，陈平也针对范增下手。当项羽派遣使节到刘邦营中谈判的时候，陈平让刘邦先准备了丰盛的酒饭款待，见到使节之后，又假装吃惊说："我还以为是亚父派来的使节，原来是项王的属下！"于是撤去丰盛的酒饭，换上粗茶淡饭。项羽的使节回去以后，将这一情况汇报给项羽，项羽便开始怀疑范增，以后再不肯听信范增的计策。可以说，楚汉战争之中，刘邦能够最终获胜，陈平的功劳是非常大的。此后刘邦解除楚王韩信的武装等等，均有陈平在背后出谋划策，是刘邦智囊团中的第一号人物。虽说这次出兵与匈奴决战靠的是将领们的冲锋陷阵，陈平的权谋之术派不上用场，但出于这么多年的习惯，刘邦还是把陈平带在身边。虽然带着智囊，但在战况紧急之下，刘邦竟把陈平忘在了脑后。这次陈平求见，一定有什么脱身的妙计献上，故此刘邦一听陈平来了，就知道自己的救星到了。

《史记》和《汉书》写到这里，这个故事就语焉不详了，只说陈平给刘邦献上了奇计，派出使者去见单于身边的阏氏。阏氏是个专用的名号，我们在第一章已经介绍过，大致相当于中原的皇后。于是冒顿就解开了围困，刘邦得以生还。司马迁还加上了一句"其计秘，世莫得闻"。意思是说，这条计策是个秘密，只有刘邦和陈平两人知道，所以大家都不清楚，真是吊足了读者的胃口。司马迁又在《史记·匈奴列传》中说，阏氏劝冒顿说："刘邦也算是一国之君，应该给他留条后路。就算您得到了汉地，又能怎么样呢？也不可能让他们真心降伏。况且汉主也有神灵佑护，您要认真考虑啊！"陈平到底靠什么打动了阏氏，让她对冒顿说出这样一番话来，实在是个谜。

到了东汉初年的时候，有位学者桓谭在其著作《新论》里提到，陈平的所谓"奇计"，就是告诉冒顿单于的阏氏，汉朝有不少漂亮女子，如果刘邦被冒顿打败，就不得不把美女进献给冒顿，到时候冒顿一定会迷恋上汉地的美女而疏远阏氏。阏氏惧怕失宠，于是给冒顿大吹枕边风，终于让冒顿解围而去。桓谭在下文还补上了一句，"这条计策实在太不光彩，所以没有泄露出来"。另一位学者，生活在东汉末年的应劭讲得更加具体，他在《汉书音义》里说，陈平让画工画了一幅美女图，然后叫使者把这幅美女图带给阏氏，阏氏担心汉地的美女与自己争宠，因此才劝冒顿单于解围放刘邦一条生路。

以上两家的说法恐怕都有夸大的一面，但在一定程度上也有其合理性。陈平献上的计策一定与美女有关，这就是后来所谓的“和亲”政策。这一点在《史记》和《汉书》里面都没有说明，主要原因大概是刘邦这一仗败得太惨，所以关于白登之围的前后，史书里都不好写得很详细，特别是关于解围前后的一些细节，司马迁始终羞羞答答，含糊其辞，很多内容今天都不是很清楚，但仍能从其他地方看到一些蛛丝马迹。

比如《史记·刘敬列传》记载，刘邦在白登败后，立刻将刘敬从广武召回来，赦免他的罪过，承认了自己的错误，加封刘敬为建信侯。此后，韩王信彻底投靠冒顿，赵人赵利、王黄等人也勾结匈奴，出没在代郡和云中一带。没过几年，又有大将陈豨在北边造反，背后均与匈奴势力有关。因为很多汉地将领投降到匈奴一边，使匈奴对汉朝的情况相当了解，所以冒顿数次南下骚扰，成为汉朝边防的头号难题。刘邦垂询刘敬，问刘敬对此有何办法。刘敬答道：“现在天下刚刚结束战乱，安定下来，士兵们对战争都已经有了厌倦情绪，想要解决边患，不能诉诸武力。冒顿杀掉自己的父亲头曼单于，这才坐上了单于的宝座，完全依靠自己的武力来威压统治臣民，像这样的人也不可能通过仁义来感化他。现在有一条长远之计，可以让冒顿的子子孙孙对汉朝称臣，但恐怕陛下您做不到啊。”从刘敬的言辞之中，我们可以发现他已经吸取了上次的教训，试图用激将的方式来说服刘邦。刘邦一听，果然被刘敬打动，对这一计策大为好奇，说道：“如果真的可行，怎么会做不到呢？到底要我怎样做呢？”刘敬答道：“假如陛下您能够让您的亲生长女嫁给冒顿，并且不断给对方送钱和货物，对方一定会认为汉朝天子把亲生女儿嫁过去，迟早会变成阏氏，生下的儿子也一定会成为太子，今后一定会做单于。因为他们贪图我们汉朝送给他们的钱，陛下只要打听清楚匈奴缺少什么东西，就在我们汉朝每年收入的东西里面拿出来给他们，再派一些擅长言辞的使者过去，用礼节来教化他们。冒顿在世的时候，从名分上来说算是您的女婿；哪天冒顿不在世了，那就轮到您的外孙做单于，有谁听说过做外孙的敢跟外祖父较量的？这样可以不用打仗，慢慢让对方俯首称臣。”刘邦很高兴，打算照刘敬说的做。结果刘邦的夫人吕雉不愿意，每天都以泪洗面，哭着说："贱妾就太子一个儿子和公主这一个女儿，为什么要送到匈奴那种地方去啊！"刘邦也舍不得，最后找来个佣人的女儿冒充公主，嫁到冒顿那里去，并让刘敬做使者护送公主前往，顺便让刘敬与冒顿缔结和亲的条约。

这一事件说明，汉高祖刘邦在位期间，除了白登之围前对冒顿发动了一次大规模的进攻之外，以后都是靠和亲政策维系北方边境的和平。这里的疑问就是，为什么在白登之围中，刘邦性命受到严重威胁的时候，没有人提出使用和亲的方法来解决问题，反而在白登之围以后，情况并不是那么危急的时候，刘敬却忽然提出和亲的主意，而刘邦竟又欣然同意，并且很快就加以实施了呢？这里一定有什么问题，《史记》和《汉书》没有讲清楚。

我非常怀疑，和亲政策应该是在白登之围时由陈平向刘邦提出的。白登之围以后，刘敬建议和亲，只是把当初陈平的计划付诸实践而已。为什么呢？陈平送给阏氏美女图等等，固然是传说，但是也可能真有其事，只是这张美女图很可能就是准备把汉朝公主嫁给冒顿单于的信物。对冒顿来说，他贵为匈奴单于，不可能被普通的一个美女所打动，只有汉朝公主这种身份，才有可能让冒顿考虑解开重围，为刘邦网开一面。所谓阏氏害怕汉朝进献美女之后被冒顿疏远，故而劝导冒顿解围云云，恐怕都是刘邦等人为了向臣下和士兵们解释，所以编造出来的借口。其实，和亲谈判早在白登之围时已经开始，只是这种方式实在太过屈辱，而且在没有吕后同意的情况下也不敢太过声张。拿公主作为筹码交换匈奴退兵，这样的计策也只有陈平这种精于权谋的大臣想得出来，同时也只有他敢于将此计进献给刘邦，其他人恐怕连想都不敢想吧！

白登之围对汉人的影响很大，毕竟是刘邦亲自率领 32 万大军出动，结果换来的仍然是一场惨败，这在当时人的心目中留下了难以抹杀的恐惧心理。而且刘邦很可能与匈奴人在和亲之外还签订了非常严苛的城下之盟，对汉朝政府而言是一个沉重的负担。司马迁生长在西汉武帝之世，这些问题还比较敏感，故此在《史记》里面总是三缄其口，尽量避开不谈。但到了班固写作《汉书》的时代，情况有所改变，所以《汉书》里面的描写透露出当时双方约定的一些条件。比如，汉朝与匈奴之间明确划定了疆界，标准是所谓的"秦故塞"，也就是秦长城一线。汉朝的军队要撤到秦长城以南，而将秦长城以北视作匈奴人的领土。汉孝文帝后元二年（公元前162年），文帝曾让使节带给当时的老上单于一封国书，里面提到一道"先帝诏书"。这一诏书的内容是说，秦长城以北，是匈奴的"引弓之国"，都要听命于单于；秦长城以南，是汉朝的"冠带之室"，都要听命于汉朝皇帝。汉朝诸帝从高祖刘邦开始，接下来是惠帝刘盈，然后才是文帝刘恒。这一先帝诏书不知道是高祖刘邦所下还是惠帝刘盈所下，但从内容上来看，似乎很像是高祖刘邦在白登之围后颁布的。由此大致可以知道，在白登之围的时候，双方就边界问题进行过谈判。这一边境划定一直持续到汉武帝以后才宣告废除。

再如，汉朝每年还要送给匈奴大量的金器、棉絮、布缯、美酒、食物等等，特别是在和亲政策之下，每次皇帝将公主嫁到匈奴去的时候，还要再进行额外赠送。这种赠送一直持续到武帝初年才告停止。其间匈奴单于虽然偶有回赠，但都是象征性地送几匹马之类，双方国书均以兄弟相称，虽有嫁女之事，但是似乎并没有像刘敬说的那样，变成翁婿甚至祖孙关系。

汉朝接受这样的条件，实际上已经把自己变成了匈奴的臣属，与其说是和亲，倒更像是贡女。这样的处境让后代的史家实在羞于启齿，所以无论是司马迁还是班固，都没有正面叙述这些尴尬的情况，而是在许多细节上不经意间提到一笔，又轻轻带过，试图掩饰这一屈辱的经历。但文帝时期的贾谊在上书皇帝时，把真相揭露了出来，他说道："现在匈奴不把我汉朝放在眼里，经常侵略骚扰，不仅仅是对汉朝的不敬，简直已经是天下的大患。在这样的条件下，我汉朝还要每年给他们各种金絮采缯等贵重物品。匈奴本是夷狄之邦，却每年享受我们的贡品，这明明是君主的作风；我汉朝的天子却要每年为匈奴进贡，这是臣下应尽的义务。这样一来，不就变成本来应该在下面的双脚，跑到本该在上面的头脑之上去了吗？这样倒悬的情势，如果不赶紧解决，国家还成什么体统！这已经不仅仅是倒悬的问题了，而是一方的病痛。今天在西边和北边的边境郡县，连五尺以上的孩子都不敢随便放松警惕，长城烽火台上的哨兵根本不敢躺下，将士们都要披着甲胄睡觉，所以我说这是一方的病痛啊！而陛下您怎么能够忍受这样的事情呢？明明有皇帝的称号，实际上却做着夷狄的诸侯。又要对人家卑躬屈膝，祈求不要开启战端，却又不断被人家欺负。"

贾谊说的情况虽然有所夸张，但大概都是事实。汉朝前期数任皇帝对匈奴的卑躬屈膝，恰恰来自于白登之围，可以说白登之围的失败，直接造成了和亲等消极防御政策的形成。而这种以和亲嫁女的方式消极对待夷狄的态度，我们在此后的中国历史中屡见不鲜，成为历朝历代都不断重复的一种常见手段了。

2.3　汉朝初年的汉匈和亲

刘邦刚刚建立西汉的时候，还没有刘姓以外的人不能封王的约定。在击败项羽这个最大的竞争对手之后，刘邦实际控制的地区并不大，他只得将帮助自己起兵灭秦的一些异姓将领都封了王，然后再一个一个地着手剪除。被封在北边的一些诸侯王经常被匈奴劝诱谋反，所以汉初投降匈奴的将领非常多。当时毕竟匈奴力量强大，鸟择良木而栖，跑到匈奴那边去苟活，总比在汉朝等着战死或战败被处死强得多，而匈奴人也有意利用这些降将去招揽更多的汉人。从汉朝一方来讲，一旦发现有人叛变，投靠匈奴，汉政府也无力攻打，只能不了了之。

比如我们前面几次提到过的韩王信，《史记》说他在汉高祖十年（公元前197年）唆使赵人王黄去拉拢代郡的陈豨，终于让陈豨造反。第二年，韩王信又联合匈奴骑兵进驻参合，即距离平城不远的地方，准备袭击代郡。刘邦派遣樊哙带兵反击，只是针对韩王信采取了军事行动，扫清了韩王信在代郡、雁门、云中等地的势力，仍然严守汉匈以"秦故塞"为界的协定，没有向塞外进军。樊哙军中有一位柴将军，跟韩王信的私人关系不错。他写了一封信劝韩王信归降汉朝，信的大致内容如下:“陛下对待部下宽厚仁慈。即使有些诸侯叛逃,但一旦表示愿意重新回来,陛下往往恢复他的称号封地,不会使用斩首这样的极端惩罚。这些想必大王您也都知道。现在您不过是因为战败而投降匈奴,又不是犯下了多大罪过,还是赶紧回来为好!”

韩王信并没有听从柴将军的劝降,回信说道:“陛下把我从臣仆之中提拔起来,让我有封王的机会,这当然是我毕生的荣幸。但是荥阳一战,我没有死于战斗之中,反而被项羽擒住,这是我的第一件大罪。后来匈奴攻打马邑,我没有坚守,反而投降,这是我的第二件大罪。今天我还要骚扰边境,跟将军您决战沙场,这是我的第三件大罪。春秋越国的文种、范蠡,并没有罪过,反而落得一死一逃,现在我对陛下犯下了三件大罪,还打算活在世上吗?现在让我逃亡到山谷之间,每天都要寻求别人的保护,我渴望重回汉朝,就像盲人渴望复明一般,但这实在是无法办到的事情。”最后两人在参合一场大战,韩王信战败被杀。

韩王信死后,陈豨与燕王卢绾又勾结匈奴,在边境起兵。陈豨是什么时候开始追随刘邦的,史书上没有记载。刘邦从白登归来之后,马上把陈豨封为列侯,这是汉代国家二十等封爵中最高的一等,然后命陈豨作为赵相国将统帅赵、代边境上的边防军,可谓颇受重用。正所谓天有不测风云,人有旦夕祸福,陈豨刚刚要在政治上崭露头角的时候,就惹下了麻烦。当时高官都有门下养客的风气,陈豨看似要变成朝廷新贵,前来投奔他的门客不计其数。大概是因为少年得志,不懂得行事要低调的道理,陈豨从赵国邯郸经过时,宾客随从上千人,声势浩浩荡荡,陈豨安排他们住在邯郸的官舍里面,把官舍的房间都住满了。等到陈豨回到代郡之后,赵国相周昌马上跑到长安,要求觐见刘邦。他要见刘邦不为别的,专为打陈豨的小报告,说陈豨宾客众多,又在外负责边防事务,兵权在握,恐怕今后会出问题。虽说当时养客并不是稀奇的事情,但是养客多至陈豨这样,又如此招摇,再加上远在北边,偏又手握兵权,难保不遭到皇帝的怀疑。刘邦毕竟是个明白人,只是派人去查访陈豨的门客有没有作奸犯科的行为。但陈豨门客多至上千,总是有一些犯罪逃匿到他家里避风头的人,所以很自然地就把他牵连在其中了。

陈豨看到楚王韩信和韩王信这样的前车之鉴，知道事情已经到了不易辩驳的地步，便偷偷联系王黄、曼丘臣等投降匈奴的将领。到了高祖十年七月，汉朝的太上皇，也就是刘邦的父亲生病死了，要大办丧事，刘邦派人请陈豨赶赴长安，参加追悼。陈豨生怕刘邦要趁机对付自己，便找了个借口，说自己此时已经病重，长安路途遥远，边境情况又不稳定，实在不敢擅离。到了九月份，陈豨索性就联合王黄等人在代郡造反，自称代王，开始对代郡、赵国发起掠夺。

刘邦看到陈豨造反，便亲自点齐兵马前来讨叛，没想到按下葫芦起了瓢，在代郡东面的燕王卢绾也跟着陈豨造反了。

我们在前面提到过卢绾这个名字。原来的燕王臧荼造反之后，就是让卢绾来取代臧荼的位置。这次王位变更也揭开了刘邦内部整肃的帷幕，可以说汉朝建立以后的内部战乱主要是从这里开始的。卢绾此人不但是刘邦同乡，而且两家的父执辈交往甚厚，刘邦与卢绾恰巧在同一天出生，邻里乡亲都带着羊和酒跟两家人共同庆贺。等到了上学的年纪，两个人又在一起学习，交情莫逆，邻里乡亲们看到两家世交，生子同日，两个孩子长大之后也相亲相爱，于是又带着羊和酒与两家人一同庆贺。后来刘邦起兵，卢绾一直追随刘邦，是刘邦最为信任的人，最后官至负责统帅兵马的太尉，封爵长安侯。

臧荼叛乱被平息之后，刘邦打算给卢绾也封个王当当，燕王的位子正好空出来。但刘邦也有一点顾虑，天下是刘邦打下来的，如果封刘氏子弟为王，大臣们不会有太多异议；如果封异姓为王的话，眼下异姓诸侯王仅有 7 人，在秦末也都立有大功，再封卢绾为燕王，恐怕会招致大臣们的不满。于是刘邦想了个主意，他下了一道诏书，命令群臣推举一位功臣来做燕王，然后又通过各种途径示意大家，希望卢绾被推举出来。下面这些大臣们也都各自心领神会，都说卢绾自起兵以来，跟随刘邦平定天下，功劳最多，应当受封燕王。于是，汉高祖五年（公元前 201 年），卢绾被立为燕王，在众多诸侯王中，卢绾最受刘邦的宠信。

转眼到了高祖十一年秋天，陈豨在代郡造反，刘邦亲自到邯郸坐镇指挥，让燕王卢绾从东北方向同时出兵。陈豨让王黄求助于匈奴。

卢绾也派出使臣张胜前往匈奴，劝阻匈奴发兵。张胜到匈奴之后，正巧当初燕王臧荼的儿子臧衍流亡在匈奴，两人本来就互相认识，不想这次竟然相逢在异国他乡。臧衍问明张胜的来意，对张胜说："大人您之所以在燕国身居要职，是因为您对匈奴事务比较熟悉。燕国之所以一直存在，到现在还没被撤销，是因为总有诸侯反叛，军事行动持续不断的缘故。现在大人您为了燕国出访匈奴，是打算尽快平息陈豨的叛乱，但请大人考虑一下，假如陈豨兵败，下一个可就要轮到燕国了，到时候大人也许就要从功臣沦为俘虏了！大人为何不让燕国且慢进军，坐视陈豨之乱，而与匈奴保持和睦的关系呢？如果事态发展并不危急，燕王可以长期保住王位，一旦今后世势有变，这也是保存燕国的一条后路啊！"

张胜觉得臧衍所说不无道理，于是见到冒顿单于之后，丝毫不提劝阻匈奴发兵之事，反而劝匈奴帮助陈豨来攻打燕国。燕王卢绾得到消息之后，认为张胜肯定是要打算效法陈豨，准备作乱了，便上书刘邦，要求准许自己诛杀张胜一族。书信刚刚发出，张胜就匆匆忙忙从匈奴那里回来了，赶紧向燕王卢绾备述这次出使的经过，又添油加醋地把臧衍的话复述了一遍。卢绾也觉得臧衍所说很有道理，但给刘邦的上书已经发出，来不及追回了，便随便找了一家做了张胜全家的替死鬼，把张胜家属隐藏起来，让张胜为自己联络匈奴。卢绾又派遣另一位使臣范齐到陈豨那里，鼓励陈豨坚持作战，不要投降。

为什么卢绾作为刘邦儿时的好友，在这个时候突然要反叛刘邦呢？大概也是前面说过，刘邦对这些异姓诸侯王心存猜忌所致。尽管天下已定，但异姓诸侯王手中均有数量可观的军队，他们都是曾经称霸一方的枭雄，随时有起兵造反的可能。虽说这些异姓诸侯王名义上臣服于汉朝，可刘邦为了长远打算，决定要剪除异姓王。他采取的方法是逐个击破，到汉高祖十二年的时候，当时的异姓诸侯王如韩信、彭越、黥布等人或被杀，或逃亡，已经大受打击。卢绾身为异姓王之一，此时亦难免有兔死狐悲的感觉，他凭着与刘邦是总角之交而跻身王位，此时却不知道能否免祸，所以对他来说，结交匈奴自然是他保命的最后手段了。

这时刘邦并不知卢绾已经起了二心，还被蒙在鼓里，并未有丝毫的怀疑。高祖十二年，樊哙在代郡与陈豨作战时，陈豨的一名部将投降后，向汉军交代卢绾曾与匈奴交通，并让范齐与陈豨一起策划谋反的经过。樊哙经过详细审问之后，大吃一惊，立刻上报刘邦。刘邦派使者召见卢绾，卢绾也学陈豨的法子，推脱自己生了重病，不能远行。刘邦算是对卢绾仁至义尽，又派出辟阳侯审食其、御史大夫赵尧两位重臣前去迎接，顺便向卢绾的左右下人打探风声。卢绾一见刘邦摆出一副执意要自己前往的样子，愈加害怕。他对自己的亲信说道："现在天底下不姓刘的王，就只有我和长沙王吴臣两人而已了。去年春天的时候，听说朝廷族诛了淮阴侯韩信，夏天的时候又杀了彭越，这些都是吕后的主意。现在主上年老病重，朝廷大权实际上都操纵在吕后的手中。吕后只是一个妇人，不能让天下信服，就打算借着杀掉我们这些异姓王和功臣们来立威。"于是坚持说自己生病，拒绝上路。

假如卢绾顺从地前往长安，朝见刘邦，一切未必不能解释，或许刘邦念在乡情，只要把他的王位革除也就行了，现在卢绾拒绝上路，态度很明确了，这不是明摆着要跟刘邦作对吗？卢绾的手下人也不是对形势一无所知，看到彭越、黥布等人的下场，谁还敢跟刘邦对着干，于是纷纷逃走，卢绾的密谋自然也泄露了出去。这些消息传到辟阳侯审食其的耳朵里，马上就报告给了刘邦。刘邦本来对卢绾还抱有一丝希望，这下再也抑制不住心中的怒火了。紧接着从匈奴处传来线报，有人说曾经被判族诛的张胜并没有死，现在正作为燕国的使臣与匈奴联系，为造反作着准备。刘邦勃然大怒，对大臣们咆哮道："看起来卢绾这家伙是真的要造反啦！"便命令樊哙火速进攻燕国。这时刘邦已经病得很重，即将走完他生命中的最后一段时间。卢绾带着他的亲眷家属，又集合了数千骑兵，跑到了长城边，盼着刘邦病愈，能够获得被赦免的机会。结果这一等就等到了四月，刘邦病死的消息传来，卢绾意识到自己已经无法再在燕国立足，只得带领自己的人马投降了匈奴。一开始，匈奴人还很重视卢绾，将东胡之地封给他，让他做东胡之王，人称东胡卢王。

但匈奴人打心眼里瞧不起这种降将，卢绾处处受人欺负，冒顿单于也不大愿意理他，所以卢绾心中充满了悔恨和愁苦，总想着什么时候可以重回汉地。就在这样的苦闷中生活了一年有余，卢绾终于因病死在匈奴的土地上，再也没能看到长城以内的燕塞风光，而他的一部分妻子儿女在吕后执政时归降汉朝。再后来，卢绾留在匈奴的后代也重回汉地，不过那已经到了孝景帝中元六年（公元前 144 年），上距其祖叛逃已有 51 年之久了。

汉高祖刘邦死后的十几年里面，惠帝、吕后相继在位，这一时期匈奴仍然数度挑衅，而汉朝政府则一如既往地退缩避让，没有大的冲突发生，但也几次到了战争的边缘。比如吕后曾经收到冒顿单于的一封信，里面充满了对吕后侮辱性的言语。司马迁照例在《史记》中对这封信讳莫如深，只是简单地说了“妄言”两个字了事。班固在《汉书》里面记载了这封信的大致内容，冒顿单于写道：“我作为一国之君，生在草泽之中，和牛马们一起，成长在平旷的原野之上，几次造访贵国的边境，想要一览中原的大好河山。陛下您现在孤身一人，我也是孤身一人，两个孤独的人无以自娱，不如以我所有，来交换您没有的东西。”

吕后见信勃然大怒，立刻召集丞相陈平、将军樊哙与季布等人来商议报复，打算杀了来使，发兵攻打匈奴。大将樊哙当众表示自己愿意领兵出战：“您如果能够给我 10 万大军，我就可以横行匈奴国中！”樊哙本人是一介勇夫，论起计谋来不值一提，他虽然夸下海口，但实际上以当时汉朝的力量想要与匈奴抗衡，未免不自量力。吕后又问季布的意见，季布远比樊哙持重，赶忙答道：“樊哙说此话就该当斩首！从前白登之围的时候，我汉朝出动大军 32 万，樊哙身为上将军，我朝高祖皇帝被匈奴骑兵围困在平城之中，樊哙不能为高祖皇帝解围，他现在说此大话，当时人却在哪里？那时边境的百姓还编了一首歌，唱的内容就是白登之围，歌词说：‘平城之下亦诚苦，七日不食不能彀弩’（歌词大意是：平城之中的日子实在辛苦，七天没吃饭饿得拉不开弓）。直到现在，边境百姓唱这首歌的声音还不时萦绕在士兵们的耳边，当时经历过围城之祸的将士们的伤痛尚未平息，而樊哙还打算动摇天下的根本，出动 10 万大军去征伐匈奴，完全是不自量力，可以说犯下了欺君之罪。况且话说回来，我们跟匈奴有什么好计较的？他们说一句好话，我们不值得为此而高兴；他们侮辱我们，我们自然也不值得为此而生气啊！"

季布深知吕后的脾气，这个时候一定不能正面劝阻，否则只会激起吕后的怒火，无益于平息事态，所以他明着是在怒斥樊哙，实则是在借此来劝告吕后。吕后听了季布的劝告，想到以高祖皇帝刘邦的本事，尚且不是冒顿的对手，也逐渐从盛怒之中恢复了冷静，连声称是。负责宫廷事务的大谒者令张泽文笔极佳，于是吕后让张泽给冒顿单于写了一封回信，回信的内容译文如下：

> 单于对我们这样一个小国念念不忘，还赐给我们国书，实在让我们惶恐不已。接到来信之后，我们自己认真考虑了一下。我现在已经上了年纪，气血衰退，头发和牙齿都开始松动脱落，走路也走不稳当了。单于可能是误信了失实的传言，没道理为此而让您这样的人物受到亏待。这实在不是我们的过错，希望您能够宽恕。我有日常的坐车二驾，马二匹，打算送给您，充作平常出入的乘骑。（班固《汉书》卷 94 上《匈奴传》）

经过这一番恳求，冒顿单于也感到有些不好意思，于是又派了使节回信道："我以前并不了解中原的礼节，万幸陛下宽宏大量，饶恕我的不敬之罪。"于是双方再次以和亲的方式，渡过了这次外交难关。

吕后以下，汉文帝登基，和亲仍然是维系汉匈之间和平的唯一手段，所以汉文帝一上台就与匈奴商量和亲事宜，但在这期间也并非一帆风顺。汉文帝三年（公元前 177 年），就在双方商谈和亲期间，匈奴右贤王从阴山南麓向黄河南岸移动，发动上郡（今陕西省榆林市到米脂县之间）边境的其他少数民族，烧杀抢掠。于是汉文帝派当时的丞相灌婴率兵 8.5 万人，从长安出发，行至高奴（今陕西省延安市），预备迎击匈奴右贤王。右贤王见势不妙，退兵出塞。从史料记载来看，文帝曾亲自前往高奴，又从高奴动身至太原郡，似乎有亲征匈奴之意。但恰逢此时济北王刘兴居在荥阳起兵作乱，文帝无法在两面同时开战，于是命令灌婴解严罢兵，改为攻打荥阳，这一次的战役也就因内乱而消弭于无形。

转过年来，冒顿单于给汉朝发来国书，司马迁和班固都记录了这封信的全文，其内容译文如下：

> 天所立匈奴大单于敬问皇帝无恙。上次皇帝提到了和亲的事情，我们看到来信，都非常高兴。但今年汉朝边境的军官对我右贤王有侵侮的行为，右贤王并未向我请示，而是听从了后义卢侯难氏[1]的献计，与汉朝军官发生了边境上的冲突，使我们的和约受到了破坏，背弃了兄弟之间的友谊。皇帝一再给我写信责备，我也派遣使者前去调节，但右贤王既不来见我，就连汉朝的使者也不再来了，导致汉匈之间一时不和，邻国也因此不再归附。现在我已经以破坏和约的罪名，责罚了右贤王，让他到西边去攻打月氏人。借着天降洪福，以及我们精锐的骑兵战马，打算彻底击败月氏，把它变成我匈奴的领土。再打败楼兰、乌孙、呼揭以及周围的二十六个小国，都把他们变为匈奴的臣属，使这些游牧民族都汇为一家。现在北边已经获得了安定，希望皇帝同意双方停战，让士卒人马得到充分的休养生息，不再为前事介怀，恢复我们原来的和约。这样可以保持边境的和平安定，让孩子能够顺利成长，老人能够颐养天年，世世代代和平安乐。不清楚皇帝是怎样的想法，所以让郎中系雩浅为您带来我的这封信，并为皇帝献上骆驼一头，用于乘骑的马二匹，用于拉车的马二匹。皇帝如果不愿意让匈奴人接近边塞，就请皇帝下令，把汉朝军民也远远移开。希望使者一到，就能收到皇帝的回信。（《史记》卷110《匈奴列传》）

匈奴的使者在六月抵达边境，将冒顿单于的信带给了汉朝政府。文帝收到来信之后，组织大臣就汉匈关系今后的走向问题进行了讨论，其实讨论的焦点只有一个：究竟是继续打下去，还是尽快实施和亲。大臣们普遍倾向于和亲，大家纷纷说道："冒顿单于刚刚打败了月氏人，现在士气正旺，我们如果贸然开启战端，恐怕对我方不利。况且就

---

〔1〕 氏，音支。

算我们打赢了匈奴，他们居住的土地并不适宜农耕，占领了也没什么用处。还是和亲更加有利。”

其实文帝对此早已心中有数，不过是想听取一下群臣的意见而已。要知道，文帝上台以后，一直奉行休养生息政策，史书上说他平时都穿着比较粗劣的衣服，而且不用金银铜锡作为装饰，就连他最宠幸的妃子，衣裳的下沿都不可以拖到地面，而且寝室的帷帐上也不能绣花。曾经有大臣向文帝提出，宫中应当建一座露台，文帝召集工匠计算了一下，大概要花费100两黄金，于是说：“100两黄金，大概相当于10户中等人家的全部财产，我住在先帝建造的豪华宫殿里，还常常担心别人为我感到羞耻，还建什么露台呢！”于是露台的事情自然作废。文帝就是这样一个人，即位之后，宫殿服饰玩物没有一点增加，尽可能地与民休息。与匈奴开战，势必要影响到边境地区的人民生活，还会造成内地人民负担加重，明显与他的一贯政策不相符，所以说文帝早在大臣商议之前心中就已经有了定见，但兹事体大，现在无非是要看一下群臣的态度如何而已。经过这一番讨论，主张和亲的意见几乎占了压倒性的多数，很快就作出了和亲的决定。于是文帝六年，派出使节觐见冒顿单于，带去文帝的亲笔回信一封，译文如下：

> 皇帝敬问匈奴大单于无恙。前信已经收到，我非常同意您的意见，这真是古代圣王才会有的仁者之心啊！汉与匈奴相互盟誓，愿意结为兄弟之国，所以汉朝每年都要送给单于许多供奉。但是现在看起来，匈奴经常会违背我们的约定，破坏兄弟之间的亲情。既然右贤王侵犯我汉朝边境的事情已经过去了，那么也希望单于不要再追究下去。单于如果赞同我的意见，就明确地告诉臣下，不要违背与汉朝之间的和约。这次我给单于准备了天子所穿的文绣外衣、短袄和外袍各一件，梳篦一支，以黄金为饰的腰带一条，黄金带钩一支，又有绣有图案纹样的上等布四十匹，锦缎三十匹，红、绿两色丝绸各四十匹，让中大夫意、谒者令肩带给单于。（《史记》卷110《匈奴列传》）

从双方通信的内容来看，除了冒顿写给吕后的那封信言语中充满了侮辱戏弄之外，给文帝的信件却是态度恭顺，而汉文帝的回信也是不卑不亢，颇有华夏蛮夷之分。其实分析起来，这些史料都有问题存在。首先，《史记》并没有将冒顿致吕后信，以及吕后回信收入《匈奴列传》，只是隐约提了一句，可见其内容是犯了西汉政府的忌讳的，在当时还提不得。幸好班固在《汉书》中保存了这一材料，否则我们是无法了解到《史记》所说的“妄言”是怎么一回事。其次，《史记》所收冒顿与文帝的来往信件明显经过了当时人的修改，最为突出的一点就是，匈奴使臣被称作“郎中系雩浅”。从史料记载中的情况来看，我们大致可以猜测匈奴人里面懂汉语的大概不会很多，能够使用汉语写信的就更罕见了。这封信一定经过了汉人的翻译整理。郎中本是汉地的官名，从春秋战国时代就已经存在于史料之中。汉朝的郎中常在君主身边，一般担负护卫和参谋的职能，也会承担外交使命，所以“郎中系雩浅”恐怕是汉人无法理解匈奴官制，而在汉朝制度找了一个对应的官号安在了匈奴使臣的头上。官制可以修改，信里面的用词和口气之类的就更加难说了，否则冒顿单于没有道理在对待吕后和文帝时表现的前倨而后恭。之所以要作这样的修改，大概是为了保全汉文帝面子的缘故吧。从这些来往信函之中，我们也可以感受到当时汉朝与匈奴之间地位的不平等。匈奴使臣前来，准备的礼物无非是 1 头骆驼 4 匹马而已，但汉朝却要献上如此之多的衣物布匹，价值完全不相符合。匈奴想要入侵时，双方所谓的和约和兄弟之情就仅仅是一纸空文而已，匈奴想要和亲时，也并不是真的和汉朝皇帝有什么亲情可言，无非是图谋汉朝给他们的礼物而已，还要夸耀武力，形同讹诈。近代外交关系中有所谓“两国实力平等时，外交即实力；两国实力不平等时，实力即外交”的说法，其实这句话在古代中国外交活动中也能反映出来，只是往往被中原王朝的史官利用各种修辞技巧掩饰过去罢了。

这次汉匈和亲提出之后，冒顿单于病死了，他的儿子稽粥继承了父亲的位子，称为老上单于。汉文帝在汉家宗室之中挑出了一位比较合适的女孩子，算是汉朝的公主，让她来承担和亲的任务，到老上单于那里去做阏氏。

公主毕竟是个女孩子，必须再有一个人来负责外交事务和情报工作，就找了一个宦官随行。这位宦官来自燕国，名字叫做中行说。燕、赵、代这些地方处于汉帝国的北部边疆，距离匈奴较近，人们多半通晓匈奴的语言，对匈奴的情况自然也比较熟悉。长安地处关中，燕国人本来也不算太多，宦官里面来自燕国的就更少了，再加上做这样的工作，必须要头脑灵活、聪明伶俐。大臣们挑来挑去，只有中行说一个人比较适合，可是这位中行说却并不领情，直截了当地对大臣们说，他根本就不想去匈奴。照他的说法，燕国已经接近边塞，环境远不如关中地区，自己好不容易才从燕国出来，现在却要去比燕国还远的匈奴，估计这一去就是一辈子的事情，无论如何也不愿意。大臣们自然不会理会一个小小宦官的抗议，软硬兼施，非他去不可。中行说无奈之下，只好威胁众人说："我自己本不想去匈奴，但既然你们一定要我前去，这违逆了我的本心，今后我一定会成为汉朝的祸患，到时请你们不要怪我！"果不其然，中行说一到匈奴，就立刻向老上单于表示投降归顺之意，很快就取得了老上单于的宠信。

早先匈奴人接受汉朝的和亲，很大程度上是贪图汉朝每年给他们的布帛与食物之类。中行说却对老上单于说："匈奴虽然兵强马壮，但毕竟人口远远不及汉朝，大概只相当于汉朝一个郡而已。之所以这样还能称雄于北方，是因为我们的衣服食物都与中原不同，不需要依赖汉朝的缘故。现在单于改变原来的习俗，使我们匈奴人喜欢穿汉朝纺织精美的衣物，喜欢吃汉朝制作精致的食物，这样下去的话，汉朝不过是把自己十分之二的出产送给了匈奴，而匈奴人不就慢慢全部变成汉朝人了吗？请您现在就穿着汉朝人的丝锦衣服，骑马穿行在草泽荆棘之间，最后衣服裤子必然会全被刮破。然后把这些破衣服展示给我们的人民看，让他们明白汉朝的衣服虽然漂亮，但只是徒有其表，绝不如我们毛皮衣服结实；把汉朝送来的食物都扔掉，表示不如我们匈奴的牛马乳酪方便好吃。"

中行说除了帮助匈奴人严守自己的游牧习俗，发挥所长与汉朝对抗以外，还教老上单于的属下作数字记录，用来统计匈奴的人口和牛马数量。以前汉朝皇帝写信给匈奴单于，都是写在竹简上面，竹简的长度为一尺一寸（汉代的一尺大约相当于今天的27.7厘米，一尺一寸约有30.5厘米长），上写“皇帝敬问匈奴大单于无恙”，以此作为问候语，我们在前面的往来书信中都能够看到。中行说让老上单于给汉朝皇帝写信时用长为一尺二寸的竹简，一定要比汉朝的简长一寸，就连写完信以后盖的印都要比汉朝的大许多，开头问候语写成“天地所生日月所置匈奴大单于敬问汉皇帝无恙”，以抬高自己的地位。不仅如此，中行说还曾站在匈奴文化的立场上，与汉朝来的使者辩论汉文化与匈奴文化的优劣，这段辩论被记载在《史记·匈奴列传》中，译文如下：

汉朝使臣中有人说：“匈奴的习俗不善待老年人。”中行说向这位使臣问道：“汉朝也有到边境服役的规定，那些准备出发去服役的人，难道他们的父母不会亏待自己而让儿子吃好穿暖，好能平平安安上路服役吗？”汉朝使臣答道：“那是自然。”中行说继续说道：“匈奴人平时把战争看做第一要紧的事情，上了年纪的老人和幼弱的儿童没办法打仗，所以一定要让年富力强的壮年人好吃好喝好穿戴，这样才能保卫各自的家庭，父子之间就应当这样啊！为什么要说匈奴人不善待老人呢？”

汉朝使臣一看，从父慈子孝的角度驳不倒对方，就赶快改变战略，说道：“匈奴父子都在同一个帐篷里生活，一点分别都没有。父亲死后，儿子还可以娶自己的后母；兄长死后，弟弟还可以娶自己的嫂子。平时毫无父子兄弟的伦常礼法可言。”中行说反驳道：“匈奴本来就与汉地不同，人们都要吃牛羊的肉，喝牛羊的奶，穿牛羊的皮。为了找到合适的地方放牧，让牛羊能够繁衍生息，就必须随着季节变化不断迁徙游牧，寻找水草丰美的土地。一旦有紧急情况出现，人们就开始练习骑射，没有战事的时候，大家就相安无事，人们的生活非常简单，没有那么多约束。君臣之间不像中原一般，有那么多的繁文缛节，大家的地位都很平等。父子兄弟之中，如果有人不幸死去，则娶对方的妻子为妻，是担心自己的家产流失掉。所以匈奴人虽然没有伦常观念，但是每个宗族都能够流传下去。中原王朝虽然有伦常的规范，但亲属之间关系越发疏远，有时还会互相攻杀，这样的事情并不少见。更何况这种观念产生了很多流弊，人们都想尽办法去建造宫室房屋，虚耗民力。汉地的人们平时为了衣食而辛苦耕种，又为了自保而建筑城墙，长此以往，出现紧急情况，人们并不知道该如何作战来保护自己，平时又要承担各种劳役。真可叹你们这些号称衣冠礼仪之邦的人们啊！也没什么别的本事，就只会卖弄口舌之利，学了那么多衣冠礼仪，又有什么用呢？"

从此以后，汉朝使臣再有想辩论的，中行说就说："汉朝使臣不用多说了！汉朝要送给匈奴的布帛食品，也不用太多，只要足够精美就可以了。你们还有什么可说的呢？而且你们送来的东西要是质地良好则罢了，如果粗制滥造，等你们谷物成熟的秋收时节，我们匈奴铁骑一定会去把你们的庄稼都踏为齑粉！"

中行说不但帮助匈奴人维护自己的游牧文化，还帮助老上单于完善了匈奴政权。与此同时，匈奴人又开始破坏和亲，南下骚扰汉朝北边，恐怕与中行说也有关系。根据《汉书·文帝纪》，在汉文帝十一年（公元前169年），匈奴人袭击了狄道县（今甘肃省临洮市附近）。3年之后，匈奴人又大举入侵，这恐怕是自冒顿单于围高祖于白登之后，规模最大的一次入侵。《史记·匈奴列传》里记载，匈奴方面由老上单于亲自率骑兵共14万人，攻入了朝那（今宁夏回族自治区固原市一带）、萧关，不但劫掠了大量人口、粮食、牲畜，还在对战中杀死了北地都尉卬。北地都尉隶属于北地郡，是秦汉以来扼守关中平原北线最重要的军事据点，这一下关中大为震动。匈奴人一路向南进发，一直打到雍县（今陕西省宝鸡市）的西北方向，火烧秦代修建的回中宫。又有汉军探子报告，在雍县和甘泉（今陕西省西安市西北方向）都发现了匈奴的侦察骑兵，一时间各种情报满天飞，叫人难辨真假。要知道甘泉离长安已经不远，秦始皇曾在甘泉修筑宫殿，距离长安只有300里，据说可以站在宫殿之上望见长安，这对匈奴骑兵来说不过是半天的路程而已，可以说已经打到了汉文帝的鼻子底下来了。

这次匈奴人的进攻与以往有很大不同。以前在冒顿单于的时代，匈奴人大多依赖燕赵之地投降过来的汉朝将领，以这些人为向导，骚扰今天的山西、河北北部和中部地区，距离汉朝的中央政府所在地长安比较远，而且往往是连打带跑，利用汉军在反应上的时间差达到掠夺的目的。但从汉文帝十一年开始，这两次进攻表现出匈奴人对汉朝有了更进一步的了解，他们把入侵的重点从东北一线移向了西北一线，这里距离长安更近，也就更容易对汉朝中央政府构成威胁，形成切肤之痛。

古代社会信息交通十分困难，特别是关于地理方面，由于没有精密绘制地图的技术，如果没有亲身去过一个地区，很难对该地区的地理环境有一个清晰的认识，具体到军事领域，地理知识对军事活动的制约作用就越发明显了。匈奴人长期在北方草原活动，与中原王朝接触较少，并不了解中原王朝的政治与地理情况。在大量燕赵降将投奔匈奴之后，由于这些降将大多来自各自的配属地区，往往只对燕赵等地比较熟悉，而对整个汉朝的北边防御情况不甚了解。随着吕后、文帝数朝间，汉匈使臣不断往来，汉朝对匈奴的了解固然有所深入，匈奴对汉朝的认识也在增加，再加上像中行说这样的人，本身来自燕国，又在长安供职，对东北、西北两部分地区都有所了解，所以匈奴入侵突然从东北转向西北，绝不是盲人摸象一般的偶然行动。

汉文帝对这次入侵极为重视，甚至准备御驾亲征。《史记·孝文本纪》中说，汉文帝亲自犒赏军队，激励士卒，但是大臣们都认为身为天子，不应当亲自上阵，一旦再出现一次白登之围的情况，说不好会有怎么样的后果。汉文帝不听，直到皇太后出面制止，文帝才放弃了御驾亲征的念头。于是文帝派中尉周舍、郎中令张武为将军，出动战车1000 辆，骑兵 10 万，驻守长安周围，以防匈奴进逼长安；又让昌侯卢卿等人分别担任上郡将军、北地将军、陇西将军等等，征发各地驻守士兵攻击匈奴。说是攻击匈奴，其实还是以防守为主，发动大军的意义主要在保卫政治中心长安。而老上单于施施然在汉朝的关塞以内转悠了一个多月，这才退出塞外，而汉朝军队也不敢追赶，看到老上单于退走，仍然不敢破坏双方以秦长城为界的约定，只是严守城塞而已，双方竟是一仗都没打过。由此以后，匈奴越发骄横，年年派兵骚扰边境，袭击范围西至陇西，东至辽东，文帝毫无办法，只好继续跟匈奴作和亲谈判。

到了文帝后二年（公元前 162 年），文帝给老上单于写了一封长信，派使者带过去，信中内容译文如下：

皇帝敬问匈奴大单于无恙。单于让使者雕渠难、郎中韩辽送给我两匹马，已经送到，我已收下。先帝时匈奴与汉朝立有盟约，长城以北归属匈奴，长城以南是我华夏之地。如此划分，希望双方臣民子孙，能够各自幸福生活，双方能够和睦共存。现在我听说有些人贪图一点蝇头小利，背弃了我们长期以来的盟约，破坏了臣民们的安定生活，离间你我之间的兄弟情谊，现在事情已经都过去了。您托使者带来的信里说："两国已经和亲，两国君主都很高兴，应当停止战争，一切重新开始。"我也很期待这一切。对圣人来说，每一天都是一个新的开始，我们让过去的一切都过去，现在从头再来，让老人能够颐养天年，幼儿能够快乐成长，子民们都能安居乐业。我跟单于都想如此，顺从天意，爱惜民力，这样的心意一代一代传下去，无穷无尽，该有多好！汉朝与匈奴是邻国，匈奴地处北边，天气寒冷，出产不多，所以我就下诏让有关官员送给单于食物、丝绸和财物等等，每年都会如此。现在既然已经和平，人民也需要休息，我跟单于都应该把自己当做是臣民们的父母，来为自己的臣民打算。我想想当初战争的起因，无非是我们送去的物品有些瑕疵，或是臣下一时糊涂，然而这些都不足以破坏我们之间的手足之情。我们汉朝有句话说得好，"天地对人一视同仁，不会偏向着哪一方"。让我们一起摒弃前嫌，为长远打算，让两国人民形同一家。这样不只是两国人民，就连天上飞的鸟、水里游的鱼、山上爬的虫，也都会沾染我们的恩德。所以我打算把从单于那里逃亡来的章尼等人放回去，希望单于也不要追究他们的过错。我听说古代的圣王都说话算话，决不食言。单于只要下定决心，一定会天下太平，请您一定要认真考虑一下。

老上单于收到来信之后，对和亲表示接受。于是汉文帝下诏说："匈奴大单于给我来信，说和亲已经确定。匈奴不进入长城以内，汉朝也不要到长城以外，如果有违反和约的就杀头，这样才能保证和亲长久，对双方来说都会有利。朕已经答应了。现在布告天下，好让大家都知道此事。"

这一次和亲的效果还算明显，似乎匈奴在一段时间之内，没有对汉朝边境再次发动进攻，短暂的和平维持了4年。老上单于并没有像他父亲那样长寿，就在和亲4年之后，老上单于死了，由他的儿子军臣单于继位。军臣单于上台之后，继续重用中行说，仍然延续老上单于的基本政策，就是打打和和，汉朝如果提出和亲就一律接受，和亲一段时间就继续入侵。这一政策让汉朝为和亲背负巨大经济负担的同时，边境也始终不得安宁，同时也促使了汉朝中的一些官员开始思考对策，由主守逐渐转向主战，汉匈关系即将进入一个新的历史阶段。

3 汉朝对匈奴的反击

3.1 汉人主战论调的滋长

自从汉高祖刘邦遭遇白登之围以后，汉朝政府内部对匈奴主战的声音一直受到压制，比较典型的事例就如我们在上一章中提到的，冒顿单于给吕后写了那样一封侮辱性的信，樊哙主战而被斥责，吕后也只能忍气吞声。汉文帝以后，虽然对匈奴的入侵坚决抗击，但也不敢越雷池一步，仅仅把匈奴人赶回长城以外就算了事，至于主动出击，根本没有人敢去想。此时，汉朝有两位大臣见到匈奴势大，汉朝示弱，不由得心中焦虑，向文帝作了许多建议，他们可以说是后来主战派的先驱者。我们在这一节准备主要介绍这两位大臣对匈奴问题提出的诸多对策。

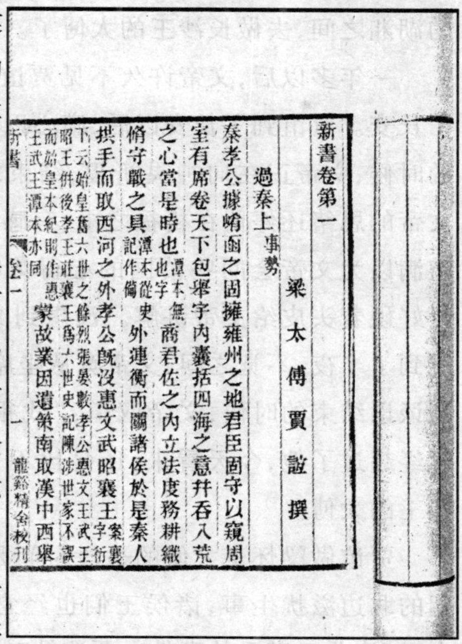

新書卷第一

過秦上 事勢 梁太傅賈誼撰

秦孝公據崤函之固擁雍州之地君臣固守以窺周室有席卷天下包舉宇內囊括四海之意并吞八荒之心當是時也（潭本無也字）商君佐之內立法度務耕織脩守戰之具（潭本從史記作備）外連衡而鬬諸侯於是秦人拱手而取西河之外孝公既沒惠文武昭襄王（案襄王字衍下云始皇奮六世之餘烈張晏數孝公惠文王武王昭王并後孝王莊襄王為六世史記陳涉世家不誤而始皇本紀賜作惠王武王潭本亦同）蒙故業因遺策南取漢中西舉

新書 卷一 一 龍谿精舍校刊

《贾子新书》书影

首先，第一位就是在历史上赫赫有名的贾谊。相信大家对贾谊并不陌生，他不仅因《过秦论》而被奉为一代文豪，还因“可怜夜半虚前席，不问苍生问鬼神”的沧桑诗句让后人不断为他的怀才不遇而感喟。贾谊是洛阳人，18 岁就能够背诵《诗》、《书》，还写得一手好文章，在当地大大有名，20 多岁的时候就被郡守推荐到汉文帝那里，在朝廷中做了博士。

所谓博士,就是皇帝的顾问,不但要有一技之长,具备专门的素养,还要博览群书,知识丰富,能够回答皇帝提出的各种问题。有很多次汉文帝下令要讨论问题的时候,年长的博士们不知道的事情,贾谊却能够对答如流,并且都能抓住要害所在。博士们也都认为贾谊这个年轻人才能出众,所以不论是汉文帝还是大臣都非常喜欢和器重贾谊。他不断得到破格提拔,很快就做到了太中大夫的高官。

贾谊认为汉朝这时已经建立了20多年,现在应当建立制度,振兴礼乐,就向汉文帝提出了建议。汉文帝召集大臣商议,提出让贾谊担任更为重要的九卿之职,结果原本那些跟着刘邦打天下做了大官的功臣,比如周勃、灌婴等人都嫉妒他,背后在文帝面前说贾谊的坏话,"像贾谊这种在洛阳长大的小孩子,年纪轻轻,学识浅薄,一心想把大权独揽,不可委以重任,否则会给朝廷带来许多麻烦"。结果文帝听信了这些功臣的诽谤,慢慢开始疏远贾谊,不再采纳他的意见,把他派到遥远的湖湘之间,去做长沙王的太傅了。

一年多以后,文帝许久不见贾谊,竟然也想念起来,就征召贾谊回了长安。贾谊到了长安以后,满心以为这次会得到重用,结果入朝求见的时候,文帝正在向神灵祈福,结束之后,就坐在宣室之中接见贾谊。文帝的思绪还停留在祈福之中,有感而发,就向贾谊询问鬼神之事。贾谊满以为文帝会问些治国的心得策略,没想到突然问起鬼神来了,也只好硬着头皮给文帝讲解。没想到文帝竟然对此很有兴趣,这一讲就讲到了半夜,不觉之间,文帝竟从坐席的远处,移坐到坐席的前端来了。当谈话结束的时候,文帝叹道:"我很久没有看到贾生了,自以为自己已经超过了他,今天看来,还是比不上他啊!"于是又任命贾谊去做梁怀王的太傅。

贾谊做梁怀王太傅的这段时间是汉朝的多事之秋,匈奴不断在汉朝的北边滋扰生事,诸侯王们也经常破坏国家的法令,甚至出现了淮南王、济北王谋反的事件。贾谊针对这些问题写了很多的奏议,上疏文帝,希望重新建立制度。根据贾谊所说,当时国家的各种弊政太多,其中可以为之痛哭的有一件,可以为之流涕的有两件,可以为之长叹的有六件，至于其他违背事理而伤害正道的，就难以一一列举出来了。这些奏议有的收入了《汉书》中的《贾谊传》，有的保存在后人为贾谊编纂的作品集《新书》里面。这里详细介绍专门讨论如何处理匈奴问题的一篇，里面重点讲述了贾谊制匈奴的“三表五饵”之策。

所谓“三表”，归纳起来就是要文帝作出爱护匈奴、喜欢匈奴的一种姿态，以此来引诱匈奴投降汉朝，这是大的方针政策，而“五饵”则是具体的实施办法。什么是“五饵”呢？我们以其中第一饵为例来看看贾谊的计策，译文如下：

> 陛下若肯听从微臣的计策，那么微臣就自己拿出多余的钱财，用来招待匈奴的降人。年长的匈奴人就给他穿绣衣，年少的就给他穿锦衣，然后赏给他们银车五辆，车上打扮得漂漂亮亮的，每辆车有四匹马来拉，上面打上绿色的伞盖，再找一些人跟着当做从骑。总而言之，要作到连单于出入都没有这么豪华的声势。只要有匈奴的降人来到我国，我们就这样招待他们，以后匈奴国中听到见到的人，肯定会羡慕这些降人，互相转告，就会人人都盼着能逃亡到汉朝来，也能过上这样的生活。这就是第一个饵。

以下“四饵”，大致也是这种性质。贾谊认为只要这样做了，匈奴人以后就会互相猜忌，单于也会寝不安枕，食不甘味，“整天挥剑跨弓，蹲在帐篷的一角，左看右看，总觉得到处都是要背叛自己的匈奴人”，而匈奴群臣们也会“即使内心不打算投降汉朝，也觉得别人在怀疑自己”。用不了多久，就会形成匈奴人大举降汉的风潮。

我们可以把贾谊跟中行说作个简单的比较。中行说劝说老上单于不要改变匈奴的风俗习惯，减少对汉朝的依赖，而贾谊也劝导文帝用汉朝的生活方式和各种优待来诱惑匈奴人投降。两者表面上针锋相对，但从事实层面来看，中行说的做法更为立足实际，而贾谊的“三表五饵”之说带有浓重的书呆子气，根本无法施行。先不要说在游牧民族与农耕民族之间的生活习惯差异，就是在经济上，西汉王朝也不可能作到对每一个匈奴降人如此优待。大概正因为这样，《史记》、《汉书》并没有收录贾谊的这篇奏议，也不知道文帝对此的态度如何，但毫无疑问的一点是，这一方案并未得到施行。客观来看，贾谊的“三表五饵”并没有离开传统的和亲政策太远，还是延续着“怀柔—送礼—优待”这样的轨道来进行，只是贾谊提出了征服匈奴的设想，这比刘敬当初献上和亲之计时所使用的类似精神胜利法的东西，还是要高明不少。事实上，陈平、刘敬提出和亲之计只是出于应付政治难局而准备的权宜之计，但后来不断奉行，在人们的头脑中已经成为了一种对待匈奴的思维定式，而贾谊稍作改变，提出要不战而使匈奴降汉，已经是一种进步。此后汉朝的有识之士不断思考降服匈奴之策，贾谊在这方面可谓勇敢的先行者。

第二位提出对抗匈奴方略的，是稍晚于贾谊的晁错。晁错与贾谊不同，他不像贾谊那样早慧，也不如贾谊小小年纪就得享大名。晁错一开始学的不是儒家经典，而是法家的申韩之术，所以比起贾谊，晁错身上少一些书生意气。史书上说他为人“峭直刻深”，显然与他早年间的法家背景有关。等到晁错任太常掌故一职以后，太常又命他去学习《尚书》，接受儒家经典教育，以后慢慢升迁为太子舍人、门大夫，也做过博士，又升为太子家令。要是论起升迁的速度，晁错比起贾谊来可就慢多了，但是晁错口才很出色，深得太子的欢心，被称为太子的“智囊”。今天经常使用的“智囊”一词，最早是用来形容晁错的，可见他在太子心中地位之高。

晁错像

晁错在任太子家令的时候，曾针对匈奴入侵的问题给文帝上过一篇奏议。与贾谊不同的是，晁错提出的办法是以夷制夷，奖励边境屯田。这一奏议见于《汉书·晁错传》，译文如下：

> 据微臣所知，防备边境有多种办法，有小国与大国的不同，强国与弱国的不同，地势险要与地势平缓的不同。别人实力强于自

已，就要屈尊降贵，以小事大，这是小国的方法。如果敌我力量均等，难以分出强弱，那么就应该联合周围的小国，一起对抗大国，这是实力对等时的办法。联合夷狄来对抗夷狄，不烦劳我汉朝出兵，而让他们同类之间自相攻击，这才是我们中原华夏应该采用的方法。

匈奴远处塞外，地形、习惯都与我中原不同。我们的马匹不善于上下山坡，穿行溪涧；我们的骑兵也不善于在险要狭窄的地方奔跑骑射；我们的人民也不能忍受狂风暴雨、饥渴疲劳。这都是匈奴人比我们有优势的地方。但假如到了平原之上，我们使用战车和骑兵冲锋，匈奴的部队纪律性不强，容易自乱阵脚。我们的强弩和长戟，射程远远超过了匈奴人的弓箭。我们的步兵甲胄坚固，刀枪锋利，再加上部队配置得当，一支部队里面既有长兵器，也有短兵器，还有弩弓手。我们的士兵军纪严明，令行禁止。这都是匈奴士兵无法比拟之处。我们制造出来的弓箭材质优良，命中率高，也非匈奴人的甲盾所能抵挡。从马上下来，站在地面上战斗，使用刀枪剑戟近身格斗，更非匈奴人所长。这些都是我汉朝的优势所在。由此来看，匈奴的优势有三项，而汉朝的优势则有五项。陛下只要发动我们数十万军队，来歼灭只有数万人的匈奴，我众敌寡，正可以发挥以一击十的数量优势。

然而战争总有偶然性的一面。有时一场战争成功与否，就能决定两国间大小强弱的实力对比。即使是取得了胜利，那也是靠士兵的死亡换取来的，也有可能难以重振声威，到时后悔也来不及了。最好使用一个万全之策，方能立于不败之地。如今从各个蛮夷之地投降到我汉朝来的胡人大概也有几千人之多了，上面提到匈奴所具备的优势，他们也都一样具备。不如由我们来提供甲胄兵器以及边境地区出产的好马，再找一些比较了解这些夷狄生活习俗、能够取得他们信任的将领来做他们的统帅。在地形险要、环境恶劣的地区，就以这些夷狄军队作为主力作战；在那些平原开阔地区，就以我们的汉军为主力作战。两支部队互相配合，协同作战，各自发挥所长，这才是万全之策啊！

晁错建议除了要充分利用汉军所长以外，还要联合其他的降汉夷狄来对抗匈奴。这种思考方式从古代可追溯到苏秦、张仪等战国纵横家的合纵、连横之术，后来汉朝通使西域，也基本上是按照这一方案来执行的。问题是，既然汉朝的优势项目多于匈奴，而且人数也远远超过匈奴，按照这一标准来看，汉匈之间的战争应当是汉朝有利才对，但结果又非如此，原因究竟在哪里呢？晁错也给出了说明（译文如下）：

胡人喜欢吃肉喝奶，穿皮毛制成的衣服。他们不像汉人，要住在城池之中，要有耕地和住宅。匈奴人就像广袤原野上的飞禽走兽一般，碰到水草茂盛的地方就停下来，等草枯水竭的时候就移往别处。由此来看，来来往往，不断迁徙，这就是匈奴人的生活方式，就跟我们以农耕作为生活方式是一样的。现在匈奴人不断在我们北边游牧，有时到燕、代一带，有时到上郡、北地、陇西等地。他们的侦察兵就看我们有多少边防士兵，如果边防士兵较少，他们就准备入侵。这种情况就很难办了。如果陛下不予救援，那么边境上的人民就会逐渐绝望，从而产生降敌之心；如果陛下发兵救援，那么发多少兵也就成了问题。发少了，不足以起到救援的作用，弄不好会造成战火扩大；如果调集大军救援，路程又远，等大军一到，匈奴人又闻风远遁。大军如果驻守当地，暂不退兵的话，那么花费实在太大；如果就地解散，匈奴人转眼又回来了，仍然骚扰百姓。长此以往，整个国家就要为此背上沉重的包袱，百姓也不得安生。

针对这一问题，晁错的建议是进行屯边，防御匈奴南下。他说（译文如下）：

陛下担心边防问题，不断派出部队修葺城塞，实在是利国利民的大事。但戍守边塞的边防军大多是从远方征发来的，一年一换。新来的往往对匈奴的作战方式并不了解，等到熟悉了以后，很快又服役结束，返回故乡了。不如选出一些人，让他们常年居住在边境附近，就在边境上成家耕种，同时演习备战。空闲时间就安排他们修筑城池，里面准备投石和铁蒺藜等等。城中再建一座子城，内外两城间距共一百五十步。城池都要建在战略要冲，能扼守交通要道。城内的居民不应少于一千家，城周围应当设置防备骑兵用的竹篾。城中先建好房屋，准备好农具，招募罪犯来这里屯田；如果嫌只有罪犯不够，就让那些犯了罪想要赎罪的人将自己的奴婢上交到这里，如果有人自愿将奴婢献到这里，就给他封爵；这样还不够的话，最后再招募想要到这里来屯田的百姓，只要有人想来，就给他赐爵免役，由官府提供四季的衣服和口粮，直到他们屯田的收入能够自给自足为止。来自郡县的这部分百姓可以自行出钱购买爵位，不限高低，高级爵位可以买到列侯。如果这些百姓有丧夫或丧妻的，官府可以代为购买奴婢、妻子、衣服等等。从人情上来说，如果一个人到了这么荒凉的地方而没有配偶的话，是不可能长久居住下去的。住在边境城塞中的百姓，没有那么多的收入，想让他们长远居住在这种危险的地方是很困难的。所以一旦匈奴人入侵抢掠，能够阻止匈奴人抢掠的人将得到政府的奖赏，奖赏的数额相当于他阻止被抢财物的一半那么多。长此以往，居住在一个城塞里的人们就会互相救助，与匈奴人交战的时候才能做到奋不顾身。以上种种，并不是想要帮助陛下立德，而是要让他们主动保护自己的亲人，并用钱财去利诱他们。这样一来，与东方的戍卒既不熟悉地形，又对匈奴人心存畏惧的情况相比，效果无疑要好过万倍。以陛下目前的状况来看，迁徙百姓以充实边塞，让远方的百姓没有屯戍的负担，而边境的百姓又可以父子相保，实在是造福后世的举措。陛下堪称圣明之君，与秦朝逼迫人民前去服役弄得天怒人怨相比，利害相差太悬殊了。

晁错的徙民政策是秦始皇经常使用的手段，但秦朝统治较为严苛，属于强制迁徙，弄得百姓们背井离乡，怨声载道，苦不堪言。晁错意图使用利诱的方法，使百姓能够乐于到边地来谋生，最终使其长远屯驻在边境以巩固边防，防备匈奴南下。文帝对晁错的建议很感兴趣，开始由政府组织募民屯边，这为后来汉朝能够在战略上由守转攻打下了良好的基础。

对比晁错和贾谊的策略，晁错显然要更加务实一些，所以晁错也更得皇帝的信任，特别是文帝的太子刘启，也就是后来的汉景帝，对他更是倚为左膀右臂。可惜的是，晁错这样一位有着远见卓识的政治家却不能得其善终。景帝登基之后，晁错被擢升为御史大夫，这在朝中是权力地位仅次于丞相的官职，可谓权倾一时，自然引起了大多数人的嫉妒。没过多久，晁错看到吴、楚等诸侯王势力太大，难以控制，便献上了“削藩”之计，打算慢慢减少和分裂诸侯王的封地，把权力集中到朝廷中央来。景帝自然采纳了他的建议，但因为操之过急，在汉景帝三年，吴王刘濞、胶西王刘卬、楚王刘戊、赵王刘遂、济南王刘辟光、菑川王刘贤、胶东王刘雄渠七王发动叛乱，史称“七国之乱”。七王打出了“清君侧”的旗号，声称景帝已经被晁错蒙蔽架空，号召大家群起而诛杀晁错。于是大臣们暗地怂恿景帝杀晁错以塞责，景帝无奈之下，只得将晁错斩首示众，结果七国仍未退兵，演变成了汉朝初年最大规模的一次内乱。关于“七国之乱”如何平定，与本书主题无关，这里就不再介绍了。虽然晁错被无辜斩首，但其制定的政策仍然被延续了下去。武帝时期涌现出来的诸多名将，均是在文景时期开始投身于汉匈战争的第一线，晁错徙民屯边方案的正确性充分得到了证明。

3.2　汉朝由守转攻

自冒顿单于围汉高祖于白登之后，西汉诸帝均对匈奴奉行和亲，直至汉武帝初年仍然如此，但中间也有几次波折。比如，根据史料记载，汉文帝就曾拒绝过匈奴使者的和亲建议。这是晁错在一篇奏议中无意之间提到的。他说道：“陛下拒绝与匈奴和亲，臣估计今冬匈奴人一定会南来，我们趁此机会，重创匈奴人一次，让他们领教我汉朝士兵的厉害。”从《汉书·晁错传》的叙述次序来看，晁错上这篇奏议的时间似乎在文帝十六年（公元前164年）以前。根据《史记》、《汉书》的《文帝纪》来看，汉文帝十四年冬天，匈奴有一场大规模入侵。由此大致可以推测，晁错这篇奏议的上奏时间有可能就在文帝十四年，也就是说，匈奴曾在文帝十四年之前提出过和亲的请求，但被文帝拒绝了。

我们前面提到过，文帝初即位时，主张用和亲换取和平，与民休息，以此来恢复国力。但老上单于对和亲和贡物全部接受，转眼又撕毁和约，还把责任完全推给自己的下属，表现得似乎毫不知情。文帝忍无可忍，所以才会有这种拒绝和亲的举动。事实上，文帝一直在寻求和亲以外的对策，这在《史记》的《冯唐列传》中有所表现。冯唐的祖上是赵国人，后来迁往代郡，又被徙民至长安，官至中郎署长。司马迁记录了他与文帝的一段对话，从他们对话的内容中，我们可以看出汉文帝的一些真实想法，非常有趣。

冯唐这时年纪已经不小了，文帝把他当做一个普通老人，有时候跟他谈谈当年的一些掌故。某次聊天时文帝说起来："我当年还在做代王的时候，负责给我安排饭食的尚食监官员高祛几次向我提到，当年赵国有位名将叫做李齐，在巨鹿打过一场漂亮仗，让人心驰神往，不能自已。到现在我每次吃饭的时候，都还会想起高祛给我讲的故事，心思完全跑到巨鹿战场上去了。老人家这么大年纪，当年的先辈又是赵国人，知道不知道这位李齐将军啊？"

冯唐听后，微微一笑，恭恭敬敬地回答："这位李齐将军微臣倒熟悉，只是在微臣看来，李齐将军比起赵国当初的两大名将廉颇和李牧来，还是略逊一筹啊！"

李牧（？—前228年）

冯唐没有顺着文帝的话说，让文帝有点不舒服，问道："你说说看，是怎么回事？"

冯唐答道："微臣的祖父在赵国担任过军官，跟李牧的关系很好，微臣的父亲曾经做过代相，同李齐的关系也很好，所以对这两个人都比较了解。"接着就对文帝讲了廉颇、李牧征战的种种故事。

文帝听完故事后受了很大触动，沉思许久，一拍大腿说道："唉！唉！可惜没有像廉颇和李牧这样的虎将为我所用，我若是能二者有其一，我还怕什么匈奴啊！"说罢连声叹气。

冯唐看到文帝这个样子，在旁边接了一句："依微臣之见，陛下即使有了像廉颇、李牧这样的将领，也不会善加使用。"作为一个普通的臣子，当着天子的诸多侍卫说出这样的话来，实在有点过分。虽说文帝是有名的脾气温和，很少发火，但是冯唐一句话激得汉文帝大怒，当下拂袖而去，弄得气氛十分尴尬。

过了一会，大家还在纷纷埋怨冯唐说话太不小心的时候，文帝却又下旨，诏冯唐进宫相见。见面之后，文帝就抱怨冯唐说："我看你是位老人，想听你讲讲故事，你又何必要当众羞辱我呢？就算你觉得我哪里有什么不好，难道就不能找个私密一点的地方跟我说吗？"冯唐只好连声道歉，一再说自己是个粗鲁人，不会讲话，请文帝千万不要介意。文帝当然也不会把这事常挂在心上。这一年正是文帝十四年，匈奴人正在骚扰陇西地区，刚刚洗劫了朝那郡，又杀死了北地校尉，文帝一门心思都在如何对付匈奴上面。早先与冯唐对谈之际，文帝就已经听出他似乎话里有话，现在又突然说出这样一个惊人之论，一定有什么话要对自己说，所以生气归生气，气生完了也要问一下到底怎么回事。

冯唐答道："古时号称圣贤的诸位明君，他们遣军出发的时候，都要亲自为大将推车，嘴里还要说：'城门以内，一切都要听寡人的；城门以外，一切都要听将军的。如何赏赐立有军功的士兵，一概由将军决定，回来只需要上奏战果即可。'这些绝不是空话而已。微臣小的时候听祖父说，李牧作为赵国的大将驻守边境，军队有专门的田产给百姓租种，收上来的田租就专门用来慰劳士卒，完全不用上交国家。所有对士卒的赏罚都是李牧一人说了算，国家不能从中干涉。只有这样全权托付给李牧，他才能够将自己的才能充分发挥出来。李牧自己拣选战车一千三百辆，弓手、骑兵一万三千人，步兵十万人。就靠着这支精锐部队的力量，李牧在北边打败了匈奴和东胡，灭掉了澹林；西边压制秦国，使秦国大军不能进犯；在南边又震慑韩国、魏国。在那个时候，赵国几乎是战国诸强中最强大的国家。后来赵王迁即位，他听信奸臣郭开的谗言，斩杀李牧，让颜聚代替李牧的位置，终于被秦国打败，落得个国破家亡的下场。现在微臣听说有位叫做魏尚的将军，他担任云中守一职，也将军队田产租种所得赏赐士兵，而且还自掏腰包，五天杀一只牛，用来犒赏军官。因此匈奴听到魏尚的名字就远远躲开，不敢接近云中附近的城塞。匈奴人也曾经入侵过云中一次，魏尚率领战车和骑兵出击，杀死了不少匈奴人。但是魏尚的这些士兵都是从民间征发上来的，原来耕地，现在参军，不知道部队里的规矩，他们只知道拼死打仗，结果把战功报到了上级，却与清点的首级数量不相符，被掌管文书的小吏揭发出来。现在魏尚和士兵们不但不能得赏，而且还要受到国家的法律制裁。微臣认为陛下的法度过于严明，导致对立功者的赏赐太轻，而对犯过失者的处罚太重。云中守魏尚只因上报的战功比清点出来的首级少了六个，陛下就把他送到执掌法律的小吏那里去等待判决，然后削去他的爵位，罚他去服役。从这件事可以想见，陛下即使遇到了像廉颇、李牧这样的名将，也无法善加使用。微臣愚昧，触犯了陛下的忌讳，真是死罪死罪！”

文帝听了冯唐的这番话也深感有理，当天就命令冯唐拿着旌节去赦免了魏尚，并恢复其云中守的官职，又升冯唐为车骑都尉。

从汉文帝和冯唐的对话中我们可以注意到，文帝其实是非常重视匈奴问题的，他认为汉朝对匈奴之所以一直处于下风，其根本原因在于缺少有能力的将领。文帝平时吃饭的时候就在想象李齐在巨鹿之战中的英姿，而听到廉颇、李牧的故事以后，则更加按捺不住，竟然长叹道“我还怕什么匈奴啊”云云，丝毫不加掩饰自己无奈又向往的心情。可见文帝内心深处是非常渴望能跟匈奴打上一场硬仗的，这从他数次想要御驾亲征而未果中也可以看出来。然而文帝也能认清眼前的现实，汉朝的兵力还不足以大举进攻匈奴。所以在他在位的20多年中始终积累财富，没有妄动干戈，这也为汉武帝对匈奴大举进攻创造了良好的物质条件。

文帝在公元前157年死去了。景帝即位之后，第二年就奉行和亲政策，把公主嫁给军臣单于。从《史记·匈奴列传》的评价来看，这次和亲比较成功，“汉景帝在位16年之中，匈奴虽然偶尔在边境上有小规模的抢掠，却没有大规模的入侵”。当然，这并非军臣单于不好征战，有意与汉朝维持和平，我猜想根本原因是匈奴内部出现了一些问题。

关于匈奴内部究竟出现了什么样的问题，这方面因为史料不足，只能够通过一些现象推想出来。从文帝末年开始，当年在高祖时投降匈奴的一些将领，如韩王信、燕王卢绾等人，他们的子孙纷纷逃归汉朝。比如文帝14年（公元前166年），韩王信的儿子韩颓当、孙子韩婴率众降汉，结果韩颓当受封为弓高侯，韩婴被封为襄城侯。到了景帝中元6年（公元前144年），燕王卢绾的孙子卢他之投降汉朝，当时卢他之在匈奴已经继承了卢绾的东胡王王位，降汉之后被封为亚谷侯。不仅仅是这些汉人来降，匈奴王中反叛军臣单于而投奔汉朝的也不在少数。《史记·孝景本纪》里面记载，就在汉景帝中元三年的春天，有两位匈奴王率众投降，被封为列侯。北宋的司马光在编辑《资治通鉴》时收集到了更多的史料，对这一事件的描写更加丰富。他在《资治通鉴·汉纪八》里面写道，匈奴王以徐卢为首一共6人降汉，景帝打算把他们都封为列侯，以示优待，希望引诱更多的匈奴人降汉。丞相周亚夫对景帝说：“这些人背叛自己的君主，向陛下投降，陛下却让他们来当二十等爵里面等级最高的列侯，似乎有些不妥。今后倘若有为人臣子而不守臣节的人，我们还有什么理由责罚他们呢？”景帝有自己的想法，对周亚夫的建议并不理会，说道：“丞相的建议不必采纳。”于是将徐卢等6人皆封为列侯。

《资治通鉴》当初所能参考到的史料，有一些是我们今天无法看到的。到底有多少匈奴王投降汉朝，《史记》与《资治通鉴》所记的数字差异比较大。《史记·孝景本纪》里说是2个，而《资治通鉴》里说是6个，我们如果去数《汉书·景武昭宣元成功臣侯表》的话，就会发现这一时期匈奴王降汉封侯的人一共有7个，他们分别是安陵侯于军、桓侯赐、迺侯陆强、容成携侯徐卢、范阳靖侯范代、翕侯邯郸以及亚谷简侯卢它之。至于《史记》、《资治通鉴》中"两个"、"六个"两种说法的不同究竟是怎样形成的,我们先不去管它。只从如此众多的匈奴王投降汉朝来说,这绝不是一个正常现象。我们回想一下,之前在文帝时,贾谊、晁错都提出过利用优待匈奴降人引诱匈奴人投降汉朝的建议,文帝在后元二年(公元前 162 年)写给老上单于的信中也提到了匈奴降人章尼,可见从文帝一朝开始,匈奴就陆续有人投降汉朝,只是到了景帝在位时期,匈奴贵族降汉的规模发展到了一个顶峰。

这么多的匈奴降人出现,我们可以基本肯定,这段时间匈奴内部一定出了问题。当然,匈奴内部究竟出了什么问题,严重程度如何,这些今天已经无从查证了。但从匈奴的表现来看,军臣单于即位之后,在文帝后元六年曾对上郡、云中两郡大举入侵,各出动骑兵 3 万人。回顾一下冒顿单于 30 万骑兵围汉高祖刘邦于白登,以及老上单于率领 14 万人攻入陇西地区,这次入侵的匈奴军队规模已经降至 6 万,还不及老上单于时的一半,只相当于冒顿单于的五分之一。此后在景帝一朝就再没有过大规模的入侵,可以想象这一时期的匈奴一定经历了重大的天灾人祸,造成匈奴无力对汉朝边境再次发动大规模入侵。

汉朝偶尔也会经历天灾或者内乱,但这时农耕民族恢复力强的优势就体现了出来。农耕地区地形比较复杂,偶然的灾害不会影响到全国的农业状况,农耕民族的经济来源也比较多,除了种植业外,也有一部分畜牧业,还有纺织业等轻工业。但游牧民族的经济来源非常单一,如果出现雪线南移,或大范围的病虫灾害,草场遭灾,其打击是毁灭性的。此外,汉朝无论在人口还是在出产方面都要领先匈奴很多,所以汉朝经过文景两朝的充分休息,再加上匈奴实力的衰弱,到景帝之后,汉军想要出击匈奴虽仍有不足,但自保已经绰绰有余。汉朝的众多边防将领中,也涌现出来了像李广、程不识这样的名将,在汉匈两方都享有盛名。

李广相信读者们不会陌生,历史故事和一些诗词歌赋中经常会提到西汉的"飞将军"李广。最有名的一个故事莫过于李广出猎的时候,看到草丛中趴着一只老虎,李广一箭射去,箭镞直扎了进去,老虎却一动没动。李广定睛一看,原来是自己眼花,把一块大石头看成了老虎。奇怪的是,这危急中的一箭竟然深深地没进了石头,而之后李广无论怎么射,也再射不进这块石头了。这个故事后来又被唐代诗人卢纶写成了《塞下曲》:“林暗草惊风,将军夜引弓。平明寻白羽,没在石棱中。”以此来描绘李广的武艺高强。我们这里不准备过多讨论李广的武艺,而是准备介绍一下李广的生平事迹。李广从文帝十四年老上单于大举入侵的时候就已经参军对抗匈奴了,一直到他在汉武帝元狩四年(公元前119年)为止,在几乎50年的时间里与匈奴作战70多次,这一时期汉匈间的重要战争,李广几乎全都参加过。了解李广的详细事迹,也可以更清楚地了解汉匈战争的一些细节。我们在这里采用班固《汉书》中的《李广传》为蓝本,进行下面的介绍。

李广是陇西郡成纪县(今甘肃省天水市)人。他的祖父叫做李信,在秦朝担任将军,曾经追获过燕太子丹。李广家中世代传习箭术。汉文帝十四年,匈奴大军攻人萧关,李广以良家子弟的身份进入军队,参与了抗击匈奴的这场战争。因为李广擅长箭术,杀死并俘虏了不少敌人,在战斗中表现十分突出,一下子升为中郎,担任文帝身边的骑常侍,在文帝出行时骑马护卫。文帝有时出去打猎,喜欢带上李广同行,让他射杀猛兽。文帝一直很器重李广,有一次对他叹息说:“你太可惜了,没赶上好时候。现在天下安定,没有你的用武之地。假如你出生在高祖打天下的时代,至少也可以封个万户侯当当啊!”

又过了几年,文帝驾崩,景帝即位,李广已经是专司骑兵的将领了。吴王刘濞等煽动七国之乱的时候,李广担任骁骑都尉,跟随太尉周亚夫与叛军作战,在攻打昌邑的时候功劳卓著。但由于私自收了梁王赐给他的将军印,得胜回朝后没有受到封赏,被调任到上谷郡(今河北省怀来市一带)去做太守。

上谷郡靠近边塞,经常有小队匈奴人南下劫掠,十分不太平。李广任上谷太守期间,经常要与匈奴军队作战,结果专门负责外事的典属国公孙昆邪流着眼泪对景帝说:“李广这个人的才气天下无双。他经常自恃本领高强,要和敌人拼个你死我活,容易让自己陷入险境之中。

不如把他调到相对安全点的职位上去,免得不明不白地牺牲掉了。”景帝觉得公孙昆邪说得不错,于是就安排李广调任上郡太守。

上郡也是边郡,但因为离长安比较近,所以驻军比上谷就要多得多了,和匈奴人发生战斗的机会也就少一些。有一年匈奴入侵上郡,汉景帝派自己比较亲信的宦官跟李广一起统率亲兵迎战。这位宦官大概是久居深宫,好不容易出来一次,心情比较激动,带着几十名骑兵纵马奔驰,一直追击3个匈奴人。这3个匈奴人转回头来弯弓搭箭,射伤了宦官,几十名骑兵被3个匈奴人几乎全部射死。宦官带着伤跑了回来,见到李广,详细讲述了追击的经过。李广说:“这一定是匈奴的射雕手。”便带了100名骑兵去追赶那3个匈奴人。这3个人没有骑马,而是徒步而行,走得不是很远,所以李广很容易就追上了他们。李广远远望见3人,就吩咐自己的骑兵左右散开,亲自上前去射这3人。这3个人射术虽精,但怎么能及得上李广的家传箭法?当即射死2人,活捉1人。李广军中有通晓匈奴语的士兵,审问之下,果然是匈奴人的射雕手。

李广捆绑了这名俘虏,准备退兵回驻地。正在此时,大家突然望见远处有一支匈奴人的骑兵队向这里开来,估算人数大约有几千人。这可算是匈奴的大部队了,而李广身边只有100名骑兵,实力悬殊。匈奴骑兵也远远望见李广这支部队,但匈奴主将判断这一定是引诱他们追击的诱饵,命令士兵不可以轻举妄动,而是远远扎住阵势。李广这边的100名骑兵都大为惊慌,恨不得拨马转身,赶紧就往回跑。李广一看形势不对,赶紧对士兵们说:“我们现在跟大军之间的距离大概有几十里,现在就凭我们这点战斗力逃跑,匈奴骑兵只要追击我们,以他们的快马加上弓箭,恐怕我们就会全军覆没。现在我们镇定不要动,匈奴人一定会以为我们是主力部队派出来诱敌的,肯定不敢随便攻击我们。”于是李广一声令下,100名骑兵不退反进,一直逼近到离匈奴阵地大概还有2里的地方扎住阵脚。李广让骑兵们都下马休息,并解下马鞍。士兵们纷纷说道:“敌人如此之多,离我们还这么近,一旦对方进攻过来,我们都不在马上,还把马鞍解下来了,这让我们怎么迎敌呢?”李广解释道:"对面的敌人认定我们是主力的诱饵,就想观察我们下一步的动向。如果我们逃跑,就会发动进攻。现在我们解下马鞍,就表示不会走,明显是要把他们拖在这里,这就会坚定他们的猜想,越发相信我们的主力离此不远。"果然匈奴部队不敢过来攻击。

这时匈奴阵中跑出来一个骑白马的将军,出来巡视他的士兵。李广看他警惕性不强,离开匈奴的阵营比较远,就带了十几个骑兵骑马冲去,一箭射死了这个骑白马的将军,然后又回到原处,解下马鞍,放开战马,继续躺下休息。这时天色已晚,已近黄昏,匈奴一方的将领们始终摸不清汉军的来历,生怕中了埋伏,只好不进不退,原地对峙。入夜之后,匈奴部队认为这一支汉军的行动很怪,断定附近一定有埋伏的士兵,想等到天黑之后袭击他们,于是就匆匆忙忙撤退了。第二天清晨,李广带着100名骑兵毫发无伤地回到了汉军的营地。

此后李广又相继担任过陇西、北地、雁门、云中四郡太守,都是边郡,积累了很多与匈奴作战的经验。武帝即位以后,武帝的亲信左右说李广是位名将,于是武帝便把李广调到自己的身边,担任未央宫的卫尉,另一位与李广齐名的名将程不识则担任长乐宫的卫尉。李广和程不识都以边郡太守的身份统率过军队,组织过屯田守边。但到每次出兵作战的时候,李广的部队都没有严格的部队编制、队列和阵形,平时要找条件较好的平地驻扎,住宿停留,人人自便,远处虽然安排有侦查岗哨,但晚上不安排专门的巡逻守卫,军队里面的文书簿籍一律从简,这样也没遭遇过什么大的危险。程不识用兵则截然相反。他对部队编制、队列和阵形的要求十分严格,晚上要专门安排士兵巡逻守卫,军中的文书人员每天处理各种文件直到天亮,军队行动一切听指挥,不得自便。程不识说:"李广的部队有点太随便了,一旦有敌人对他发动突然袭击,他根本无法招架。我的部队平时虽然紧张忙碌,但敌人绝不敢来突袭我们。"虽然程不识这样说,但匈奴更加畏惧李广的谋略,士兵们也都喜欢跟随李广,都觉得在程不识的军队里面当兵实在是件辛苦的事情。

到了武帝元光元年(公元前134年),武帝让李广以卫尉的身份担任骁骑将军,屯驻在云中郡,程不识以中尉的身份担任车骑将军,屯驻在雁门,准备防御匈奴入侵。这时朝中大臣对应该继续采取和亲还是转入进攻,产生了意见分歧,朝廷内部组织了一场辩论。根据《汉书》的说法,当时武安侯田蚡担任丞相,韩安国是御史大夫。匈奴派遣使者主动提出和亲,武帝要求群臣讨论。朝中有一燕国人名叫王恢,在边郡做过很长时间的小吏,对匈奴的情况比较了解。他指出汉朝与匈奴和亲,基本以匈奴毁约结束,不如干脆发兵主动进攻。韩安国则持保守意见,认为匈奴距离汉朝太远,难以确保胜利,再加上匈奴与中原百姓不同,即使占领了匈奴的土地,收降了匈奴的人口,也实在难以进行管理,不如和亲方便。

其实历年和亲,早已成了习惯,此时武帝要求讨论,心中其实有出兵进攻的想法,但韩安国的意见为多数公卿大臣所赞成,武帝就宣布继续和亲。然而武帝并不甘心,到了次年,也就是元光二年,争论再次发生。这一次武帝干脆自己提出来主战的意见,他问身边的大臣:"朕把朕的孩子打扮得漂漂亮亮的嫁过去,还要搭上一大笔嫁妆,结果匈奴的单于也不好好听话,不断地骚扰边境。朕很同情边境受苦的百姓,想要出兵匈奴,大家以为如何?"结果王恢又一次与韩安国发生激烈的辩论。这一次因为武帝态度明确地支持出兵,主战派压倒了和亲派,决定了在马邑(汉属雁门郡,今山西省朔县)伏兵,准备给匈奴点颜色看看。

马邑伏兵的计划是汉武帝亲自参与制订的。汉军经过周密的计划,找了一个籍贯马邑、来到长安名叫聂壹的下人,扮作交易货物的商人,跑到匈奴那边,表示愿意给匈奴做内应,准备做双面间谍。

聂壹对军臣单于说:"我可以去悄悄杀了马邑县令、县丞,然后开城投降,到时城中的财物就全在单于的掌握之中了!"军臣单于被眼前的利益蒙蔽了双眼,答应出兵马邑。聂壹便杀死一个死罪囚犯,将他的人头挂在马邑城下给军臣单于的使者看,派人对单于说:"马邑城中的县令已经被我杀了,请大兵快来!"于是军臣单于突破长城边界,率领10万骑兵从武州塞攻入。

汉朝的30万伏兵这时正埋伏在马邑旁边的山谷之中，静等着军臣单于自投罗网。这次汉军一共出动了5位将军，分别是骁骑将军卫尉李广、轻车将军太仆公孙贺、将屯将军王恢和材官将军李息，最后是护军将军御史大夫韩安国统率全军。大家拟订的作战计划是，只要军臣单于的部队一到马邑，汉军的伏兵就全军出动，王恢、李息二人专门攻击匈奴的辎重，其他人准备带兵直取军臣单于。

没想到计划执行得并不成功，军臣单于并没有如汉军所愿，径直往马邑来袭。大概也是天意如此，军臣单于带领大队人马，很快突破了长城沿线，结果距离马邑还有100余里的时候看到一个牧群，满地牛羊，却连一个牧人都没有。军臣单于心中奇怪，就先攻打了附近的一座小亭障，正赶上雁门郡的尉史巡视到这个亭障，一下子就被军臣单于给俘虏了。这个尉史碰巧知道汉军的计划，为了保住性命，就把聂壹诈降、汉军埋伏于马邑山谷的种种情况全都告诉了军臣单于。单于听后大吃一惊，说道："我也感觉不太对头，幸好抓住了这个尉史，可以说是老天让他来报告我的啊！"于是赶紧撤退，并把这个尉史封为"天王"。

军臣单于带兵撤退，主战派如王恢等也没有穷追不舍，看到匈奴退回长城以北也就算了。这次汉朝调集了30多万的大军，数目几乎与汉高祖刘邦攻打冒顿时的兵力相当，应当是自高祖之后发兵最多的一次。汉武帝可以说是志在必得，没想到耗费了大量的金钱、粮草，结果一无所获，而且主战的诸多将领也没有追赶，而是到了边境就退回来了，令汉武帝勃然大怒。王恢向武帝解释说："计划本来是等单于抵达马邑，我军与匈奴交战之后，由微臣去攻击匈奴的辎重，这样我军可立于不败之地。结果军臣单于没到马邑就撤退了，微臣的部队只有3万人，众寡悬殊，如果这时候还坚持要跟匈奴大军交战的话，只能是自取其辱。我明知道这样回来会被陛下斩首，但是我也要为陛下保全3万士兵的性命啊！"武帝余怒不息，让负责刑法的廷尉来审判王恢，王恢自杀于狱中。从此以后，汉匈的和亲就此告终，匈奴固然不断入侵，武帝也开始积极准备进击匈奴。

李广在这次战争中本来踌躇满志，准备建立功勋，谁知道因为泄密无功而返。武帝也因此对这些将领有所迁怒，李广被调离了卫尉，被派遣到雁门郡去跟匈奴作战。此后4年中，李广就一直在边境上与匈奴厮杀，数次经历生死关头，他都凭着智慧和胆识化险为夷。

汉武帝元光六年（公元前129年），匈奴人大举进攻上谷郡（今北京北部至河北省张家口一带）。武帝命令汉军反击。这次战斗汉军兵分四路，车骑将军卫青从上谷出发，骑将军公孙敖从代郡出发，轻车将军公孙贺从云中出发，而骁骑将军李广则从雁门出发。结果李广的部队首先遭遇匈奴主力军队，作战的时候，匈奴兵力强于李广，因此李广不但被击败，而且还被活捉了。军臣单于早就听过李广的大名，对他非常感兴趣，希望能把他招揽到匈奴来，于是下令，凡是活捉李广的，均不可伤害他的性命，一定要活着押解到自己面前。因为军臣单于一句话，匈奴骑兵活捉李广以后没敢杀他。不但不敢杀，看到李广受了伤，还给他简单治疗了一下，然后用绳索结成网兜，挂在两匹马之间，一边让李广躺在网兜里休息，一边将他押解去见军臣单于。李广躺在网兜上面一动不动地装死，一边观察周围的情况，一边恢复自己的体力。就这样走了有十几里地，李广瞥见旁边有个匈奴青年骑着一匹好马，有点心不在焉，他突然纵身一跃，落在这匹马的马背上。马上的匈奴青年一下慌了，只觉得被人从后面紧紧抱住，自己竟不能动弹分毫。李广抓住匈奴青年的手一带马缰，掉头就向南跑去，这匹马也神骏异常，背着两个人竟能奔跑如飞。其他押送的匈奴骑兵碍于军臣单于的命令，不敢放箭，只得在后面紧紧追赶。李广这一跑就是几十里，沿路碰上了他的残兵败队，大家看到将军骑着马回来了，立刻跟随将军，一起向长城脚下逃去。匈奴人沿途遇到同伴，也都加入追赶的队伍，追兵越来越多，后来竟有几百人。李广看形势不妙，便从马上摘下那位匈奴青年的弓箭，边跑边回头射箭，箭无虚发，后面的追兵不敢继续靠近，因此李广和他的士卒才能安全撤回。这次作战卫青一战成名，一直打到龙城，斩首700级，李广和公孙敖却都是一场大败。回到长安之后，李广因为吃了败仗，所以要接受审判。法吏判决李广伤亡将士过多，自己又被敌人活捉，应当斩首。李广无奈之下，只好花钱赎罪，官也被免了，结果变成了一介平民。

李广在家过平民的日子没多久，就在这一年的冬天，匈奴又转而攻击渔阳郡。武帝派遣韩安国领军屯驻渔阳。转过年来，也就是武帝元朔元年，匈奴派出2万骑兵入侵渔阳，杀死了辽西太守，掠走2000多人。韩安国的人马也被匈奴围住，上千名骑兵死伤殆尽。这一次的失利让武帝又想起了李广，便任命李广为右北平太守，与韩安国一起防御匈奴。传说中李广射石的故事，正是在他在右北平郡的时候流传开的。

元朔元年、二年间，汉武帝对匈奴发动了几次大规模的进攻，但李广都没有参战，这几次战役的指挥者都是在上谷一战中崭露头角的卫青。特别是元朔二年的战役，卫青从云中出兵，一直打到阴山山脉中的高阙（所谓高阙，就是阴山山脉的一处缺口，形状像门阙一样，在今天的内蒙古自治区巴彦淖尔盟杭锦后旗东北方向，汉代在此立有高阙塞），向西攻下了符离，斩首数千级，彻底收复了黄河以南，将新拓领土安置为五原（今内蒙古自治区包头市）、朔方（今内蒙古自治区库布齐沙漠以东）两郡。这是自蒙恬北击匈奴之后，中原王朝在百年间最大的一次胜利。这一场大败给匈奴带来了双重打击，不仅仅是丢失了大片领地，更加严重的是，军臣单于在兵败的次年死去，从此汉匈关系走上了一个重要的转折点。

军臣单于的死为什么会带给匈奴如此重大的打击呢？《史记》和《汉书》的《匈奴传》里面都记载着，军臣单于生前曾立有太子，名叫於单。军臣单于一死，本应於单即位，没想到左谷蠡王伊稚斜自立为单于，起兵将於单赶下了台。於单走投无路，就投降了汉朝。根据《汉书》的《景武昭宣元成功臣侯表》可知，於单在元朔三年四月被封为涉安侯，到五月就病死了。

这里应该注意的是，於单其实未必是军臣单于所立的太子，我猜测这里太子的说法，只是他作为单于宝座竞争的失败者，逃亡到汉朝之后，为了显示自己身份的贵重，编造出自己是单于位的第一顺位继承人这样的说辞而已。汉朝人听了这样的说辞，理所当然地把他的故事用自己的理解方式改写出来，这就是太子之说的来源。我们在前面一章已经强调过，匈奴的伦常观念尚未确立，是否有明确的嫡长子继承制还不知道，在这些地方汉人的记录未必是完全可靠的。但无论如何我们可以知道，军臣单于死后，匈奴内部发生了单于的儿子和左谷蠡王之间的内斗，斗争的结果是左谷蠡王得胜，失败一方投降汉朝，可想而知大量消耗了匈奴内部的实力。

这次匈奴内部的单于位之争影响很大。虽然冒顿单于也是靠发动政变上台，但他并未造成匈奴内部的动荡，而伊稚斜单于以左谷蠡王的身份夺位自立，在匈奴国内引起了严重的内乱。虽然争夺单于位具体经过和之后匈奴国内的情况我们并不了解，但从一个侧面可以反映出当时斗争的激烈程度。《史记》的《大宛列传》中记载张骞通使西域的时候提到了这一事件。那时候张骞正从月氏准备到大夏去，最终没有成功，回来的时候想穿越羌族地区归国，结果被匈奴人给抓住了。匈奴人没有杀掉张骞，就把他扣押在匈奴不许走，并且让他在那里结婚成家。就这样过了一年多，军臣单于死了，伊稚斜和於单两派力量互相争斗，国内大乱，张骞带着他的匈奴夫人和仆从堂邑父这才趁乱跑了回来。从《大宛列传》里记载的情况来看，匈奴这场内乱很可能是一场规模很大的内战，造成国内情况非常混乱，在这种情况下，张骞才有可能带着家眷仆从顺利跑回来。於单也因为失败之后，无法再在匈奴立足，只好被迫投降汉朝。我们前面已经介绍过，在军臣单于在位时期，匈奴已经有一些内部问题，导致众多匈奴王在一个时间段中大量投降汉朝，所以可以推想伊稚斜单于夺位，有可能是匈奴一直以来内部矛盾演变的结果。

伊稚斜单于上台之后，匈奴与西汉在实力上的差距相比以往，已经是大大缩小了。但说来也怪，李广在汉朝处于战略防守一方的时候战绩卓著，等到汉朝转入战略进攻之后，他的地位却被一些更为年轻的将领取代了，打仗的时候经常遇到一些意想不到的麻烦，用一句比较迷信的话来形容，可谓流年不利。李广自己也很疑惑，史料记载他曾找过一个望气算命的名家王朔闲谈，说起自己数年间参与抗击匈奴，却没有得到受封的机会，其他部队中有一些才能不及自己的人，却能因战功封侯加爵。李广感叹道："我打仗的时候奋勇向前，从来没有落在别人后面，斩杀敌人无数，到现在为止，却没有功劳能拿来获取封地。"于是向王朔请教原因。王朔将原因归之于李广在陇西太守任上时，曾经斩杀投降的羌人俘虏，冥冥有报，故此无法立功封侯。这实在让人无话可说，后来就连汉武帝都对卫青说，李广这个人命数不好，不要让他和单于正面对阵。唐人王维在诗中叹道："卫青不败由天幸，李广无功缘数奇"，真是令人感到遗憾。

李广虽然名气很大，流传千古，却实际上是这样一个悲剧式的人物，他名流百世，或许也是对他那悲惨一生的一点报偿吧。他最后一次出击匈奴已经是汉武帝元狩四年（公元前 119 年），李广跟随大将军卫青出击匈奴，卫青命令李广从东路迂回出击，结果竟然因为迷失道路，最终没有取得战果。卫青命李广写战报陈述自己无功而返的原因，李广提起笔来，心中痛苦万分，他对自己的部下说："我从青年时代就开始跟匈奴作战，到现在大大小小的战役打了 70 多次，好不容易有幸跟随大将军（指卫青）迎战单于的直属部队，可是大将军偏偏又让我的部队去走迂回遥远的道路，结果我迷失路途，这难道不是天意吗？现在我已经 60 多岁，没有力量再面对审问时的屈辱，也没有机会再让我洗去这耻辱了。"说罢便拔刀自刎了。当时的百姓听说此事之后，不论认识不认识李广，也不论年纪长幼，都为李广流泪不止。

李广的故事就这么结束了，他与匈奴的数十次交锋，正好是汉匈之间攻守地位逐渐倒置的一点缩影。但当卫青、霍去病等年轻将领成长起来之后，李广逐渐失去了自己的位置。汉武帝对与自己有姻亲关系的将领更加信任，所以前有卫青，后有李广利，而李广一则年龄已老，二则与武帝并不沾亲带故，所以不得重用也决非偶然。此后武帝积极开边，凿空西域，从此霍去病、张骞等人开始走上了历史舞台。

3.3 汉武帝时代的主动进击

汉武帝刘彻是西汉第 5 位皇帝，在经过文帝和景帝在位一共 39 年的时间里，西汉王朝的国力得到极大的强化，财富积累的速度非常快。武帝上台之后，开始强调对周围夷狄用兵，进行积极扩张。他即位头几年就命令严助、朱买臣招伏江南地区的蛮族，平定了两粤之地（今天的福建、广东、广西的广大地区）；又命令唐蒙、司马相如开始打通西南少数民族地区的道路，凿山数千里，扩大了巴蜀地区的势力范围；命令彭吴开辟东北边疆，打开了通向朝鲜地区的通道，设立了沧海郡；最后由卫青领兵出击匈奴，张骞通使西域。西汉王朝的领土向四面积极扩张开去。

西汉王朝向北边扩张，最大的功臣就是卫青。卫青这个人出身并不显赫，他之所以能被汉武帝赏识，颇有一些运气在内。卫青是河东平阳（今山西省临汾市以西）人，父亲名叫郑季，是当地的县吏，在平阳侯曹寿家里当差。卫青字仲卿。古人有取字的习惯，因为在古代认为平辈之间称名是不大恭敬的事情，所以成年之后需要有个另外的称呼。唐代人取字已经比较别出心裁，比如王维字摩诘，用的是佛经中维摩诘的典故。但汉人时代偏早，所以取字往往比较质朴，卫青用仲卿作字，意思是自己是家里的老二。平阳侯曹寿有一位小妾叫做卫媪，郑季在曹寿家当差，和这位小妾私通，有一个私生子，就是卫青。卫青之上有个哥哥卫长君，他是曹家的仲子。

卫青像

读者可能会好奇，明明卫青名义上的父亲是曹寿，而生父姓郑，母亲姓卫，为什么他跟母亲姓，名叫卫青呢？说来话长。这位卫媪给平阳侯曹寿生了3个女儿，其中小女儿卫子夫长得漂亮，而且歌唱得很好，来客人的时候，平阳侯经常让她出来唱歌，向客人们炫耀自己女儿的美貌和才艺。结果卫子夫在一个偶然的机会遇见了汉武帝，并且得到汉武帝的喜爱，在汉武帝建元二年(公元前139年)进了皇宫。汉武帝因为宠幸卫子夫，便赐卫子夫和她兄弟姐妹们都姓卫。汉武帝此举是什么意思呢？因为平阳侯曹寿的正妻是汉武帝的姐姐阳信长公主，卫子夫是曹寿小妾生的女儿，名义上也是阳信长公主的孩子，拐弯抹角算下来，卫子夫居然是汉武帝的外甥女。虽然没有血缘关系，但舅舅娶外甥女，说出去总不太好听，所以就让卫子夫家里跟卫媪姓，掩盖这层关系。

卫青本来是小妾生的儿子，来历又有些不清不楚，所以在平阳侯家里地位不高，阳信长公主的儿子们都欺负他，拿他当奴仆看待，也不把他算在兄弟里面。卫青小时候曾经跟着别人去看甘泉宫附近囚犯的居室，有一个囚徒会看面相，他给卫青相面说："你是贵人，今后一定会封侯。"卫青笑着说："我可是奴婢生的儿子，能不挨打受骂就已经心满意足了，哪里还想过封侯这样的美事呢？"

等到卫子夫入宫之后，卫青一直在建章宫中当差。很快卫子夫怀有身孕的消息传出，当时武帝的陈皇后一直没有子嗣，本来已经失去了汉武帝的宠爱，听说此事之后嫉妒万分，便通知自己的母亲大长公主，把卫青拿住关押起来，打算杀掉卫青泄愤。卫青的好友骑郎公孙敖听到此事，立刻集合了一群壮汉，跑去将卫青抢了出来，卫青这才算捡了一条命。事情闹到汉武帝那里，武帝本来已经对陈皇后生厌，干脆召见卫青，把他提拔为建章宫监，任侍中，一下子成了武帝身边的人。因为卫子夫的关系，卫青的同母哥哥卫长君、弟弟卫步广都一下子成了朝中显贵，有时几天之内就得赏千金，风光得不得了。卫子夫的大姐卫君孺嫁给了公孙敖，二姐卫少儿之前跟一个叫做陈掌的人私通，皇帝亲自许婚，公孙敖跟陈掌也一下子成了权贵之家。古人说"一人得道，鸡犬升天"，从卫家的经历来看，这话可的确不假。

卫青因为姐姐的关系，官运亨通，很快就升为太中大夫。元光六年

（公元前129年），卫青出任车骑将军，出兵上谷郡，统率轻车将军公孙贺、骑将军太中大夫公孙敖、骁骑将军卫尉李广分四路讨伐匈奴。这次战争我们前一节已经提到过，四路大军每路各有1万骑兵，但卫青的运气实在太好，一路上居然没有遇到多少敌人，结果最后只有卫青进军到龙城，歼灭敌军数百人。骑将军公孙敖损失骑兵7000，李广几乎全军覆没，而且还被敌人生擒活捉，幸好他找机会逃了回来，公孙贺也没有战功，只有卫青赐爵关内侯。这一次是卫青第一次出兵匈奴，虽然拥有1万骑兵的军队，仅仅歼灭敌军数百而已，但像李广这样的宿将都损兵折将，卫青却打了个胜仗，确实值得称道，也堵住了其他朝中大臣的嘴，证明卫青确有真才实学，不是只靠裙带关系爬上来的无能之辈。

汉武帝元朔元年（公元前128年），也就是卫青得胜归来的次年，卫子夫为汉武帝生下皇子刘据。汉武帝之前的陈皇后因为失宠，又久无子嗣，早在元光五年中了武帝和卫子夫设下的圈套，已经被武帝废了。皇后的位置一直空着，就等着卫子夫生下皇子，好名正言顺地登上皇后宝座。现在时隔一年，卫子夫也终于如愿生下皇子，这年三月，卫子夫被正式册封为皇后。与此同时，武帝对卫家的信任也达到了顶峰。到了秋天，卫青再次率领3万骑兵，取道雁门关攻打匈奴，歼灭敌兵数千人。次年，卫青又出兵云中，西出高阙，一直扫荡到陇西北部，歼灭匈奴数千人，捕获匈奴牧养的牲口百余万头，赶跑了白羊王和楼烦王，大军在朔方郡筑朔方城后凯旋而归。汉朝将新攻下的黄河以南地区划为朔方郡和五原郡，将朔方郡的3800户赐给卫青，封卫青为长平侯。跟随卫青出征的部下苏建、张次公也都立有战功，苏建被封为平陵侯，张次公被封为岸头侯。

这次胜利之后，武帝很是高兴，在封卫青为长平侯的诏书中说道："匈奴违逆天理，悖乱人伦，欺凌尊长，虐待老人，平时专以盗窃为生，欺诈各个兄弟民族。他们策划阴谋，穷兵黩武，屡次侵犯我国边境，所以朝廷调兵遣将，准备征讨他们。《诗经》里不是说过吗，'攻讨猃狁，打到太原'、'战车隆隆，在北筑城'。现在车骑将军卫青渡过黄河，直至高阙，歼灭敌军2300人，将敌人的牲畜都缴获为战利品，已经受封列侯。于是西进平定黄河南岸，巡行蒙恬旧塞，穿越山岭，架桥北河，痛击敌兵精锐，捕获隐藏在暗处的伏兵3071人，审讯俘虏，探听敌人的所在地，赶回牛马羊群100多万头，部队未受严重损伤。现在赠封卫青3000户！”我们在上一节中提到，这是中原王朝自蒙恬北击匈奴之后最大的一次胜利。西汉定都长安，陇西、北地、上郡三郡等于是长安北面唯一的战略缓冲带，匈奴人几次入侵这三郡，都会给长安带来很大的恐慌。现在多了五原、朔方二郡之后，无疑对长安承受的压力是极大的缓解，具有重大的战略意义，所以也难怪武帝得意之情溢于言表。

元朔五年春天，武帝再次命卫青调集人马出击匈奴。此次出兵规模很大，《史记》的《匈奴列传》说以卫青为大将军，率领6位将军，一共10余万人，从朔方郡和高阙出发，打击匈奴。这一说法很模糊，查阅《史记》和《汉书》的《卫青传》就可以知道，卫青封大将军是这场战役胜利之后的事情，出发时他还是车骑将军，率领的士兵也仅有3万骑兵而已。其他几位将军分别是游击将军卫尉苏建、强弩将军左内史李沮、骑将军太仆公孙贺、轻车将军代相李蔡4人。又有大行李息、岸头侯张次公从右北平出兵，从侧翼夹击。这次战役的主要目标是匈奴右贤王的领地，而匈奴右贤王却丝毫没有警觉，之前虽然已有情报说汉军有调动迹象，但右贤王认为卫青不可能打到这里来，所以夜夜喝酒毫无戒备。没想到卫青行军神速，神不知鬼不觉地就摸到了右贤王的驻地，连夜将这里包围起来。右贤王看到黑夜里层层叠叠的火把围绕，也不知汉军来了多少人，吓得手足无措，赶忙带上自己平时最宠爱的一个小妾，召集了几百个自己最信任的精壮亲兵，趁着汉军合围之势尚未稳固，连夜向北突围而去。汉军负责北方围困的是轻车都尉郭成，带着汉军追了右贤王几百里，终于没能够追上。但是汉军在这一次战役中战果非常丰富，俘虏了右贤王属下各个小王10多人，男女人众1.5万人，牲畜上百万头。卫青率军胜利凯旋，部队刚刚走到边塞，汉武帝就派使者捧着大将军印前来迎接，当着全体士兵的面封卫青为大将军。这就相当于公开承认卫青是汉朝军队的最高统帅，诸将所领的部队都要服从大将军的指挥。回到长安之后，汉武帝发诏书说：“大将军卫青亲率将士奋战，获得重大胜利，捉获匈奴王 10 余人，增封卫青食邑 8700 户！”又打算封卫青的儿子卫伉为宜春侯、卫不疑为阴安侯、卫登为发干侯。卫青坚决推辞，他说：“我有幸能够在军队里面任职，仰赖陛下威德保佑，对匈奴作战取得了大捷，都是军中各位校尉奋战得到的功劳，陛下已经对我施与恩典，增加了我的封邑数量，但我的儿子们还是小孩子，没有什么功劳，又蒙陛下将他们封为列侯，这并非罪臣我在军队中勉励将士们努力作战的本意。卫伉等兄弟 3 人断然不敢领受封爵！”武帝听了卫青的话以后，说道：“我不是忘记了各位校尉的功劳，现在本来就是要办这件事情的。”于是下令，护军都尉公孙敖 3 次跟随卫青出征匈奴，取得诸多战功，现在封为合骑侯；都尉韩说同敌人奋力拼杀，封为龙侯；轻车将军李蔡封为乐安侯；以下校尉赵不虞、公孙戎奴、李朔等也都封为了列侯。

元朔六年春天卫青再度出兵定襄郡，以合骑侯公孙敖为中将军，太仆公孙贺为左将军，翕侯赵信为前将军，卫尉苏建为右将军，郎中令李广为后将军，左内史李沮为强弩将军。这次出兵歼灭了敌军数千人。一个多月以后，大家再度从定襄郡出发，又歼灭匈奴大军 1 万多人。但右将军苏建和前将军赵信两支部队在一起行动，他们全部兵力加起来只有 3000 多人，遭遇到了伊稚斜单于亲自率领的主力部队，两军奋战了一整天，到第二天已经几乎全军覆没了。前将军赵信原本就是匈奴人投降过来的，这时形势危急，伊稚斜单于又派了使者过来引诱他，赵信看看前景堪忧，只好率领本部骑兵 800 多人投降去了。右将军苏建一见赵信投降，也只好脱逃，等到跑回卫青的大将军大营，自己身边的士兵一个都没能生还。按照汉代的法律，将军全军覆没与临阵脱逃都要送到负责司法的军吏那去论罪。卫青就询问军正闳、长史安和议郎周霸，像苏建这样的情况，按照军法该当何罪。周霸说道：“自从大将军出兵以来，从未有因过失而斩杀副将的先例。现在苏建不但作战失败，而且还丢弃部队，完全可以按照军法将他斩首，以显示大将军的威严。”闳、安两人赶忙说：“这样不对！兵书上面说过：‘小部队战斗力再强，也会被敌人的大军击败。’现在苏建带着几千骑兵抵挡匈奴单于的数万大军，力战了一天多，士兵都阵亡了，他也没有投降，还要跑回来自首。现在人家回来自首，我们却要杀掉他，这么做岂不是告诉其他将领，你们战败之后就算投降也不要再回来吗？所以苏建不应处斩。”

卫青听了他们的意见后说道：“我有幸以皇上亲戚的身份在军队里任职，仰仗皇威，不怕没有威信。而周霸却拿树立威信劝我，这样不是为臣之道。即使作为臣子有权力斩杀败军之将，但身为位高权重的臣子却不敢擅自斩杀待罪之人于国门之外，而详细向天子禀报，让天子自己去处理，以此来表明臣子不敢自作主张，这不是也挺好的吗？”卫青的这套说辞可谓深得为官之道，军官们都齐声称是，于是把苏建装上囚车，送到汉武帝那里去发落。武帝虽判苏建当斩，但允许他用钱赎罪，于是苏建的官号爵位全部取消，成了庶民。当然苏建一家与匈奴还有很多故事，苏建的二儿子就是后世非常有名的苏武，我们今后还会继续提到，这里先不多说了。

这次出兵虽然斩获不少，但是毕竟损失了两位将军，所以卫青并没有得到很多赏赐。而赵信之前作为匈奴相国降汉，在元光四年封侯，元朔六年又投降匈奴，在汉地生活了最少有 9 年时间，受到汉族文化的影响较大。赵信后来在阗颜山仿照汉人的城郭建造了一座要塞，史称赵信城，数年以后卫青、霍去病远征漠北的时候还到过这座城堡。这是史料记载中匈奴人第一次筑建城防，可见赵信降匈奴后对匈奴影响之大。

就在这一年，汉朝有两位将领被封为列侯，开始参与到对匈奴的战争中来。这两位都是中国历史上赫赫有名的大人物，一位就是票姚校尉霍去病，另一位就是张骞。

张骞凿空西域的事迹我们今后再讲，这里先说说霍去病。霍去病跟卫青还沾点亲戚，他的生母是卫青的姐姐卫少儿，卫少儿与霍仲孺私通，就生下了霍去病。但是卫少儿后来又搭上了陈掌，等到卫子夫进宫之后，卫少儿就正式嫁给了陈掌。虽然如此，霍去病其实是卫青和卫子夫的外甥，也是大家都公开承认的事情。所以霍去病以皇后的外甥这一身份，18 岁就当上了侍中。这小伙子身手不错，喜欢骑射，曾经两次跟着大将军卫青一起出征匈奴，担任票姚校尉。在元朔六年的这次战役中，霍去病率领轻骑勇士共800名，远离卫青的大军达数百里，结果夺取了巨大的战功，捕杀很多敌人，回来后也得到了武帝的封赏。武帝给他的封侯诏书上写着："票姚校尉霍去病歼敌2080人，活捉相国当户，杀死匈奴单于祖父一辈的藉若侯产，生擒匈奴单于的叔父罗姑比，功劳两次位于全军之冠，封霍去病为冠军侯，封邑2500户！"

此后，我们时时能在汉军的捷报中看到霍去病的名字。其中最为有名的一役是元狩二年(公元前121年)春天，霍去病被任命为骠骑将军，率领1万骑兵从陇西出发讨伐匈奴。这次霍去病率领人马穿越了乌戾山(大约在今天的甘肃省武威市一带)，击败了匈奴的速濮部，又渡过狐奴河，一共击败了5个匈奴王国。霍去病一路辗转战斗前进，和敌人短兵相接，在皋兰山下苦战数日，杀掉了匈奴的折兰王、卢侯王等等，捉住了浑邪王的儿子和相国，杀掉和俘虏的敌人达到了8960人，还缴获了休屠王为祭天而铸造的巨大铜人。这一路战斗下来，霍去病的士兵伤亡也达到了七成以上，汉武帝因此又对他封邑2200户。

就在同一年夏天，霍去病与合骑侯公孙敖一起从北地郡分两路出兵匈奴，是为西路军。博望侯张骞与郎中令李广也一起从右北平郡分两路进军，是为东路军。两路人马的遭遇大为不同。李广带领4000骑兵先到了集合地点，张骞迟到了两天，结果李广的4000人被匈奴左贤王带领的数万骑兵包围起来，经过两天激战，李广部队伤亡过半，这时张骞才率军赶到，逼退了左贤王。东路军因为互相配合出了问题，所以一无所获，然而运气好气死人，西路军也出了同样的问题，战果却颇为可观。应该尽快与霍去病会合的公孙敖也走错了路线，没有能够和霍去病会师。霍去病仅靠自己一支部队，一路向西，渡过了钧耆河和居延泽，攻占了祁连山，一路上投降的匈奴部众达到2500人之多。报捷的时候记录砍下的首级达到30200人之多，俘虏了5个匈奴王，捉住匈奴王母、阏氏和王子一共59人，匈奴将领被活捉的也有63人。而汉军自己的伤亡只有三成。

霍去病无疑在作战方面是位罕见的天才。《汉书》的《霍去病传》

里总结霍去病总能够打出漂亮胜仗的原因，是他的部队中士兵特别精悍。霍去病的部队都是自己精心选择出来的，每战过后，损失的士卒都要选拔那些骁勇善战的精壮士兵来补充，所以即便是一些常年与匈奴作战的老将，他们的部下战斗力也不及霍去病。我想强调的是，在霍去病参加汉匈战争时，汉朝的骑兵已经发展到了一定阶段，无论从骑兵装备上，还是从骑兵战术的运用上，都已经相当成熟了，而霍去病的成功应主要归功于汉朝骑兵的成功。早先从春秋战国时代开始，骑兵在中原王朝的军事力量中就不占主要位置，更多的是以战车和步兵为主。战国中期赵武灵王胡服骑射之后，赵国才率先开始使用骑兵，但使用范围仍然不广。到汉初的时候骑兵仍然不是主要军事单位。匈奴之所以会在汉朝北边为患数十年，一部分原因就在于汉朝无法有效地对抗匈奴人的骑兵。所以我们也很可以理解西汉前期对匈奴的隐忍态度。

汉朝士兵主要以步兵和战车为主，军事训练的重点也多放在步兵和战车训练方面，骑兵的训练相对会比较少一点。所以汉初涌现出来的名将如李广，主要是擅长射箭，而非擅长使用骑兵。但从武帝开始对匈奴主动出击之后，我们可以注意到，卫青数次出动，都以骑兵为主要力量，取得了突出的战绩。这个阶段的宿将如李广等反而战绩不佳。我想这跟汉朝骑兵的战术应用与训练更加成熟有关，一些老将未必能够适应这种变化，毕竟步兵善守而骑兵善攻，汉朝的战略方针发生了改变，其战术层面也要作出相应的调整。我想这就是卫青与霍去病能够脱颖而出，成为一代名将的历史因素和军事因素。像《汉书》上说，霍去病的部队都是一些精兵良马，总是奔驰在主力部队的前面，那些老将们的部队总是远远落后，于是就得不到好的战机。古代战争就是这样，在合理应用战术的基础上，个人的某些特质如勇敢、坚毅、冷静等等，如果能够在战役中得到充分发挥，那么再加上一点运气的成分，就足以影响这场战役的结果。霍去病的部队虽然多次经历深入敌后，以寡敌众的大战、苦战，但总能取得漂亮的战果，实际上很大程度在于此。

伊稚斜单于因为对汉朝的数次战争受了很大打击，就迁怒于匈奴的浑邪王。浑邪王主要负责匈奴王庭西面的防守,而西线几次战役打下来,浑邪王已经损失了几万士卒,都是霍去病造成的打击。数次战败,伊稚斜单于无法面对国内的压力,打算把浑邪王召到身边来杀掉,搪塞责任。浑邪王事先听到了风声,便联络休屠王打算投降汉朝,派了个使者约汉朝的人在边境秘密会谈。这时大行令李息正准备在黄河南岸修筑城堡,抓住了匈奴的使者,听说这个消息以后,不能自己做主,就派人紧急通报给汉武帝。武帝因为以前安排过马邑诈降,所以非常担心这是浑邪王照搬自己的计策,想回头摆汉朝一道。如果汉朝贸然派兵前去迎接,谁知道会不会出现什么意外情况呢?就在武帝还在犹豫不决的时候,霍去病主动提出,要求由他带领部队前往接应,他会谨慎小心,见机行事。武帝一见霍去病主动请缨,就欣然同意了。

霍去病带领部队渡过黄河,与浑邪王的匈奴部队遥遥相望。浑邪王准备投降的事情本来就是保密的,这次带领大部队行军,普通的匈奴将领根本不知道这次出征的目的何在。士兵正在疑惑间,忽然发现汉军大队在不远处,浑邪王这时开始通告全军,准备投降,匈奴大军顿时乱作一团。浑邪王属下的很多小王以及将领,都对突然宣布投降一事很不理解,但命令是浑邪王亲口下达的,也不容他们怀疑,现在大队汉军在侧,而他们如果不打算投降,看起来也只有逃命一途了,于是这些匈奴王和将领们纷纷上马逃跑。霍去病立即飞马冲入匈奴军营,与浑邪王会合一处,命令汉军杀死要逃的人,一共杀掉了8000多人。霍去病又安排浑邪王脱离自己的部队,乘坐专门的车马去见汉武帝,又将浑邪王的部队接引渡过黄河。这一次跟随浑邪王投降汉朝的匈奴士兵有几万人,汉朝政府则对外宣称有10万人之多,把他们安置在西北边朔方、武威、张掖、酒泉和敦煌等郡关塞以外的地区,让他们聚居在那里,仍然可以保持自己的生活习惯,作为汉朝的属国生活下去。

这次匈奴浑邪王的大举投降,表面上是一场风光的大胜,其实为汉朝政府带来了严重的经济负担。首先,当初迎接浑邪王到来的时候,政府就征发了两万辆车去运载匈奴的降兵降将。当时朝廷的府库里面已经没有现钱了,就只好向百姓借马。名义上是借马,实则就是强要。但是从长安到河套地区，路程何止千里，马匹被政府拉走，顺利归还的可能性显然是很低的。所以百姓中有很多人就把马匹藏起来不交，最后马的数量不够，没办法拉那么多的车。武帝勃然大怒，叫人把长安县令拉来杀掉。当时的右内史汲黯一直对武帝出兵匈奴有所反对，这次看到扰民太过，赶紧去求见武帝，说道："长安县令并没有罪过，只有杀了微臣，百姓才肯献出马匹。况且这些匈奴人背叛他们的单于投降汉朝，我们就应该慢慢由沿路各县挨次给他们提供车辆运送，有必要弄到全国惊扰，让我们本国百姓疲惫困乏地来侍奉这群匈奴人吗？"武帝并没有理会汲黯的意见。

等到匈奴降人到了长安，沿路的商人向这些降人兜售商品，结果被负责司法的官员发现，将这些商人按照走私出境的律条来处理，最后要判处死罪的有500多人。汲黯又去进谏，说道："过去匈奴人进攻我国，断绝和亲，我国死伤不计其数，后来战争的消耗就达到几百亿。微臣汲黯是个蠢人，认为陛下降服了这些匈奴人，就应该把他们作为奴婢赐给服军役而死于战争的军人家属。这样才能慰劳天下服役者的一片心意，让百姓得到满足。结果陛下偏偏不这样做，浑邪王投降之后，反而亏空了国家多年的积蓄来赏赐他们，征发了善良的百姓来伺候他们，可无知的百姓让他们买一些商品却深陷法网。陛下就算不能用这些降人来慰劳百姓，总也不能用模糊不明的法令来杀死这些无知的百姓吧！微臣认为陛下不宜如此。"武帝听了以后十分生气，找了个由头就把汲黯免官了。

汲黯历来是主张延续高祖、文、景的休养生息政策的，他对匈奴的态度也是征伐不如和亲，这是完全从经济层面上来考虑的。其实汲黯对处理匈奴降人所提出的意见不是没有道理，但武帝仍然坚持这一做法，显然是跟景帝坚持要封赏徐卢等降人一样，希望鼓励和吸引匈奴人继续投降。联系到前面我们讲过的贾谊，他对付匈奴的主要方案就是优待匈奴降者，以汉朝的经济优势来逐渐控制匈奴。但从浑邪王降汉这件事情上看来，匈奴不过来了几万降者，汉朝就已经在经济上捉襟见肘、应接不暇了，由此可见贾谊的办法是无论如何也行不通的。

转眼就到了元狩四年（公元前119年），武帝和诸将商议，讨论征伐匈奴的最新进展："翕侯赵信这个无耻的反复小人，听说他现在为伊稚斜单于出谋划策，说汉朝的士兵不适应沙漠气候，他们无法穿越沙漠，也不善于在沙漠中宿营，所以伊稚斜单于把主力和物资都聚集在沙漠边缘，我们应当让大军向沙漠进击，一定会取得胜利。"这场战争武帝极为重视，不光派出了最大规模的军队，而且尽遣汉军的精锐将领上阵，特别是汉军的双璧——卫青和霍去病同时出发。他们两人各率领一支达到5万人的骑兵队，后面还有步兵跟随，再加上运输辎重等后勤部队，汉军这次出动的规模达到了数十万人。霍去病本来准备从定襄郡出发，根据情报，伊稚斜单于的直属部队离定襄最近，可以直接攻击伊稚斜单于本队。结果在路上汉军抓到一名匈奴俘虏，经过刑讯审问之后，俘虏交代说单于还在东面，于是武帝同意霍去病改从代郡出兵，而命令卫青从定襄郡出发。

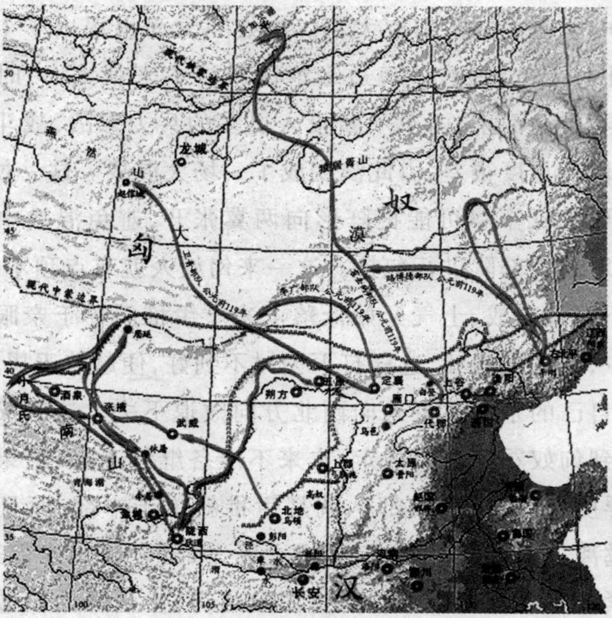

霍去病进军路线图

先说霍去病这一边，他出塞之后不久，就碰上了匈奴的左贤王，与左贤王一番交战之后，一路向西，也深入了大漠之中。伊稚斜单于最宠信的大臣章渠在这场战役中被霍去病活捉，各种小王和将领被俘虏86人，总计抓获的俘虏人数达到了70043人，这个数字甚至比霍去病的骑兵队人数还要多得多。霍去病一路打到狼居胥山（一说为今蒙古人民共和国境内的肯特山，但是似与史书中记载的行军路线不符），在狼居胥山举行了盛大的祭天仪式，纪念汉朝这次重大的胜利。

卫青在西路的战果虽然不及霍去病辉煌，但也非常可观。先是匈奴方面也得到情报，知道汉朝大军已经出动，赵信为伊稚斜单于出主意说："别说汉朝军队对沙漠不熟悉，无法穿越沙漠，就是能够穿越沙漠，也肯定是人困马乏，我们只要在漠北布阵，就可以坐等汉军过来送死了。"于是伊稚斜单于就把辎重运送到更北边，而在沙漠的北边布置精兵，静等汉军出现。

这时正赶上卫青急速行军，已经离开边境1000多里地了。远远发现有匈奴部队在进行调动，卫青赶忙命令用战车环绕步兵，扎住阵脚，又派出5000名骑兵冲击匈奴大军。匈奴一方面也派出了1万部队前来进攻。此时天色已晚，沙漠边缘地区风沙本来就大，一时间狂风大作，沙砾碎石扑面而来，两军不断投入更多的兵力参战，战斗激烈程度持续升级，但能见度很差，由此演变成了一场大混战。这一仗一直打到天黑，卫青要求汉军尽可能把阵形向两翼张开，避免混战中伤到自己人，然后再对匈奴部队进行包抄。这一来匈奴人就有点顶不住了，本来匈奴人就不擅长夜战，士气开始低落下来。伊稚斜单于亲眼看到大汉军为数不少，又兵强马壮，这样打下去讨不到好，便趁着天黑，坐上一辆马车，带着自己的亲兵几百人向西北方向败退下去。这时汉军的伤亡也不少，看到匈奴军队开始败走，本来不准备继续追赶，结果汉军左校活捉一名俘虏，供出来这支部队就是伊稚斜单于本部，而且天昏黑时单于已经逃离。卫青一听此事，当机立断，派出轻骑兵连夜追击，卫青率领主力紧随其后。匈奴大军已呈溃败之势，士兵开始四散奔逃。到天亮之后，汉军紧追了200多里，虽然没追上伊稚斜单于，但也捕杀了1万多匈奴精兵。卫青一直打到阗颜山的赵信城，夺取了匈奴人储存在这里的军粮，正好可以给汉军就地食用。大军在此停留一天，略作休整，返回之前把带不走的剩余粮食全都焚烧一空。

卫青的两员副将前将军李广、右将军赵食其的部队本应从东面迂回，协助卫青攻击匈奴大军的侧翼，结果李广他们走错了道路，等卫青已经结束了战斗，回到大漠以南，两军才碰上面。卫青派人向朝廷汇报情况，让军中负责文书的长史去责问李广，最终李广拔刀自刎，赵食其赎罪为民。

卫青这次出兵，大获全胜，虽然己方死伤也很严重，但计算杀敌和斩首数量，竟然达到了1.9万多人。而且伊稚斜单于突然逃跑，匈奴各部一直没有他的消息，虽然不断派人出去寻找，但是一连10余天，没有单于的人影。大家纷纷猜测议论，担心伊稚斜单于是不是死在乱军之中了。这时王庭之中最具实力的左贤王正在跟霍去病的大军作战，也无法分身回来；右谷蠡王认为匈奴正当危难之际，不可一日无主，就自立为单于。没过几天，伊稚斜单于自己找了回来；右谷蠡王只好悻悻地宣布退位，去掉自己单于的称号，这场闹剧才告收场。

虽说取得了巨大的胜利，但这次战争对于汉朝实力的消耗也非常可观，两支部队出征的时候，官员们清点马匹，官马和征调来的私马一共有14万匹之多，等到卫青与霍去病胜利班师归来，剩下的马连3万匹都不到了。自从元狩四年这一次与匈奴伊稚斜单于的大战之后，霍去病于元狩六年英年早逝，卫青也在元封五年（公元前106年）辞世。元狩四年的这次战役，是他们参加的最后一次对匈奴的战争，以后汉朝在相当长的一段时间内没有再次出击匈奴。据说匈奴战败之后，赵信劝伊稚斜单于与汉朝讲和，主动请求和亲。汉武帝要求大臣讨论对策，有的大臣认为连年战争，对汉朝的国力消耗也很大，不如趁此机会与民休息；也有的大臣认为匈奴新遭一场惨败，已经伤筋动骨，就应当紧追不放，继续痛打下去。丞相长史任敞站出来说："匈奴这时新遭重创，已经走投无路，我们应该劝说他们归顺于我，作为守卫我们边境的臣属，以后要定期来朝见天子。"汉武帝一听，认为任敞的计划比单纯的和亲或战争都要好些，就派任敞作为使者出使匈奴，跟伊稚斜单于谈判。伊稚斜单于听了任敞的意见之后勃然大怒，将任敞软禁在匈奴，不让他归国，两国又开始动员部队，有要打仗的意思。但这时霍去病的暴死让汉武帝没有合适的将领可派，于是边境上也就一连安定了十来年。

现在我们从西汉王朝在当时整体的情况来分析，汉朝确实已经无力再对匈奴发起大规模的进攻了。首先，汉朝的马匹数量已经严重不足，不可能支撑对匈奴作战的大量消耗。汉军与匈奴作战，对骑兵的依赖程度很高，假如换成步兵来对抗匈奴骑兵，不过是再次将当年的白登之围之类的战役重复一次而已，所以马匹供应不上是汉朝停止进攻的重要因素。另外汉武帝并不是只要经营北方的一条战线，而是四面出击，将大量的人力物力投入到东北的朝鲜、西边的羌族和西南的夷族等处，怎么可能还有余力再次组织对匈奴的大规模进攻。其次，匈奴此时的王庭已从阴山山脉迁至漠北，河西走廊以东的大片土地都是汉朝开辟出来的新领土，当务之急是在这些地区尽快建立边郡，其方法无非是鼓励在中原地区生活无依的百姓迁徙过去，这样就需要大量的青壮年劳动力。如果一边驱民实边，一边要在民间征发精壮男子参军打仗，显然是互相矛盾的政策，不可能取得好的效果。最后不应忽视的还是匈奴的实力，虽然匈奴在伊稚斜单于上台后的数年中，人口和牲畜都因战争的关系而锐减，又失去了阴山南麓的优良牧场，但是由他们不愿对汉朝称臣的态度来看，匈奴仍有继续防御的实力。再加上匈奴王庭转移之后，汉军如要再次出塞，距离将变成匈奴人最好的屏障。在军事行动中，越长的距离意味着部队的给养越困难，在古代战争史上，因为给养不足而造成大军瞬间崩溃瓦解的例子不在少数。而曾跟随卫青、霍去病等有穿越沙漠作战经验的士兵，总是越来越少，所以汉朝已经难以再对匈奴发动大型的进攻，不如由战争转入威压，趁机巩固在北部获得的大量领土来得实在。由此我们也可以看到，汉朝对匈奴停止进攻，并不取决于霍去病个人的存在与否，必须从战略因素上来宏观地认识战争，这才能让我们对汉匈之间的战和变化有更加深刻的理解。

4　汉武帝时期的汉匈关系

4.1　汉朝用兵西域始末

汉朝出兵西域始于汉武帝。这一战略构想起源于汉武帝在接见匈奴降人时，匈奴降人提到匈奴曾打败了大月氏，把大月氏国王的头颅割下来制成了酒杯，大月氏人于是从旧居之地上撤走。虽然月氏人对匈奴人心怀怨恨，想要报仇雪恨，但是他们实力不足，没有人援助他们一同攻打匈奴。武帝听了以后，大概是联想到了战国时期的合纵连横、远交近攻之类的手段，当时就想派人出使月氏，想要跟月氏联合对付匈奴。但要想找到月氏人，就必须途经匈奴，这就必须有一个胆大心细的人才能胜任。于是就引出了这一节我们要重点介绍的主人公——张骞。

张骞是汉中城固人，在汉武帝建元年间（公元前 140 年至公元前 135 年）当上了郎官。在汉武帝招募出使月氏者时，张骞毅然应募，最后带着一名叫做堂邑父的奴仆从陇西出发，踏上了寻找月氏人的道路。当时卫青等尚未出塞作战，北边的广袤土地仍然在匈奴人的掌握之中，要想到西域去，只能根据匈奴降者的描述，先进入河套地区，沿河西走廊一路向西，必须要神不知、鬼不觉地穿越匈奴国境才可以。张骞一踏上匈奴的土地，就立刻被巡逻的匈奴骑兵抓住，送给匈奴单于审问。当时是军臣单于在位，他问张骞孤身一人，穿越国境，打算做什么。张骞只说汉朝天子想派使者出使月氏，别的什么也没吐露。虽然如此，军臣单于已经猜到武帝的用意，对张骞说："月氏人还在我们的西北面，汉朝向月氏派遣使者，想要干什么？我现在也想派遣使者到南越去，你们汉朝肯答应我的要求吗？"于是就把张骞扣押在匈奴，给他娶了匈奴女子为妻，每天好好招待，但派人监视，没有行动的自由，形同软禁。很快张骞的妻子就给他生了孩子,匈奴人希望他从此定居在匈奴国土上。张骞被形势所逼,不得不暂时屈服,尽管如此,他依旧在身边保留着汉朝使者所持的旌节,希望能够找到机会,完成出使的任务。

张骞在匈奴这一住就是好几年,匈奴人看他没有什么异动,似乎有定居在此的想法,对他的看管就慢慢懈怠下来,张骞开始有了一些行动上的自由。他找了很多理由,多次迁徙,慢慢移居到了匈奴国的西边,幸好匈奴人本来是逐水草而居,所以他这些迁移也没有引起太多怀疑。终于有一天,他找到一个机会,带上妻子、孩子和堂邑父一起向月氏方向逃跑了。匈奴人看他没有向汉朝边境方向逃跑,反而一路向西,认为那里已经接近沙漠,张骞毕竟是个不熟悉路途的汉人,肯定会死在沙漠里面,所以也没人紧追,把这件事抛在了脑后。

张骞向西逃了有几十天,到了一个叫做大宛的国家。大宛人喜欢经商,早就辗转听说东边有个大国叫做汉朝,富庶得不得了,很想跟汉朝建立往来,但因为两国之间横着匈奴这样一道障碍,所以一直没有机会。这次看到张骞来到,大宛人对他很是热情,一个劲打听张骞要到哪里去。张骞说:"我是为汉朝出使月氏的,路上被匈奴阻拦,终于逃了出来。现在在这里人生地不熟,希望贵国能够派人做向导送我到大月氏去。只要能够顺利到达,今后我返回汉朝,汉朝天子肯定会把无数的金银财宝当做礼物送到贵国来。"大宛国王觉得张骞说得有理,为他找了翻译和向导,将他送到了康居,从康居辗转到了大月氏。

张骞历尽千辛万苦到了大月氏,结果发现情况根本不是武帝想象的那样。原来的大月氏王被杀了之后,他们已经重立了新王。大月氏人一路向西迁徙,攻占了大夏的领土,重新建立了政权。这里土地肥沃,远离其他国家,很少有外来的侵扰,大月氏人因为有过与匈奴战斗而国破家亡的惨剧,所以现在人人厌战,只希望过上安宁的生活。他们觉得自己离匈奴和汉朝都很远,既然已经互相疏远了,就没必要再去联合汉朝报复匈奴。结果张骞的万里之行没有得到丝毫结果。

张骞并没有立刻放弃希望,他在月氏停留了一年多,一边搜集西域的地理、风俗情报,一边继续努力,希望能够做通月氏人的工作,但最后还是没有成功，只好踏上了归程。他一路经过昆仑山、阿尔金山和祁连山，计划穿过羌族生活的河湟地区回到汉朝境内。没想到事与愿违，他刚刚翻越祁连山，就再一次被匈奴的巡逻骑兵抓住了。匈奴人发现他是一年多以前逃走的汉朝使节，很是生气，打算继续扣押张骞。结果就发生了我们在上一章中提到的事情，军臣单于这时突然病死，伊稚斜与於单争位，匈奴爆发了内乱。张骞趁乱携妻子逃出，回到长安之后，已经过了13年之久，武帝封他太中大夫之职，堂邑父也被授予了奉使君的称号，从此免去了奴隶的身份。

张骞回国之后，立即向武帝报告："微臣在大夏的时候，见到有钱人都会使用邛都郡产的竹杖和蜀郡产的布料。我问大夏人，这些东西他们是怎么弄到手的。大夏人告诉我，是他们的商人从东南的身(音捐)毒国买来的。听说这个身毒国也是个大国，人们都和大夏人一样，过着定居生活，但是那里地势低洼，气候潮湿，四季炎热。他们打仗的时候都骑着大象，风俗与我们很不一样。根据我推测，大夏大概离我国总有1.2万里，在我国的西边。身毒又在大夏东南数千里，能买到我国蜀郡的出产，这样看起来身毒离蜀郡应该不远。现在我们如要出使大夏，必须要穿越羌人生活的地区，路途比较危险，羌人又讨厌我们。如果折向北边，那就是匈奴的领土，肯定会被匈奴人捕获。我想如果从蜀郡走身毒，应当比较方便，不会受到匈奴和羌人的骚扰。"武帝听说大宛、大夏、安息这些国家都是大国，与汉朝定居耕种的生活方式比较接近，但是兵力很弱，眼馋汉朝的财物；而大月氏和康居等国兵力很强，可以通过用财物贿赂的方式，诱使他们来朝见汉朝天子。武帝对此产生了浓厚的兴趣，他认为只要能够联合这些国家，让这些国家对汉朝表示臣服，岂不等于将汉朝的疆域扩大了1万多里？如果这些国家的人真能到长安来，那汉朝的威望德行岂不是可以传播到更广的地方去了？这正是古代圣王追求的所谓太平之世的场面啊！武帝越想越开心，就采纳张骞的建议，向西南的蜀郡和犍为两郡派出探路的使者，分作四路：一路从冉駹(今四川省松潘地区)出发，一路从莋都(今四川省峨眉山以南)出发，一路从邛都(今四川省峨眉山以北)出发，一路从僰

(今四川省宜宾市一带)出发。结果四路使者走了一两千里地,都遇上了阻拦。西南地区有很多小的夷人部落,这些部落没有统一的君长首领,彼此之间征战不断。夷人们都善于劫掠,加上这一带地势复杂,使者纷纷被夷人杀掉,携带的财物也被席卷一空。武帝为了能够打开通往大夏的道路,于是开始着手打通西南夷,这是题外话,这里暂且按下不提。

武帝同意张骞打通西南到大夏的道路,主要是从经营西域的战略全局上来考虑的。武帝已经认定,汉朝最大的对手就是匈奴,西南这些夷人最多也就在山区里面活动,对汉朝不会有大的影响,只有匈奴才是心腹大患。既然如此,打通西南道路就是十分必要的了,为什么这样说呢?因为武帝的想法是联络西域的各个国家,将匈奴置于孤立地位,最终形成包围之势,这就是武帝构想的解决匈奴问题之道。但从张骞出使的情况来看,西域诸国基本上都慑于匈奴的武力,不敢公然反抗匈奴。汉朝想要与西域诸国进行正式联络,但道路被匈奴阻隔,难以达到目的。武帝策划从西南方向打通经过身毒到大夏、大月氏、安息、康居、大宛等国的道路,就是希望从远方迂回,以外交手段完成对匈奴的一个大包围圈,通过西域来牵制匈奴。从这一点来看,武帝确实是一位有着宏大战略构思的君主,也因为这个战略计划过于宏大,西南的地形又过于复杂,很难顺利执行,所以终武帝之世,汉朝也没能与身毒取得联系。

张骞凭着对匈奴地理的熟悉,几次跟随大将军卫青出击匈奴。因为他对哪里有水草河流都非常清楚,所以军队的给养才能得到保证,于是因功被封为博望侯。武帝把匈奴赶往漠北之后,又惦记起张骞说的外国诸事,不断找张骞来询问大夏等国的情况。张骞对武帝说:"微臣当年住在匈奴的时候,听说乌孙的国王叫做昆莫。昆莫的父亲难兜靡在位的时候,乌孙人本来和大月氏人都定居在祁连山和敦煌一带,是个小国。后来大月氏人攻打乌孙,杀了难兜靡,强占了他的地盘。乌孙人没别的办法,就投靠了匈奴。昆莫当时刚刚出生不久,他父亲的大臣布就翎侯抱着他逃亡,途中为了寻找食物,就暂时把昆莫放在了草从中。等布就翎侯回来，就看到狼正在给昆莫喂奶，乌鸦叼着肉在昆莫周围盘旋，于是族人都认为昆莫是位神灵转世。匈奴单于也很喜欢昆莫，将他抚养成人，并把他父亲的族人交还给他，让他带兵打仗。后来昆莫屡建战功，就有了向月氏人报仇的打算。这时月氏人已经被匈奴打败，他们只好向西进攻塞王。塞王被迫南逃，迁往远方，月氏人就将塞王的领土据为己有。昆莫向匈奴单于请求出击月氏，于是就向西攻打大月氏。大月氏人防守不住，再次西逃，就到了今天大夏的土地上。昆莫掠夺民户，居住在大月氏人的领土上，兵力逐渐强大起来。这时候抚养他的匈奴单于死去，昆莫不肯再入朝侍奉新单于。匈奴很气愤，数次派兵进攻，都被昆莫打败，大家更认为昆莫是位神灵而不敢招惹他。如今匈奴刚刚被汉朝击败，现在处于困窘的境地，而昆莫的故国土地正好无人居住，他们这些民族都对故土有很深的感情，又贪图汉朝的财富。我们正可以利用他们的思乡之情，多多地拿财物贿赂乌孙人，把他们召回到东边原来的土地，再送个公主给乌孙王以求和亲，双方结为兄弟。根据目前的形势来看，乌孙一定会听从我们的建议，这样就等于切断了匈奴的一条右臂！只要乌孙向汉朝靠拢，那么乌孙以西的大夏等国就很容易找来成为陛下的外臣了。”

武帝听取了张骞的意见，授予张骞中郎将的官职，率领300随从，每人2匹马，赶着成千上万的牛羊，随身携带价值数千万的黄金和财宝，还有拿着旌节的副使随行出使，别提多威风了。张骞到达乌孙之后，将汉朝送来的礼物献给乌孙王昆莫，对昆莫说道：“乌孙这次终于有机会回到东边旧居的土地之上，汉朝天子又赏赐公主作为您的夫人，双方永结兄弟之好，这是多好的事情啊！只要汉朝和乌孙联手，一同对付匈奴，还有什么可担心的呢？”张骞满心以为昆莫会一口答应，没想到乌孙本来跟汉朝距离较远，关系并不紧密，对汉朝的情况也缺乏了解，他们跟匈奴虽然打过几仗，但距离既近，从前交往也多，现在乌孙和匈奴已经建立起一种暂时的平衡，不愿意为了自己完全不了解的大汉而破坏和匈奴的关系。所以还没等昆莫答话，底下的大臣们先纷纷反对起来。昆莫这时也不再是年轻时候被人们当做神一样崇拜的人物了，年纪大了以后，已经不容易掌握国家的主要权力，虽然有心同意，但看到大臣们齐声反对，弄得也很尴尬，只好对张骞表示歉意，婉拒了汉朝共抗匈奴的建议，又派遣使节护送张骞归国，还让张骞献给汉朝天子数十匹良马，以示谢意。

有道是“山重水复疑无路，柳暗花明又一村”。张骞此次出使的计划虽然落空，但事情却又出现了意外的转机。乌孙使臣跟着张骞一同来到汉朝，见到汉朝统治地域广阔，人口物产比乌孙多得太多了，大是羡慕，回国之后一再向国人夸耀汉朝的地大物博。就在这时，乌孙派遣使者回访汉朝的消息被匈奴人知道了，匈奴单于大怒，当即就要发兵攻打乌孙。乌孙人当时就慌了神，又看到汉朝跟大宛、月氏等国的使节来来往往，络绎不绝，开始后悔当时为什么错过了跟汉朝和亲的机会。幸好汉朝有意结纳，亡羊补牢，也不算太晚。乌孙人赶紧派出使者，进贡良马，又求娶汉朝的公主。武帝接见了乌孙来使，跟大臣商议和亲事宜。有的大臣表示，当初派出使节的时候，乌孙推三阻四，不肯答应，现在匈奴准备跟他们开战，又跑来求与我和亲，如果就这么爽快答应了他们，未免有失大国国体，让其他西域国家也看轻了汉朝。又有大臣表示，不如要求乌孙国按照中原的规矩，先来下一单聘礼，有了聘礼之后，汉朝再把公主送过去，这样既让和亲能够实施，又全了汉朝的面子。武帝觉得这个主意不错，便派使者向乌孙提出了聘礼的要求。乌孙人一心与汉朝和亲，立刻送来了 1000 匹好马作为迎娶汉朝公主的聘礼，汉朝则找来江都王刘建的女儿刘细君当做公主，嫁到乌孙去。乌孙王把细君立为右夫人。匈奴一看，不甘落人后，也要求乌孙与匈奴和亲，乌孙王昆莫没办法，只好把匈奴送来的公主也立为左夫人。

不同于汉匈和亲的几经反复，汉乌和亲保持了很稳定的关系。刘细君在嫁过去之后不几年就死了，汉朝又送去了一位公主刘解忧。公主解忧依据北方民族的“收继婚”习俗，先后嫁给了 3 位乌孙王，生了几个儿女。其中一个儿子继承了昆莫的王位，另一个做了莎车王，还有一个做了乌孙的左大将。女儿则一个嫁给了龟兹王，一个嫁给了乌孙国的贵族。陪嫁的侍女冯嫽也嫁给了乌孙的大臣为妻。这些都是张骞不畏万死,通使西域而换来的成果,而张骞却已无法看到这一切了。他在出使乌孙之后,被武帝授予大行一官,仅过了一年多,便不幸病死在长安。据说张骞死后归葬于他的家乡成固县,今天在陕西省汉中市城固县博望乡还立有他的墓,留供今人凭吊。在张骞死后,通使西域的官员往往自称博望侯,以此来取信于外国,其影响力可见一斑。

早在汉武帝初年,武帝曾经自己用《易经》占卜,卜辞说"神马当从西北来"。汉乌通使之后,乌孙来献良马,果然比汉地自产的马匹要高大神骏很多,武帝就给乌孙马起名叫"天马"。等到大宛跟汉朝建交,送来大宛特产汗血马,要比乌孙马更加膘壮,便将乌孙马更名作"西极马",而管大宛马叫"天马"。由于汉武帝喜欢大宛马,屡屡派使者出使大宛,故此出使西域的使者相望于道,人数多的使团达到数百人,人数少的也有100来人,携带的礼品非常丰盛,直追张骞时的盛况。

汉使出使西域壁画

自从张骞开辟了通使西域的道路而获封侯后,很多官员开始争先恐后地上书武帝,谈论西域各种稀奇古怪的物产以及通使西域后的利害关系,毛遂自荐担任使者。武帝认为通使西域的道路偏僻遥远,一路上艰难险阻甚多,并不是人人都愿意去的,便对提出申请的人一律接受,都授予他们出使的旌节,为他们招募随行人员,通过这样的方法来扩大出使的规模。但也随之出现了严重的弊端,因为对申请出使人员的出身品行不加考察，这些使者往往良莠不齐，他们从西域回来以后，难免有抢掠和盗窃来的财物，甚至有人在执行外交命令时违背了武帝的旨意。武帝没有办法，只好对回来的使节严加审查，并处以重罪，利用他们对西域情况的熟悉，要求他们再度出使，以求立功赎罪。这样又形成了恶性循环，这些常年出使西域的人根本不在乎国家的法令。还有一些随行的吏卒，发现武帝好大喜功，于是回来就一再吹嘘外国的物产如何珍奇，风俗如何怪异。牛皮吹得大的，下次出使就有可能被授予符节，成为正使；牛皮吹得小的，就只能去给正使当副使。反正朝廷里的官员大部分也都不可能到西域去，慢慢西域使臣就成了这些喜好浮夸之徒的美差，并且不断有人出来仿效。使者出使的时候，往往都会携带有武帝送往西域各国的礼物，这些人又想尽各种方法监守自盗，把这些礼物据为己有，低价卖出中饱私囊。后来西域人也逐渐开始反感汉朝使节，认为他们大部分都言语不实，有些国家估计汉朝离此路途遥远，汉军不能到达，就停止给汉朝使节提供各种招待，弄得这些使臣生活也很狼狈。最后被苛待的使臣回国以后，又开始向朝廷谴责和抱怨这些国家有不臣于汉朝之心。

有一次，汉朝派出一位叫做王恢的使节，他在归国的路上连续受到楼兰和姑师两个小国的袭击。这两个小国都地处交通要道，汉朝的使团出使和归国都必须经过这两国，这两国必须要负责接待汉朝使节。一开始两国并没有什么意见，后来汉朝的使者来来往往络绎不绝，使者的素质又不高，往往向两国政府索要财物，形同讹诈，给两国经济上造成了很大负担。两国实在忍无可忍，就给匈奴提供汉朝使团的情报，和匈奴联合阻截汉朝使团，小的使团就两个小国出兵劫掠，大的使团就由匈奴出兵截击。正巧王恢碰上了这两个国家的士兵，连续被洗劫了两次，他死里逃生，回国向武帝作了报告。曾经去过这两个国家的使臣都说，两国虽有城池，但军队战斗力很弱，没有能力与汉朝大军对抗，而且两国与匈奴暗地勾结，如果将两国攻打下来，既可震慑其他国家，让他们不敢再有异动，又可以借机打击匈奴在西域的影响，假如忍气吞声，反而为其他西域国家开了个坏头。武帝听从了这些使臣们的意见，决定不再使用和平的外交手段来争夺西域，而改用武力征服的方式来出兵西域。

汉朝这次出动的是由从骠侯赵破奴率领的边防军和西域附属小国的联合军共数万人。赵破奴本来是太原人，曾经在汉朝因为犯了案子，逃亡到匈奴去避风头，等武帝恩降大赦之后，又跑了回来。武帝招募壮士攻打匈奴，他报名参军，因为曾在骠骑将军霍去病的手下担任军官，一直做到骠骑将军司马，所以被封为从骠侯。自卫青、霍去病相继病逝之后，赵破奴等将领就挑起了北边边防的重任。为了让王恢一雪前耻，武帝又让王恢随军出征，担任赵破奴的副手。赵破奴拨给王恢700轻骑兵，以迅雷不及掩耳之势，直取楼兰，一战而俘虏楼兰王，顺势灭掉姑师国，率领大军耀武扬威，以威慑乌孙、大宛等国。回到长安之后，赵破奴被武帝封为浞野侯，王恢被封为浩侯。楼兰王被汉军活捉，无奈之下向汉朝纳贡称臣。匈奴听到此事，大为震怒，派兵打算攻打楼兰。结果楼兰没有办法，只好派出两名王子，一个到匈奴那里去做质子，一个到汉朝那里去做质子。后来楼兰改名鄯善，这也是汉匈之间争夺西域最为激烈的国家，这里扼守汉使通西域的出口，所以后来还发生了很多历史事件，我们后面还会提到。从此之后，武帝为了更好地控制西域，开始从酒泉郡布置边防岗哨，一直把城塞向西修建到了玉门关。

武帝以武力压服西域，最大规模的一次是出兵大宛。这是继出兵楼兰、姑师之后的次年，武帝太初元年（公元前104年）发生的事情。起因是汉朝的使臣在大宛受到了苛待，这些使者都知道武帝很喜欢大宛出产的良马，回来就在武帝面前挑拨，说大宛的好马都养在贰师城，平时藏起来不肯让汉朝使节看到。武帝听使臣们这么说，越发想看看这些马的雄姿，就派车令为使者，带着厚礼去见大宛王，要求大宛王把贰师城的好马送给汉朝。这份厚礼是什么呢？其中最突出的一件是一匹按照真马大小、由黄金铸成的金马。武帝的意思是，以我们的一匹金马，换你们的几匹好马，这份礼物不可谓不贵重了。大宛国这时已经收过不少汉朝的礼物，国王和大臣一合计，“汉朝离我大宛这么远，他们的使团每次从盐泽一带过来的时候都有死亡。他们若从北面过来，会有匈奴侵扰；若从南面过来，则是缺乏水草的沙漠地带，再加上沿途没有人烟，根本没地方寻找食物。汉朝一个几百人的使团过来，常常因为缺少食物而死者过半。路途上的条件这么恶劣，怎么可能会派遣大军过来呢？何况贰师城的马是我大宛最上等的宝马，就凭这些礼物怎么能给他们？"于是不管车令等人苦苦相求，总是坚决不给。车令大怒，破口大骂了一番，把金马打破，拂袖回国去了。大宛的贵族大臣们也被车令的做法激怒了，认为汉朝使节实在不把大宛放在眼里，就联络大宛以东的郁成王，只要车令的使团一离开大宛国境，就对他们发起袭击。车令在路上被杀，财物也被一抢而空。武帝听到此事之后愤怒异常，曾经出使过大宛的姚定汉对武帝说："大宛士兵战斗力不强，只要3000人的汉军，用我们的强弓劲弩向他们射箭，很快就可以打败大宛。"正好此时浞野侯赵破奴攻打楼兰、姑师得胜归来，本来调拨给赵破奴数万人马，结果只用了700轻骑兵就结束了战斗，还生擒了楼兰王，所以武帝觉得姚定汉等人言之有理，便封宠姬李夫人的亲哥哥李广利为贰师将军，率军出征大宛。

李广利的妹妹李夫人原本是个歌女，她有一个哥哥叫李延年，是一位著名的乐师，很受平阳公主的宠爱。李延年曾在武帝面前唱了一首歌，"北方有佳人，绝世而独立，一顾倾人城，再顾倾人国"，武帝对歌中的美人非常神往，平阳公主趁机对武帝介绍，这首歌中描述的美女就是李延年的妹妹。因为这个契机，李夫人进了宫，立刻得到武帝的宠幸，"倾城倾国"这个成语就是从这首歌而来的。李夫人进宫不久就生了位皇子刘髆，被封为昌邑王。但李夫人好景不长，几年之后病死了。临死之时，武帝对李夫人万分不舍，李夫人就在死前将李广利等兄弟托付给武帝，希望武帝能把自己的哥哥们变成达官显贵，武帝满心怜爱，自然满口答应。现在武帝让李广利率军出征，正是要他积累战功，以便给他封赏。

李广利的部队规模与赵破奴攻打楼兰、姑师时差不多，征发了附属小国6000骑兵，又招募了各个郡中品行恶劣的青年一共数万人。部队中让赵始成做军法官，浩侯王恢负责向导。武帝本来预期着李广利可以像赵破奴那样打一场漂亮仗，这样就可以给他论功行赏，封个列侯当当，没成想这次汉军刚刚渡过盐水，沿路的小国都惊慌失措，紧紧守住自己的城池，不给汉军提供粮食。李广利不像卫青、霍去病那样是战争天才，也不像赵破奴那样是行伍出身的宿将，这是他头一次带兵打仗，没有什么经验。他看到人家不服从自己，想去进攻，结果打又打不下来。这一路汉军可吃了大苦头，如果能打下来城池还有饭吃，可是打不下来，只好围上几天就离开上路，等到了大宛东边的郁成，士兵只剩下几千人了。就是这区区几千人，还是人困马乏的疲兵，根本打不动仗。李广利逼着部队跟郁成王打了一仗，结果大败而归，士兵伤亡惨重。李广利跟幕僚们一商议，就凭现在汉军这个样子，到了郁成都打不下来，何况大宛呢？要是坚持不撤军，部队迟早在这里全军覆没，反正李广利现在是武帝眼前的红人，武帝既然有心提携自己，倒不怕回去受罚。大家意见一致，就灰溜溜地带着残存部队撤退了。这一来一回就花了两年时间。等到了敦煌郡，士兵生还的十成里剩不下一成。李广利毕竟担心回去被武帝斩首，他倒是聪明得很，先给武帝上了一道奏章，说道："讨伐大宛的路程太过遥远，行军时粮食供应不上。士兵们个个奋勇，不怕牺牲，但是粮食不足，也没劲打仗。士兵数量太少，不能攻取大宛。希望陛下允许微臣暂时撤军，加派兵马，再作打算。"汉武帝看到李广利的上表之后，险些气炸了肺，立刻派一名使者前往玉门关，下令不许李广利入关，谕示："李广利的军队要是有谁敢进入关内，守军可以立即斩杀！"吓得李广利不敢再往回走，但要回去打仗，说什么也打不起，落得个进退两难，只好暂时屯驻在敦煌。

就在武帝太初二年（公元前102年）的夏天，也就是李广利回到敦煌的一年前，汉朝又一次发动对匈奴的战争，结果浞野侯赵破奴被8万匈奴骑兵围攻，士卒阵亡达到2万多人。这一事件我们在后面还会提到，这里先不细说。等到李广利兵败归来，朝廷里面的数位高级官员都认为武帝应当尽快调回攻打大宛的部队，专心对抗匈奴，而不要两线作战，分散力量。汉武帝却有自己独特的考虑，他认为如果现在尚未派出征讨大宛的部队,那么不要开启对大宛的战端,这是非常正确的;但既然现在已经出兵大宛,要是连大宛这样的小国都打不下来,那更远处的大夏之类的国家肯定会瞧不起汉朝。到时候先不要说肯定再也得不到大宛的良马,就是乌孙、轮台等国家肯定也可以随便为难汉朝的使者,使者受辱还是小事,有损汉朝国体才是大事,更让前面几年经营西域的努力也全部付之流水,这才是武帝最担心的地方。故此武帝不惜一切代价也要坚持两线同时作战。幸好汉朝在前面十几年里面没有与匈奴产生过大的战事,人力和马匹数量都得到了一定程度的恢复,国家仍然能支撑得起这么大的折腾。武帝先惩治了那些力主出兵大宛的使臣,又赦免各地的囚徒,征发各地品行不端的青年人,抽调边防军中的骑兵,给李广利重新拼凑了一支6万多人的部队。还有一些志愿兵,是自愿带着粮食参加出征大宛行动的。这支部队配属了数量庞大的后勤补给,为了在西域险恶的环境下行军便利,部队中有牛10万头,马3万多匹,驴和骆驼也有上万头,兵器、弓箭等等都非常完备。武帝在全国范围内抽调了50余名校尉随军出征,保证李广利的指挥便利,又增派18万士兵到酒泉和张掖以北驻守,并且新置了居延和休屠两个县拱卫酒泉。

因为人手不足,武帝还在全国范围内发动了“七科谪”,也就是征发7种罪犯,去补充兵员。是哪7种罪犯呢?概括起来其实就是5类,犯了国法的亡命之徒、曾经犯罪的小吏、富人家的赘婿、商人和祖上曾是商人的人。前2类人还算是犯罪,但后面3类人又算犯了什么罪呢?汉代自高祖刘邦以来,都是奉行重农抑商的政策,商人的社会地位很低,不但交纳税款的时候要比农民多交,而且商人子弟不许当官,不能穿丝绸衣服,也不许佩戴武器。赘婿显然是那些贫穷无依、失去了土地的人,只有这些人才会去给别人家做赘婿。所以这3类人其实只是因为身份低贱,就算成了罪行,进入被征发之列。“七科谪”征发出来的这些人,主要任务就是给李广利的部队运输干粮,据说驱车载运的人络绎不绝,排开一字长蛇一直到敦煌。武帝还专门找了2个善于挑选好马的人做了军官,取了个名字叫执驱校尉,准备在攻破大宛之后挑选马匹。就连攻打大宛王都的作战计划也是武帝给李广利制订好的。因为大宛都城内没有水井，城内用水要从城外的河流引水入城。武帝派了善于治水的工匠，打算到了大宛王都之后，通过施工使河水改道，不让河水流经城外，而是倒灌进大宛城。为了筹备这次出征，汉朝百姓吃了大苦，国内真是动荡不安、民不聊生。

李广利也感受到了武帝这一次的志在必得。他太了解武帝的性格了，出兵大宛虽有战略意义，但对武帝个人而言，目标就是大宛的良马，武帝并不怕把这样的意思传达给天下百姓，如果自己还不能成功，那么等待自己的一定是灭顶之灾。尽管李广利凭着自己死去妹妹的面子，免去了一次责罚，但这一次武帝绝不会允许他再有失败的可能，到时候不但自己是死定了，恐怕还会连累自己的家门。不过有了上一次的经验，这回大军的后勤补给又有强化，李广利总算是恢复了一点自信，心情沉重地带兵上路了。

这是李广利的第二次出征大宛。与第一次不同，沿途的小国也听到了风声，知道汉朝这次不惜血本也要拿下大宛，所以对汉朝大军无不主动迎接，并且积极地给他们提供军粮。大军抵达轮台国之后，轮台国决绝出迎，并且坚持不降，李广利一怒之下，命令部队血洗轮台。自此一路向西，平平安安地抵达了大宛的国都。汉军先期到达的一共3万人，大宛军队想趁汉军立足未稳，先给他们一个迎头痛击。结果大宛打错了算盘，这次来的部队远非上次攻打郁成的疲军可比，汉军只是扎住阵脚，一阵弓箭射去，大宛军便立刻溃不成军，逃回城去了。大宛王还想依靠城池进行抵抗，李广利用上了武帝教他的办法，引开城外的河流，河水倒灌进大宛都城。汉军就此包围，一连攻城40多天，大宛王都的外城终于被攻破，俘虏了大宛高级官员中的勇将煎靡。大宛官员们一边逃入内城，一边暗暗商量说："汉朝之所以要来攻打大宛，是因为我们的国王隐藏贰师城的好马，又杀害了汉朝派来的使团所致。如果把国王杀掉，并献出贰师城的好马，让汉朝达到目的，汉军的围困自然也就解开了。就算到时他们不肯解围，我们那时再拼个玉石俱焚，也为时不晚啊！"大家都认为不错，于是共同杀死了大宛王毋寡，派出一名贵族当使者，提着他的人头去见李广利。

大宛使者对李广利说："请汉军不要再继续攻打我们了，我们会把贰师城的好马全都拿出来，任凭你们挑选。汉军的粮食就由我们大宛来供应，两国恢复以前的外交关系。如果将军不答应我的条件，我们就杀死全部的好马，让你们空手而归。现在康居人的救兵也就快到了，康居人一到，我大宛军队在内，康居的救兵在外，汉军就要面临两线作战的危险。汉军今后当何去何从，还请将军仔细考虑！"其实康居救兵早就到了，只是部队规模远不及汉军，只是派遣探子在远处窥伺，并不敢贸然进兵。李广利都知道这些情况，但他担心的是大宛人会把贰师城的好马杀尽。武帝想要的主要是大宛良马，大宛是否灭国还在其次。假如他空手而归，就算把大宛全国夷为平地，也等于没有完成武帝派给他的任务，就算不会马上治他的罪，恐怕以后也要算他的后账。但这一层意思他也不便跟其他将领提起，只好跟军法官赵始成、将领李哆等人商量说："大宛国原来没有穿井取水的技术，但我听说最近大宛国内找到了一些汉人，教给他们打井的方法，以后水攻的法子可能要不灵。而且看起来他们城内的粮食也还不少，再坚持下去也不是问题。我现在考虑到，我们为什么要到这个地方来打这场战争呢？还不是为了打败和杀死罪魁祸首大宛王毋寡吗？现在既然人家已经把毋寡的头给我们送来了，话也说到这个份上，我们要是还不允许解围的话，也有点说不过去。如果大宛一直坚守下去，康居人的军队也窥伺在侧，等我们粮食越来越少，我军开始疲乏的时候，两股部队内外夹攻，那时候我军的情况可就不妙了。"这一番说辞倒是冠冕堂皇，众军官无不心领神会，纷纷表示赞成。于是李广利就代表武帝和全军接受了大宛人的和约。大宛人放出贰师城的好马，任凭汉军自行挑选，还拿出城中储存的粮草献给汉军。汉军最后挑选了上好马几十匹，普通的公马、母马一共 3000 多匹，又立大宛高级官员中间对待汉人比较友好的昧蔡作为大宛国王，与大宛重立盟约后宣布撤军。

当初李广利从敦煌出兵上路的时候，认为这一次部队太过庞大，沿路各国无法供应大军的军粮，最后有可能会使一些小国迫反。于是他想了个办法,把大部队拆分成几支小队,分南北两路挺进。其中一支部队由校尉王申生和曾任大鸿胪的壶充国率领,一共1000多人,他们先到了郁成。郁成人坚守城池,不肯给他们提供粮食。王申生的部队距离李广利的大军还有200多里地,说近不近,说远不远。他认为只要抬出大军来稍稍吓唬对方一下,对方就会乖乖就范,就责令郁成王尽快交出军粮,否则就要攻城。郁成当初连汉朝使团都敢洗劫屠杀,又在李广利第一次出征大宛的时候对汉军打过一个大胜仗,根本没把这1000多人的小部队放在眼里,毫不犹豫地拒绝了王申生的要求。郁成人注意到王申生的部队只有1000来人,就先下手为强,在一个早晨以3000人的部队发起突袭,斩杀王申生等人,汉军大败,最后只有几个人得以生还。幸存者跑到李广利那里,李广利见此情形,就派搜粟都尉上官桀率领一支部队去打郁成。郁成是个小国,汉朝军队一旦认真起来,郁成根本不是对手,果然一触即溃,郁成王无奈,逃往康居去了。上官桀不依不饶,一直追赶郁成王到康居。康居早听自己派去救援大宛的军队报告了汉军击败大宛的全部经过,不敢正面与汉军为敌,看到上官桀追来,就把郁成王交了出来。上官桀派4名骑兵押送郁成王,让他们务必将郁成王捆绑看守,送给主将李广利发落。这4名骑兵互相议论道:"郁成王是武帝非常痛恨的家伙,如果把他活着送回去,恐怕出现意外,万一让他给跑了,这个责任我们可担不起。"大家就决定把郁成王在路上杀了算了,但4个人面面相觑,没有人敢上前动手。最后有个来自上邽的小伙子赵弟,这4个人里面数他最年轻,胆子也最大。赵弟看看别人不敢动手,壮着胆子上前,拔出剑来照郁成王的脖子就是一下,人头应声而落。4个人把郁成王的尸身草草掩埋,装上人头,赶上了大部队。

至此贰师将军李广利的第二次大宛远征已竟全功,胜利凯旋。军队开入玉门关的时候,全军还剩下1万多人,军马1000余匹,和开拔时候的煊赫声势已经大不相同。第二次大宛远征军并不缺乏粮食供给,李广利的指挥布置也还中规中矩,所以士兵在战斗中牺牲的也不算太多,但为什么还有这么高的死亡率呢?主要原因是李广利没有威信,治军不严，军官们暗中徇私舞弊，贪图钱财，不爱护士兵，一个个争先恐后地侵吞军饷，造成士兵无端死亡的数量很大。然而武帝看到大宛又开始对汉朝俯首称臣了，贰师城的良马也带回来了，自己的目的已经达到，面子上得到了极大的满足，至于士兵的死亡率高一些，反正这种远涉万里的远征，确实也难以掌握真实的情况，索性不再责问将领们的过失，最后还下诏书夸奖李广利："匈奴为害已经很久了，如今虽然远遁漠北，但与其他国家共谋截击我国的使团，大宛参与其中，隔绝东西道路。贰师将军征讨有罪之国，战胜大宛。凭借神灵对我军的佑护，我国大军跋山涉水，穿越流沙，历尽艰难险阻，获得了敌王的首级，沿路所得珍稀奇特的出产都贡献给朝廷，立下了大功。封李广利为海西侯，食邑 8000 户！"比起第一次远征无功而返之后的狼狈，李广利终于凭借军功混上了个列侯当。随军出征而生还的士兵也都受到重赏。因犯罪而参军者虽不计功劳，但可以免去原来的罪责，自愿参加者授予爵位，士兵们所得的赏赐大概总计有 4 万两黄金。

汉朝两次征讨大宛，历时 4 年才告结束。尽管给国家造成了严重的负担，但威震西域，也确实起到了斩断匈奴右臂的作用，匈奴愈加孤立，力量日益削弱。李广利也自此得到了武帝的信任，后来在汉匈之间的战场上要开始崭露头角了。

4.2　武帝中期的汉匈使节往来

自匈奴乌维单于在武帝元鼎三年（公元前 114 年）即位以后，汉匈关系开始从战争阶段进入到交涉阶段。一个很重要的原因是伊稚斜单于在位期间，匈奴在军事上被汉朝全面压制，国力严重受损。伊稚斜单于将王庭迁往漠北，放弃生活了百余年的游牧区，对匈奴人的生活影响很大，传说有首匈奴民谣是这样唱的：

> 亡我祁连山，使我六畜不繁息；失我焉支山，使我妇女无颜色。

《汉书·匈奴传》里也提到生活在边境地区的汉民传言，匈奴人撤离阴山地区之后，不由得齐声痛哭。我想这不是对于故土的思念和留恋，而是他们的游牧生活受到了严重影响所致。因为在阴山山脉等地，水草适合放牧，马、牛、羊等牲畜比较容易繁衍，但漠北的自然条件不同，原游牧区的牲畜迁往漠北之后，需要一个比较长的适应阶段。这对匈奴的经济也会有不小的影响。所以乌维单于上台之后，匈奴也转入了一个休养生息的阶段，偶尔对汉地有过几次规模不大的偷袭，而汉武帝也组织过大规模的反击，但都因为出塞之后没有遇到匈奴人而作罢。

到了武帝元封元年（公元前110年），汉武帝头脑一热，亲自率军抵达朔方郡，并下了一封诏书给乌维单于，以示挑战之意。诏书说："如今南越和东夷都已经向我汉朝屈服，只有西南和西北的蛮夷尚未平定。朕打算巡视边陲，历练军队，统辖十二部将军，御驾亲征。"武帝这次坐拥18万大军，想要亲自过一次战争瘾。不但如此，还派遣名叫郭吉的使者，带着诏书去向乌维单于示威。

按照匈奴的习惯，但凡外族使者要见单于，一定先要将来意禀明负责接待工作的主客，由主客将情况通报给单于，最后由单于决定见或不见。结果郭吉到了匈奴之后，主客问他面见单于想要说什么，郭吉表示事情关系重大，属于机密，坚持要当面对单于说明。主客无奈之下，只好破例。郭吉见到乌维单于之后，把诏书呈上，向单于说："现在南越王的头已经悬挂在长安的北门之下，往来行人百姓都能一目了然。现在您要是有资本跟我汉朝天子交战，就请您进军，天子已经亲率部队，在边境严阵以待。您要是没这个资本跟我们交战，就请您尽快向我汉朝称臣，何必非要远走他乡，藏到漠北这么一个天寒地冻、水草不生的地方来呢？"乌维单于听了这话，简直都要气疯了，当即扣留了郭吉不许他回去，还追究接待郭吉的主客的责任，最后论了一个斩首的罪，郭吉也被放逐到北海去。但是乌维单于面对武帝的挑战却始终没有应战，仍然龟缩在漠北不敢妄动，汉武帝等了一段时间，无奈只好退兵。

乌维单于虽然愤怒，但也不敢在这个时候跟汉朝开战，他听从赵信的计策，不断派遣使者到汉朝去要求和亲，以争取休养兵马的时间。武帝也摸不透乌维单于葫芦里卖的什么药，只好又派了一个叫王乌的使者去打探匈奴的虚实。这个王乌从小生活在北部边境，对匈奴习俗十分熟悉。匈奴有一个习俗，就是汉朝来使不放下符节、不用墨涂面的，就不许进入单于的王帐。王乌对这些风俗都很了解，不需要礼宾的官员多加提示，就自动去掉符节，以墨涂面，进了单于的王帐。乌维单于一见他就觉得这个汉人很是随顺，非常喜欢，跟他大拉了一番家常，最后对王乌说："我因为你的缘故，很有诚意跟汉朝和亲。为了表示我的决心，我打算把太子派到汉朝去做人质，用这样的方式来交换和亲。"王乌听了这话自然很高兴，回去找武帝复命不提。

这时候汉朝已经开始向四周扩张势力。在东北，汉朝攻取了秽貉和朝鲜，在当地建立了郡县；西北地区则设置了酒泉郡来阻断匈奴与羌族的往来。汉朝又与西域的大月氏、大夏开始了交往，前一节我们已经作过介绍。乌孙也主动与汉朝和亲，汉朝将公主嫁过去，分化了匈奴在西边引为后援的友国。对汉朝在边境内外的活跃表现，匈奴一直不敢轻举妄动，而对汉朝这边内政外交比较熟悉的翕侯赵信又在这一年死去了，所以武帝听了王乌的报告之后，得出一个结论，就是匈奴现在已经衰落了，不值得汉朝为他们大动干戈，完全可以借助外交手段让他们俯首称臣。所以武帝再派杨信作为使者，去跟匈奴商谈和亲的细节，以及匈奴太子来汉朝做质子的详情。

杨信跟王乌不同，为人刚强正直，一旦下定决心，不肯作丝毫的让步。也正因为这一点，他始终是个不起眼的小官，不是什么朝中重臣，故此匈奴人对他的招待也不是很热情。乌维单于要接见他的时候，杨信拒绝去掉符节，拒绝以墨涂面，宾主双方就僵在那里，弄得礼宾官员很是尴尬。最后没有办法，还是乌维单于在帐外接见杨信。杨信一见乌维单于，就摆出一副长者口吻，劝导单于说："如果您还打算跟汉朝和亲的话，我劝您就尽快把您的太子送到汉朝去做质子吧！"匈奴人有个习惯，见到汉朝来使之后，发现使者不是受皇帝宠爱的宦官，而是一副儒生打扮的话，就认为这一定是来游说的，必须要跟他们进行辩论，坚决地驳斥回去；如果使者是个年轻人，就认为这一定是来行刺的，就要挫挫他的锐气，让他不敢轻举妄动。现在乌维单于一看杨信说话老气横秋，一副要给他指点迷津的样子，当下就说："送太子去汉朝做质子，这不是我们原先盟约里规定好的。汉朝与匈奴之前的盟约写得很明白，汉朝要常常将公主嫁给单于，并且陪嫁必须包括一定数目的绸缎、丝绵和食物，而匈奴也不再去侵扰汉朝的边境。结果现在你们要一反以往的规定，要我的儿子到汉朝去做人质，这完全是无理要求，看来这次和亲是没什么希望了！"如果换个使者，肯定想尽办法来斡旋局面，千方百计也要让相互之间容易下台。可是杨信就是这么个宁折不弯的性格，你既然说没什么希望，我也不跟你多说，就此打道回府了。

杨信回来报告乌维单于的反应，武帝倒被王乌和杨信的不同说辞弄懵了，闹不清楚到底匈奴还想不想和亲了，只好再让王乌去一趟。王乌再次面见乌维单于，重提和亲的话题，乌维单于还是拿一套好话糊弄他，说来说去就是希望汉朝能够多送陪嫁的礼物。乌维单于甚至跟王乌说："我这次想到长安去亲自拜见天子，当面跟他结为兄弟。"王乌看乌维单于把话说得很满，也没有怀疑，就回国如实禀报。武帝听了当然很高兴，立刻吩咐有关部门给乌维单于在长安修建了一座官邸。结果没过多久，匈奴派来的使者却说，除非是汉朝派出个身份高贵、说话算数的官员来做使者，否则再也不相信汉朝的使者所说的话。这下子匈奴的态度就明确了，武帝意识到乌维单于前几次说的话，不过就是白白地欺骗王乌，根本没有诚意到汉朝来，也不会把儿子送来做质子。

这时又发生了一个小插曲。匈奴派来的这个使者是在匈奴十分有名的贵族，但是身体很差，三天两头地生病，结果到了汉地，水土不服，更是病得厉害。武帝请了很多名医给他看病，送了不少珍贵的药材诊治，盼着能把他治好，但最终还是病死在了长安。两国虽然长年交战，但对待彼此的使者还是比较客气的。这下子匈奴使者病死他乡，可是一件大事，毕竟这会给匈奴以口实，显得汉朝对外国来使招待不周。当时武帝正在积极与西域建立往来，十分担心会被匈奴揪住这点大做文章，生怕演变成为外交事件，对汉朝在西域国家中的形象不利，于是便派路充国作为使者，佩戴象征汉朝高官的二千石的印绶，护送匈奴使者的灵柩返回匈奴。不仅如此，武帝还按照汉地的习惯，让路充国携带给死者送丧的费用，这笔丧葬费高达几千斤黄金，可谓不惜血本。没想到这正中了乌维单于的圈套。乌维单于等的就是这个机会，他一口咬定这个使者是汉朝人下毒毒死的，是汉朝人先坏了不可伤害敌国使者的规矩。出于对汉朝这种卑鄙行为的报复，他将路充国扣留在匈奴，拒绝遣返汉朝的送丧使团，并且派出小队骑兵，开始骚扰汉朝的边境。汉武帝这次吃了个哑巴亏，有苦也说不出。如果这时还派大军去攻打匈奴，一定会在西域落个坏名声，只得派郭昌为拔胡将军，让他与浞野侯赵破奴一起驻扎在朔方以东，防备匈奴的突袭。

乌维单于在汉武帝元封六年（公元前 105 年）死去，其子詹师庐（一作乌师庐）继承了单于位，因为登基的时候年纪幼小，所以又被称为儿单于。儿单于上台之后，第一件事情就是把王庭再度向西北迁徙，其左部军队面向汉朝的云中郡，右部面向酒泉、敦煌两郡。从后续的历史发展来看，这样移动的目的似乎有防备左右贤王的意思在内。因为儿单于即位之后，汉朝派了两个使节前往匈奴，一个人去庆贺儿单于登基，一个人则去慰问右贤王，想以此分裂离间儿单于和右贤王的君臣关系。结果使者到了匈奴以后，也不知道各自的任务完成了没有，反正最后是被匈奴人全部扣押不放。汉朝使者到达匈奴之后，被匈奴扣押不放的，一共有十几批之多，而汉朝也经常扣押匈奴使者以示抵偿。今天因为史料所限，并不知道汉朝将匈奴使者扣押在何处，待遇如何，但匈奴扣押汉朝的众多使者中，苏武最为有名。我们不妨在这里介绍一下苏武的事迹，以此可以看到武帝后期汉匈外交的一些具体情况。

苏武相信大家并不陌生，以他为主人公的故事被编入京剧《苏武牧羊》，是马（连良）派老生的一段脍炙人口的名剧。但苏武出使的历史史实究竟如何，读者未必非常清楚。我们在前面的章节中提到过对匈奴作战的苏建，他跟随大将军卫青出兵定襄，因为突遇强敌，翕侯赵信临阵投降，苏建孤身逃回，被判以律问斩，最后只好花钱赎罪，取消了他的官位，变成了一介庶民。苏武就是这个苏建的二儿子。

苏武字子卿，年轻的时候因为父亲苏建攻打匈奴有功，所以跟自己的兄弟一起被特别擢用为郎官。就在汉武帝天汉元年（公元前 100

年)这一年,匈奴已经是且鞮侯单于即位了。这位且鞮侯单于刚刚上台,还没有将匈奴国内的大权完全掌握在自己手里,害怕汉朝在这时候对他发动进攻,就让使者到长安来面见武帝,宣称"汉朝的皇帝是我的长辈",又把以前在乌维单于在位时期扣押的汉朝使者全部放还。汉武帝被匈奴来使一捧,有点飘飘然的感觉,连声称赞且鞮侯单于深明大义,打算派一位使者回访一下,于是就挑中了苏武。

苏武的使团由100多名应募的志愿者组成。其中副使是中郎将张胜,给他们担任小吏的是常惠,除此之外都是随行人员。一路无话,到达匈奴之后,苏武将礼物陈设献上,没想到且鞮侯单于表现得非常傲慢,完全不像武帝所期望的那样恭顺。其实且鞮侯单于当初即位不久,可以说立足未稳,还有很多不服他的人仍在暗地活动。就在使者一来一往的这段时间里,他已经初步解决了国内的反对派,不用再担心汉朝对他的态度了,所以这种傲慢也是他真实的一面。总之苏武等人很是失望,只等着回国向武帝报告这一切。

也是合该出事。且鞮侯单于傲慢归傲慢,但并不像乌维单于那样,喜欢扣押从汉朝来的使臣。他正要派人护送苏武这个使团返回的时候,匈奴国内出了乱子,缑王和虞常等人突然发动政变,准备谋反夺位。

这个缑王是降汉的浑邪王的姐姐所生,曾经在浑邪王降汉时一同投降汉朝。后来在跟随浞野侯赵破奴讨伐匈奴的战役中,因为赵破奴大败而又投降匈奴。缑王回来以后大概生活也不如意,就在投降匈奴的汉人中间暗地策划,想要劫持且鞮侯单于的母亲返回汉朝,正赶上苏武的使团抵达匈奴。

虞常本来是长水地区的胡人,在汉朝生活过很长时间,后来投降了匈奴。虞常在汉朝的时候,跟苏武的副使中郎将张胜关系一直不错,就暗中拜访张胜,对张胜说:"我听说汉朝皇帝非常怨恨卫律,我能为汉朝想办法暗杀他。我的母亲和弟弟现在还生活在汉朝,希望你回去以后报告皇帝,能够以我的功劳来换取朝廷对他们的赏赐。"卫律何许人也?这个人也是长水胡人,从小在汉朝长大,汉朝的大臣都很信任他。当时的宠臣李延年跟他关系不错,推荐他去担任使者,出使匈奴,结果卫律出使归来之后犯了过错，就偷偷投降了匈奴，在匈奴颇受重用，被单于封为王，所以武帝一直对卫律很是恼火。张胜听说虞常要暗杀卫律，当然非常赞成，当下就赠送给虞常不少财物。

这事过了一个月，且鞮侯单于有一天出去打猎，只有他母亲及其侍从留在家中，虞常觉得这是个机会，就带了 70 多人准备发起突袭。没想到这 70 多人中有一个连夜逃走，向且鞮侯单于告密，单于带着部下就去把虞常等人一网打尽，缑王战死，虞常被单于活捉。

且鞮侯单于任命卫律来负责审理这一案件。张胜听到这个消息，担心之前跟虞常的密谋被泄露出去，就赶紧把前因后果跟苏武讲了一遍。苏武沉思半晌，说道："事情既然已经发展到了这个地步，最后一定会牵扯到我们身上。要是等到受了侮辱之后再死，恐怕将更加对不起国家。"说罢便要自杀。张胜和常惠在旁边赶紧将他劝住。这边卫律审问虞常，果然将张胜提供钱财的事情供出。且鞮侯单于闻言大怒，召集匈奴贵族大臣一同商议，认为汉朝使团既然涉嫌勾结降人，发动政变，就应当从重论处。且鞮侯单于的意思是全部斩首，以儆效尤。左伊秩訾表示，现在汉朝使团只是勾结谋反之人，这样就要处以斩首的话，如果今后有使者直接妄图谋害单于，该如何加重处罚，还是劝他们全部投降的好。且鞮侯单于觉得也有道理，就让卫律召苏武来审问。苏武对常惠等说："就这样让自己的节操和国家的使命受到侮辱，即使能够不死，我也没有脸面回到汉朝去了！"拔出佩刀来就要自杀。眼看刀刃真的砍到苏武脖子上了，卫律大吃一惊，赶紧上前抱住苏武，派人骑快马去叫医生。匈奴医生的治疗方法与中原不同，在地上凿了一个小坑，燃起篝火，让苏武卧在火坑上，用手不断拍打苏武的后背，使淤血从伤口中流出来。苏武就这么昏死过去，过了很久才醒过来，常惠等人哭着把他抬回使团的营帐中。且鞮侯单于也非常佩服苏武的勇气，派人早晚到汉朝使团的营帐去探病，但还是拘捕了张胜。

苏武的伤势日渐好转，且鞮侯单于又开始派人劝他投降，并邀请苏武一起审讯虞常，想要借此机会逼迫苏武投降。卫律在审讯结束之后，用剑斩杀虞常，大声说道："汉朝使臣张胜伙同虞常谋杀单于亲近的大臣，按照他的罪行应当处死，不过单于厚待投降他的人，只要他肯投降，单于就赦免他的罪过。”然后举剑作势要杀张胜，张胜赶忙大喊“投降”。卫律转过身来，对苏武说：“汉朝使团的副使有罪，你作为正使，应当与他连坐！”苏武镇定地说：“我本来就没有参与他们的密谋，又不是张胜的亲属。这是张胜与虞常之间的私事，与使团无关，为什么要与他连坐？”卫律也不说话，用剑冲着苏武比比划划，苏武端坐不动，毫无惧色。卫律看威胁不了苏武，就换了一副腔调，说道：“苏老先生，我卫律从前背叛汉朝，归降匈奴，多亏了单于胸怀宽广，封我为王，使我有今天的数万部下和满山满谷的牛马牲畜，荣华富贵，享之不尽。您今天只要投降单于，明天就能过上跟我一样的生活。否则摆在您眼前的就是死路一条，白白葬身在这荒野之中，就凭您对汉朝的这番心意，又有谁知道您这是为了汉朝而死的呢？”苏武把头一转，压根就不睬他。卫律又苦口婆心地劝道：“是我极力为您向单于游说，才给您投降的机会。只要您肯投降，我就跟您结为兄弟。假如您今天不听我的话，以后还想再见到我，请您想想还有这个可能吗？”苏武指着卫律痛斥道：“你本来也是汉朝的臣民，丝毫不顾恩义廉耻，背叛天子和亲人，投降夷狄之邦，我要见你干什么！更何况单于这么信任你，让你裁决生死大案，你却忘了公心何在，趁机报复私仇，非要使两国之主相互争斗，你在一旁坐观双方混战所造成的祸患。南越王当初杀害过汉朝派去的使臣，最后被天子夷为平地，变成汉朝在南方的九个郡；大宛王毋寡也杀害过使臣，他的脑袋现在正悬挂在汉宫北门的城阙之上；朝鲜王杀汉使者，立即遭受灭顶之灾。现在唯独匈奴还没发生过这样的事情。你明知我不会投降，如果单于把我杀掉，结果就是汉朝大军来伐，匈奴的祸患就将从杀我这一刻开始！”

卫律自知苏武不会屈服，也就不再继续威胁他，而是把情况汇报给了且鞮侯单于。且鞮侯单于听了以后，一则起了爱才之念，舍不得杀了他，二则认为自己贵为一国之君，竟然收服不了一个使者，觉得面子有损，越发地想要苏武投降。但是苏武软硬不吃，且鞮侯单于也没有别的什么办法，就把苏武关在大窖里面，不让人给他提供饮食。这时候已经是隆冬天气，天降大雪，冷得不得了。苏武就伏在地上，靠吞食雪块和毛毡度日，硬是好几天没有冻死饿死。匈奴人看他居然这么硬气，以为他有神灵佑护，倒也不敢再这么虐待下去，就把他送到北海（一般认为是今天俄罗斯的贝加尔湖）没有人烟的地方，让他在那里放牧羊群。且鞮侯单于说了，只要哪一天公羊能够生下小羊羔，他就可以回来。随行的属吏常惠被迫和他分开，被安置在不同的地方。

贝加尔湖地形图

苏武被流放到北海之后，匈奴人不给他提供粮食。他只好寻找野鼠的洞穴，从里面挖出野鼠储藏的草籽充饥。他在放羊的时候，出使时朝廷授予他的符节从未离身，以示自己仍是汉朝的臣民，绝不投降匈奴。因为时间太长，符节上的旄饰都脱落了。苏武就这样在北海边度过了五六年之久。这时候且鞮侯单于也已经死了，即位的是狐鹿姑单于，大家已经遗忘了北海边的苏武。后来有一天，狐鹿姑单于的弟弟於靬王到北海一带打猎，遇见了正在放羊的苏武。北海这里本来就十分荒凉，於靬王好不容易遇到一个生人，很是高兴，再加上苏武又会制作围猎用的巨网和弓箭，还会校正弓弩的准头，於靬王很喜欢他，送给他很多食物和衣服，就在附近驻扎下来。这样的生活一过就是 3 年多，结果於靬王生了急病，眼看就不行了，就把自己的牲畜、食物、器皿和帐篷都送给了苏武。等於靬王死后，他属下的部众就离开了北海，苏武再次孤身一人面对这荒凉的世界。就在这年冬天，同为游牧民族的丁零人逐渐开始在北海一带活动，他们偷走了苏武的大量食物和日常用品，让苏武的生活又一次陷入了困境。

就在苏武又一次面对困难的时候，一个许久不见的老朋友——李陵突然出现在他面前。李陵原来也是汉朝人，他投降匈奴的经历是个很有名的故事，我们后面还会提到。李陵投降匈奴是天汉二年（公元前99年）的事情，这是苏武出使匈奴之后的第二年，他到了匈奴以后，知道苏武会很鄙夷他的行为，一直没敢来见过苏武。这时候两人都已在匈奴过了很多年，狐鹿姑单于就派李陵来到北海，说服苏武投降。李陵见到苏武之后，置办酒席，命下人表演歌舞，趁机对苏武说："单于听说我跟您交往很深，故此派我来这劝您。单于也是一片诚心相待，您反正也不可能回汉朝去了，何苦白白地在这么个荒凉的地方自找苦吃呢？您的忠义之心又有谁知道呢？就在您离开汉朝以后，您的兄长苏嘉担任奉车都尉，跟随武帝到雍县（今陕西省凤翔市一带）棫阳宫去，在抬着武帝的车辇下宫殿的台阶时，车子撞到了柱子上，折断了车前拉车的两根直木。后来被司法官员以大不敬的罪名弹劾，苏嘉拔剑自杀，武帝赐予了二百万钱的安葬费用。您的弟弟苏贤跟着武帝去河东郡（今山西省夏县）祭祀后土之神，宦骑与黄门驸马发生了争执，双方都要求先上船，最后驸马在争斗中被推倒在河里淹死了。宦骑畏罪逃跑，武帝命令苏贤追捕宦骑，没能抓住。苏贤担心武帝追究他的责任，只好服毒自杀。我领兵离开长安的前几天，您的母亲也不幸去世了，我给她老人家送葬一直到阳陵。您走的时候妻子还年轻，现在已经改嫁了。现在家里面只剩下两个妹妹、两个女儿和一个儿子，如今已经快十年过去了，也不知道他们是死是活。人生短暂而又充满了变数，就好比早晨附在草叶上的一滴露水一样，太阳一出来，露水就消失得无影无踪，人生就是这么一眨眼的事儿，您又何必这么长时间地折磨自己呢？我刚开始投降匈奴的时候，每天精神恍惚，就像要发疯了一样，午夜梦回，总为自己背叛国家而感到痛心疾首。再加上我的老母亲因此也被囚禁在监狱之中，我也为此悔恨不已，您不想投降的心情怎么会超过我呢？况且现在武帝已经上了年纪，下达的法令根本没有一贯的原则，平时喜怒无常，大臣无罪而被满门抄斩的，听说已经有数十家之多了。就算您终有一天能回国，您的安危也是难以预料的事情，您又何必要守这样的节操呢？希望您能够听从我的劝告，不要再坚持下去了。”

苏武静静地听李陵说完，缓缓答道：“我们父子兄弟四人无才无德，都是由于天子的提拔才能当上将军，封爵到列侯。我跟我的兄弟都是天子身边的近臣，平时说起天子对我们的恩德，恨不得肝脑涂地来报答他的大恩。现在如果可以用牺牲自己的方式来报效国家，即使天子要让我上刀山、下油锅，我也是心甘情愿。大臣侍奉君主，就应该像儿子侍奉父亲一样。儿子为父亲而死，心中毫无怨恨。希望您也不要再来劝我了。”

李陵看苏武不答应，只好暂时跳过此节不提，继续饮酒作乐。过了几天，他又安排苏武一起喝酒，趁着醉醺醺的时候劝告苏武，刚说了一句“您一定要听我的话”，苏武就说：“从我离开长安的时候，就已经准备好随时为汉朝去死，我现在是心甘情愿。您如果一定要劝我投降的话，那就请停止今天的欢宴，让我死在您的面前好了！”李陵见他如此忠于汉朝，再也无话可说，只好对天长叹一声：“呜呼！真是位大义士啊！我和卫律犯下的罪过，真是比天还要高啊！”说罢泪如雨下，把胸前的衣襟都打湿了，于是与苏武挥泪作别。

李陵不好意思亲自再去送礼物给苏武，就让他的妻子给苏武带去几十只牛羊，苏武的生活又好了起来。过了几年，李陵又到了北海，告诉苏武说：“匈奴边境上的哨兵活捉了几个从云中郡来的汉人，说现在汉朝上自太守，下至百姓，都穿着丧服，好像是天子已经驾崩了。”苏武听到这个消息，面对南方痛苦不已，最后哭到大口吐血，仍然每天早晚都以号哭来凭吊武帝。这一年正是汉武帝后元二年（公元前 87 年），汉武帝刘彻结束了他 54 年的统治，终于在二月丁卯日这一天寿终正寝，享年 70 岁。

几个月以后，汉昭帝刘弗陵即位。没过多久，狐鹿姑单于死去，壶衍鞮单于即位，汉匈双方开始和好。朝廷仍然没有忘记苏武等人，就向匈奴打听苏武的情况。壶衍鞮单于认为，苏武在北海放牧，生活如此艰苦，他们虐待汉朝使者，不好让汉朝知道，就诈称苏武已经死了。后来汉朝又派了使团到匈奴去，常惠请求看守他的人和他一起晚上偷偷去见来使，详细讲述了事情的经过，又教使者编了这么一个故事，就说汉朝天子在上林苑打猎的时候，射下一只大雁，脚上缠着一封帛书，上面说苏武正在北海。汉使听说苏武还活着，非常高兴，第二天就把这个故事讲给壶衍鞮单于听。单于听了以后信以为真，只好向汉使道歉，承认苏武还活在世上。听到这个消息，李陵赶去摆酒庆贺，对苏武说："您今天返回汉朝，美名一定会在匈奴人中传颂，汉朝也会了解您的功勋。即使是古代史书上称道的英雄人物，又有谁能够跟您相提并论！我李陵无能，又胆小怯懦，假如汉朝能够宽恕我的罪过，不要株连我年迈的母亲，使我能够实现我的心愿，或许我还能找到机会立功赎罪。这是我从前一直念念不忘的。后来武帝逮捕族灭了我全家，这是世上最大的侮辱，我还有什么可留恋的呢？当然这一切都过去了，我只是希望您能够了解我的心情罢了。你我今后各为其主，身处异国，这次分手，恐怕今后就永无相见之日了！"两人就此诀别。不久，壶衍鞮单于召集当初被扣押在匈奴的苏武使团成员，事隔10余年，当年100多人的一个使团，到现在除去投降的和死去的，能找到的只剩下来9个人，跟随苏武一起返回故国。

苏武在汉昭帝始元六年（公元前81年）春天抵达都城长安。昭帝命令他在武帝帝陵所在的祖庙中供奉牛、羊、猪三牲，表示回国述职之意，又授予他典属国之职，官阶为中二千石，并赏他200万钱，公田2顷，宅邸1处。一同回国的常惠、徐圣、赵终根等人均被授予中郎之职，每人得到绢帛200匹。其余6人因为年纪太大，所以不再封官，每人赏赐10万钱，免除终身徭役。苏武在匈奴被扣押一共19年，出使时还是年富力强的中年人，等到返回长安以后，已经是须发全白的老年人了。

苏武回来以后的第二年，他的儿子苏元因为卷入了政变，犯罪被杀。当时本应株连到苏武身上，但是因为当时的权臣霍光积极救护，逃过一劫，只是免除了官职。后来汉宣帝登基，卫将军张安世向宣帝推荐苏武，说他是武帝时的老臣，熟悉典章制度，奉命出使不辱使命。宣帝对苏武也非常照顾，觉得他儿子被杀，晚景十分凄凉，就问左右大臣："苏武在匈奴时间那么久，难道就没生下个儿子吗？"苏武通过宣帝许皇后的父亲平恩侯许广汉向宣帝传话说："当初从匈奴动身回来的时候，我的匈奴妻子刚刚生下一个孩子，起名叫苏通国。现在正好有音信传来，希望朝廷能够通过使者用钱财把他赎回来。"宣帝欣然同意，后来苏通国随使者归来，被任命为郎官。苏武最后病死在宣帝神爵二年（公元前60年），享年80多岁。又过了9年之后，在宣帝甘露三年（公元前51年），匈奴单于开始入塞朝见汉朝天子。宣帝因思念当初辅佐自己的那些老臣，命人在麒麟阁给他们画像，苏武也名列其中。

苏武出使匈奴，是武帝中期最后一次与匈奴的外交活动。此后的数年间，汉匈之间战火重燃，西域、漠北的广袤土地，再一次被硝烟笼罩。

4.3　武帝晚年对匈奴的征伐

武帝自元鼎年间以后，10余年与匈奴未动干戈，而是尽可能使用外交手腕，争夺的重点也是在西域。但太初元年之后，一系列的局部冲突打破了这一格局，使武帝开始重新考虑以武力征服匈奴。

事情的起因是这样的。太初元年冬天，匈奴国境内天降大雪，形成了前所未有的大雪灾，匈奴的牲畜大多冻饿而死，损失惨重。此时正是匈奴儿单于在位时期，因为他年轻火气壮，经常杀人打仗，搅扰得国内民心不稳。匈奴的左大都尉就策划杀掉儿单于，派人与汉朝暗通款曲，告诉汉朝说："我打算暗杀儿单于，再投降汉朝。但是汉朝离我太远，如果汉朝派兵过来，准备接应我，我就可以顺利举事。"朝廷接到来信，商议了一下，认为左大都尉确有暗杀儿单于之心，就派因杅将军公孙敖率领人马在朔方郡以北修筑受降城（在今内蒙古自治区境内，阴山山脉以北）。

太初二年春天，汉朝派遣浞野侯赵破奴率领 2 万骑兵出朔方西北 2000 余里，与左大都尉约定在浚基山（今蒙古人民共和国境内）碰头，如果到达浚基山看不到左大都尉，则汉军立刻返回。结果左大都尉想要起事时却被人发觉，儿单于把他抓起来杀了，查清了汉军所在，出动大军攻打赵破奴的部队。赵破奴按照约定准时到达浚基山，连个人影都没看到，知道不妙，赶紧退兵。突然间匈奴大军掩至，杀了汉军一个措手不及。幸好赵破奴是久经沙场的老将，他边撤边打，也俘虏了几千匈奴士兵。大概撤到离受降城只剩下 400 里地的时候，汉军终于被 8 万匈奴骑兵团团围住。到了夜间双方暂时停战，汉军已经将粮食和水消耗殆尽，赵破奴无奈之下只好自己趁夜色掩护，出去找水，结果被匈奴生擒活捉。汉军的军官们担心主将被俘，士兵如果逃走的话，回去会被朝廷怪罪，弄不好就是斩首的罪名，所以没人提出突围，2 万骑兵就这样全军覆没于受降城附近。从伊稚斜单于的时代开始，匈奴与汉朝作战一直处在下风，时隔几十年，儿单于在塞外收获如此一场大胜，其得意之情可想而知。于是匈奴乘胜追击，派出军队强攻受降城，但几番进攻也没能攻下，只好对朔方等边郡骚扰了一番，就撤回去了。第二年，儿单于又想亲自率军进攻受降城，可部队还没到达城外，儿单于就病死在军中。赵破奴被匈奴人活捉之后，在匈奴生活了 10 年，后来还是逃回了汉朝。

赵破奴的这场大败对汉朝打击很大，有些官员甚至认为匈奴的实力已经复苏，汉朝应当召回大宛远征军，在西域停止战略扩张，专心对付匈奴。武帝坚持要在两线作战，既要在西域立威，也要给匈奴以打击。所以在太初三年，光禄勋徐自为出五原数百里，沿路修筑城堡和哨所，一直修到了庐朐，又派游击将军韩说、长平侯卫伉驻扎在那附近，还派出强弩将军路博德在居延附近修筑城堡。

同样在太初三年，匈奴句黎湖单于即位。他本来是儿单于的叔叔，按说轮不到他当单于，可儿单于死的时候过于年轻，儿子尚未成年，没办法在这种关键时刻支撑大局，于是贵族们就拥立了乌维单于的弟弟为句黎湖单于。上一节我们已经介绍过，儿单于即位的时候，汉朝曾经派两个使者去庆贺,其中一个就去安慰右贤王,现在果然右贤王登基,可见匈奴内部的矛盾还是很严重的。句黎湖单于刚一上台,就希望给汉朝一个下马威,他在当年秋天就组织人马大举入侵,其中一路进入云中、定襄、五原、朔方等郡,杀掠数千百姓。各郡二千石官员领兵来应战,都被匈奴人一一打败。在匈奴大军撤退的路上,他们还破坏了徐自为修筑的城堡哨所。另一路由右贤王率领,入侵酒泉、张掖,掠走几千人。但正碰上汉朝将军任文的部队,被任文在路上截击,将匈奴掠走的百姓解救出来,右贤王便把抢夺来的财物、牲畜全部丢弃,撤回塞外。有情报说李广利的大宛远征部队准备得胜回朝,句黎湖单于想在路上进行截击,因为匈奴人的情报不是十分准确,对李广利的兵力有所夸大,所以最终没敢这么做。

句黎湖单于本来期待与汉朝展开一场大战,没想到在这一年的冬天突如其来地得了一场重病,竟然就一病不起了。匈奴贵族们又共同推举了句黎湖单于的弟弟左大都尉做了单于,这就是我们前面提到过的且鞮侯单于。

就在且鞮侯单于上台这年,也就是汉朝的武帝太初四年,李广利的大宛远征军也带着大宛名马顺利归国。虽然士兵和马匹损失严重,但对西域各国来说,仍是一次不小的震撼,武帝也为这次胜利感到志得意满。这时听到匈奴方面传出消息,单于的宝座在最近 5 年间已经 3 次易主,武帝感到这是一个降服匈奴的机会,就发布了一条诏书,表示要与匈奴开战。诏书里面有这样几句话:“高祖当年被围困在平城,从而把匈奴这一忧患留给了我。高后在位时期,冒顿单于来信,内容又颇为大逆不道。这些都是匈奴与我汉朝之间的陈年旧怨。从前齐襄公要为他的九代祖先复仇,《春秋》对他的举动予以赞扬,我自然也应该为我的先祖复仇。”

这是什么意思呢?《春秋公羊传》在春秋时期的鲁庄公四年,写了这么一笔:“纪侯大去其国。”这一句是《春秋》的经文,记载非常简略,我们要按照字面意思来看的话,就是纪侯离开了他的国家。《春秋》为什么要记上这么一笔,完全无法理解。可汉人对此有自己的解读,《公羊传》中解释的译文如下：

什么叫大去呢？

大去其实就是指被人灭国。

被什么人灭国呢？

被齐国灭国。

既然是被齐国灭国，那么《春秋》为什么不明白讲出来呢？

因为《春秋》一书要为发动战争的齐襄公避讳。

《春秋》的习惯是为贤者避讳，难道齐襄公算是位贤者吗？

是因为襄公要复仇。

襄公跟纪侯有什么仇呢？主要是两国的远祖之间有仇。襄公的远祖哀公因为纪侯的谗言，被周天子给扔到锅里煮了，所以襄公要报这个仇。

远祖是多少代以前的祖先呢？

从齐哀公到齐襄公，一共是九世。

九世的仇也要报吗？

就算是一百世也要报仇。

以前两国固然有仇，但现在的纪侯并没有触怒襄公之处，还要发兵把纪国灭掉，难道不算是迁怒吗？

不算。古时候有圣明的天子，如果纪侯进谗言的话，一定会被斩首，也就不会有后来的纪国了。纪侯之所以没有被杀，纪国之所以继续存在，是因为没有圣明的天子在位。而且古代诸侯在外交场合都有相应的外交辞令，会说我们的先祖如何如何。现在齐国、纪国的先祖结下仇怨，没话可说，所以就不能在天下共存。

那么如果有圣明的天子的话，齐襄公还会这样做吗？

那就不行了。可是齐襄公所处的时代上无称职的天子，下无称职的霸主，所以这样快意恩仇，也是可以的。

《公羊传》基本以这样的问答体为主，逐渐深入问题的核心。武帝是个公羊学的信徒，所以专门在《公羊传》里面为自己出兵匈奴找了个理论基础。为什么武帝要这么做呢？因为按照当时很多官员的意见，武帝从元光年间开始，不断征伐匈奴，对外开战，至太初年间，四方夷狄已经基本降服，汉朝对外已取得了很可观的战果，似乎是时候把注意力从国外转向国内了。特别是以武帝的太子刘据为首的一批朝中重臣，他们有皇后卫子夫和太子作为后盾，认为当务之急是勤修德化，不应该再发动大规模的对外战争。这些人的政见与武帝大相径庭，但因为有卫家的势力牵扯在内，武帝也只好对他们忍让三分。所以武帝一方面要培植李广利这样的新贵以取代卫家在军队里的地位；另一方面就是要为自己发动战争寻找借口，恰恰《公羊传》里面就有这么一个绝好的借口。由此我们不可以将这封诏书等闲视之，它的意义并不单纯是对匈奴的宣战，而应该看做是武帝对国内各方势力的一个表态，在它背后所隐藏的政治含义和政治影响不是我们这里一句两句所能说清楚的，个中微妙之处，还请读者们结合后续的历史发展，再来细细品味。

果不其然，汉武帝在诏书发布之后的第二年，也就是武帝天汉二年(公元前 99 年)，派贰师将军李广利率领 3 万骑兵由酒泉出发，去往天山一带攻打匈奴右贤王。这场战斗一开始以汉军一面倒的胜利展开，俘获匈奴士兵达到上万人。但很快李广利的部队就被匈奴大军分割包围，几乎无法逃脱，最后汉军的损失达到了十之六七。这场战争本身包含的内容很多，但是在后世史家与文人中间，讨论最多的却不是李广利的失败，而是在这场战争中一个非常微小的局部。这一局部甚至无法决定整个战局，但这个局部引发了无数的讨论，甚至影响到了后来的历史进程。从这点上来说，一个对这场战争的大局全无影响的微小战术局部，却拥有高于这场战争的历史意义，这正是历史的吊诡，也正是历史学的趣味所在吧！

这个无比引人的局部就是汉将李陵的投降。我们前面已经讲过李陵与苏武在匈奴的一段交往，现在再来补述一段李陵投降匈奴的经过。

李陵字少卿，是飞将军李广的孙子。李广有 3 个儿子，其中大儿子叫做李当户，担任过武帝的郎官。李当户是个很正直的人。有一次武帝跟宠臣韩嫣在一起戏耍玩闹，君臣之间玩得起劲，未免有些放浪形骸，韩嫣对武帝就有些不太礼貌。李当户一看，当时就冲了上去，扭打韩嫣，韩嫣赶紧跑开了。李当户凭着这事给武帝留下了很深的印象，认为他十分勇敢，本想重用他，没想到李当户得了暴病，英年早逝，只留下一个遗腹子，这就是李陵。

李陵还是少年的时候，就被武帝任命为侍中、建章宫监。可能是受到家族的影响，李陵从小也是善于骑射，并且爱护下属，非常谦逊，得到很多人的称赞。武帝认为他有乃祖李广的风范。曾有一次让他率领800骑兵，深入匈奴领地2000多里，经过居延等地查看地形，一路都没有遇到匈奴的巡逻骑兵。返回之后，武帝授予他官骑都尉，属下5000名勇士，在酒泉、张掖一带教授士兵射箭的诀窍，防备匈奴进犯。当贰师将军李广利第二次远征大宛时，李陵受命率领五校兵随后充当预备队。等李陵行军出了边塞的时候，正好李广利得胜凯旋。李陵也得到武帝的指示，留下大部分部队，率领轻骑兵500人，到盐水迎接李广利归国，然后屯驻在张掖一带。

到了武帝天汉二年，李广利再度出兵酒泉。武帝召见李陵，希望他负责李广利的辎重运输。这是个很重要的职责，其重要性几乎仅次于全军统帅，毕竟前线大军再怎么英勇奋战，后方补给线如果被敌人切断，只会落得个全军覆没的下场。武帝将这样的任务交给李陵，应该说是对他能力的一种认可。可李陵毕竟是将门之后，内心渴望在前线冲锋陷阵，觉得这才算是一展身手，在后面负责运输和警戒，总有点不太情愿。见到武帝之后，李陵叩头向武帝请求道："微臣所率领的边防部队，都是微臣亲自训练出来的剑术奇才。他们个个来自长江两湖流域，每个人力气大得能生生掐死一只猛虎，射箭能命中靶心，古时候的勇士也不过如此。微臣希望能独立带领一支部队，到兰干山以南去分散单于的注意力，不让匈奴人集中大军去攻击贰师将军。"武帝为难道："可是我到哪里拨给你人马呢？我为了准备这次出征，已经征调了好多部队，现在已经没有骑兵可以派给你了。"李陵慷慨激昂地答道："陛下不必派给微臣骑兵，微臣情愿以少击众，只要5000步兵，就可以横扫且鞮侯单于的王庭!”

武帝看李陵决心勇壮,也就欣然同意,于是命令强弩都尉路博德率军在途中接应李陵的部队。这个路博德是员老将,原来做过伏波将军,在平定南越的战斗中立过奇功,后来因犯法才贬官为强弩都尉,本来想趁这次出征的机会多立军功,可以重回将军的地位,没想到现在半路杀出个李陵,连将军都没当过,武帝却有让自己给他担任后卫的意思。这不是明摆着纵容年轻人抢老将的功劳吗?路博德心里很不是滋味,就给武帝上了一份奏状,说道:“现在正当秋天匈奴马膘肥力壮的时候,贸然与匈奴交战,没有多大胜算。微臣希望能够暂时让李陵留在边境之上,等到来年春暖花开之际,由微臣和李陵各带5000名骑兵,分东西两路出击浚稽山,一定可以擒获且鞮侯单于。”

这封奏状呈上之后,没想到竟然惹怒了武帝。主要是武帝与路博德所处的位置不同,自然是两样心思。路博德是嫌李陵资历不足,又贪功心切,不愿意跟他一起出征;武帝却是怀疑李陵在自己面前说了大话,回去又后悔了,不想出兵,而让路博德上书拖延时间,便下诏给路博德说:“我想给李陵派兵,被他以打算以少击众为理由拒绝了。如今匈奴已经进入西河一带,我军应率兵直扑西河,你要去钩营一线阻挡敌军。”又给李陵下了一封诏书说:“你要在九月出发,沿东浚稽山一路向南,至龙勒水一线,来回搜寻匈奴部队所在。如果没有发现敌军活动,就沿浞野侯赵破奴的旧路行军,抵达受降城等待新的指示,路上可以进入骑兵驿休整。你跟路博德讲过什么,全都要写出来上报给我。”李陵和路博德两人接到武帝的诏书,都有点莫名其妙,摸不着头脑,但也来不及问个究竟,就匆匆忙忙上路了。

李陵率领步兵5000人从居延出发,向北行军3个月,到浚稽山驻扎下来,将一路上经过的山川地形全部摹画下来,派部下骑将陈步乐上报朝廷。陈步乐被武帝召见,详细陈述了李陵率领部队行军的情况,武帝非常高兴,将陈步乐封为郎官。

陈步乐这里正在为升官而高兴的时候,李陵已经身处极大的危险之中。他在浚稽山一带活动,本来的目的是侦察匈奴军队的行动,并且吸引匈奴部队的注意力。这就要求李广利率领的3万骑兵跟他有比较好的配合行动的意识,否则李陵的5000步兵一旦遇到匈奴的大部队,岂不是轻而易举就会被匈奴骑兵吃掉?可惜李广利在用兵上实在是个庸才,他在天山一带跟右贤王部作战,正沉浸在战斗初期胜利的喜悦之中,哪里考虑得了这么多?而李陵到了浚稽山没多久,就迎头遇上了且鞮侯单于的主力,大概有3万骑兵对李陵的阵地发起冲击。李陵率军在浚稽山两峰之间的一处山谷扎下营盘,既可避免被敌人包围,又限制匈奴骑兵作用的发挥。营盘之前用战车环绕,营外士兵按照李陵的安排排列战阵,前排士兵执戟和盾牌,防备骑兵的突击,后排士兵持弓弩射箭,准备远程攻击。李陵对士兵大声训话,说道:"大家一会儿听到鼓的声音就向前进攻,听到钲的声音就停止进攻!"匈奴欺汉军人少,骑兵冲到汉军营盘对面就停了下来,想要威吓汉军,没想到李陵一声令下,汉军营中万箭齐发,匈奴骑兵应声而倒。匈奴大军在前线的指挥官被汉军的声势吓住了,赶紧让部队退回来重编阵形,李陵哪里给他这个机会,汉军营中战鼓声响,5000步兵向前进攻,这一阵杀死了匈奴士兵数千人。且鞮侯单于大惊失色,急忙召集左右步兵、骑兵共8万人一齐攻击李陵。李陵担心现在撤走,单于的大军就会一路西行,直逼李广利的主力所在,只好一路向南,且战且退,想把且鞮侯单于引向南方。一路上士兵们只能宿营在山谷中,而且连日交战,大家都疲乏得不得了。汉军毕竟只有5000人,尽管人人精悍无比,但是只要有一个伤亡者出现,对汉军来说,都会造成战斗力的下降。相比之下,匈奴几万大军的恢复力是汉军的几十倍,可以排成几组,轮番休息和进攻。在这种不利条件下,李陵规定,士兵在战斗中受伤的,身上3处受伤者可以躺在车上,2处受伤者驾车,1处受伤者仍然要手持兵器作战。就算这样,李陵还是觉得汉军士气不断降低衰退,花了很大力气仍然鼓不起来。李陵反复推想其中原因,最后怀疑军中一定藏有女人。其实汉军刚开始出兵的时候,就有一些强盗的妻子参与了犯罪,被判决徙往边郡,这些女人很多就顺路当了汉军士兵的妻子,一路藏匿在军中,现在既然已经深陷险境,自然跟每天生还的士兵们夜夜笙歌。士兵们也瞒着军官，不让他们知道。李陵意识到这个问题以后，把女人全部搜出来杀掉，第二天再与匈奴人接战，一下斩敌3000人。

李陵一路率军向东南撤退，沿着旧时通往龙城（关于龙城所在位置的说法不一，这里应指匈奴单于的王帐所在地）的道路行军，经过四五天到达了一大片芦苇塘中。这个芦苇塘被称作大泽，是个绝好的隐蔽场所，李陵安排部队进入芦苇塘中宿营。且鞮侯单于追到之后，看到风向正好，便让匈奴士兵站在上风头放火，想要把汉军从芦苇塘中逼出来。李陵早有准备，他命令士兵在宿营处周围也先将芦苇烧净，变成一片隔离地带，周围火势正旺，汉军却可以安稳休息，匈奴人只能在芦苇塘外面等着大火熄灭，又为汉军争取到了宝贵的时间。

汉军继续向南撤退，匈奴大军也继续向南追赶。这一日进入了山区，只要穿过这片山区，再走不远就进入了汉朝军队的活动区，匈奴人也就拿李陵没有办法了。李陵刚从山下经过，匈奴追兵就出现在山上，且鞮侯单于坐镇山头指挥，让自己的儿子率领骑兵追击李陵。李陵赶紧把部队隐蔽到树林中迎战，又杀死了几千匈奴追兵，还用强弓向山头上的且鞮侯单于射箭，吓得单于只好在其他人的掩护中退下山来。这天捉到的匈奴俘虏说："我们单于讲，你们肯定是汉朝的精锐部队，我们的战斗力不如你们，天天就这样把我们诱往南边边界，估计会有伏兵。但各个部落的首领都说，单于要是亲自率领几万骑兵，还不能消灭这么几千人的话，以后再跟汉军交战，会让汉朝更加轻视我匈奴。这个山谷距离平原还有四五十里，如果到了平原上还不能击败汉军，我们再退回来也不迟。"

当时李陵这支部队的处境已经十分困窘了。虽然次日两军交战，仍是汉军大胜，斩杀匈奴骑兵2000多人，但汉军已经是强弩之末，而匈奴骑兵仍然很多。本来匈奴人也很气馁，打算退兵，正在这个时候，汉军有一个军侯名叫管敢，他被校尉欺负，一气之下就逃到匈奴人那里投降，对匈奴军官说："李陵的部队没有后援。这几日交战，对匈奴骑兵威胁最大的就是汉军的弓箭，现在连战数日，汉军准备的箭也快射完了。李陵只好自己和韩延年各率领800人作为前锋部队，他们专用黄、白两色的旗帜，非常容易辨认。匈奴只要出动精锐骑兵，在远处用箭射就可以消灭汉军。”

且鞮侯单于得到管敢的情报之后，大喜过望，当即派出骑兵对汉军发起了总攻。匈奴人齐声大呼：“李陵、韩延年赶快投降！”骑兵拦截道路，要围剿李陵。这时汉军仍在山谷中蹒跚前行，匈奴人则将步兵安排在山顶制高点上，向下四面射箭，一时间箭如雨下。汉军这时的弓箭已经用尽，也经不起匈奴骑兵的正面攻击，只好丢掉一切辎重等负担，开始全力撤退。这时汉军从出发时的5000人，已经只剩下了3000人，大部分士兵的兵器也没有了，只好把车轮上的辐条砍下来当做兵器战斗，军官们也只有短刀，所以只能在峡谷之下行军，才不致被匈奴骑兵追上。且鞮侯单于在山上断了汉军的出路，派步兵不断向峡谷中投掷巨石，汉军伤亡惨重，不能再继续前进。这天黄昏之后，李陵一个人独自出营，左右随从想要跟上，李陵制止他们说：“不要跟着我，大丈夫一个人去捉单于就足够了！”过了很久，李陵又只身回来，长叹一声，说道：“这场仗已经打败了，不如大家就在这里战死吧！”军官们都说：“将军经过这次战斗，威震匈奴，只是因为天命，不能如愿。不妨以后找一条返回汉朝的道路。像浞野侯赵破奴，他被俘之后再逃回去，天子也是一样礼遇有加，何况将军呢？”李陵说：“你们不要再说了，我如果不死，就称不上壮士。”于是斩断汉军的大旗，将军中财物草草掩埋。李陵叹息着说：“如果现在再有几十支箭，就足够我逃走了。今天已经没有武器再战，天亮了我就坐在这里等待被俘！大家都各自逃命去吧，希望总是有人能够生还，好去回报天子。”便将最后一点军粮分给每名士兵，每人带着两升口粮，一大片冰块，约定到居延附近的遮虏鄣会合。半夜时分，汉军从营中分头逃窜，李陵和韩延年都上了各自坐骑，甘愿跟随他们的士兵还有十几个人，两人就这样掩护其他士兵逃走。匈奴人得到消息，派出数千骑兵追击，韩延年也战死在阵前。李陵说：“这样我也没有脸面回去向陛下报告了。”于是便下马投降。汉军逃回边塞的只有400多人。

李陵被围的地方距离边塞只有百里之遥，边塞其实早已经得到了消息，但是惧怕匈奴的大军，没有人出来救援。武帝希望李陵能够死战，就召来了李陵的老母和妻子，让看相的人仔细观察。看相的回禀，说这些人脸上都没有死丧之色。不久李陵投降的消息传来，武帝非常生气，责问前几天来报信的陈步乐，陈步乐只好自杀塞责。朝中大臣看武帝暴怒，都揣摩着武帝的意思，纷纷指责李陵。武帝要太史令司马迁谈谈他的看法，司马迁有话直说，极力维护李陵，说道："李陵对亲人尽孝，对人守信，经常奋不顾身地解救国家危难。从他一直以来的表现来看，说此人有国士之风也不为过。今天他只是遭遇到一件不幸的事情，朝中这些贪生怕死、只顾保全自己身家性命的大臣们就随意说他的坏话，夸大他的罪名，实在令人感到寒心。况且李陵只率领一支不到5000人的部队，长驱直入到匈奴腹地，面对数万敌军，使匈奴人为救死扶伤的事情忙个不停，最后要召来全部会射箭的族人一起来围攻李陵。李陵在这样的条件下，还能转战千里，弓箭射尽，这才被逼上绝路。士兵们手中只剩下一张空弩，冒着对方的刀山箭海，坚持与敌人作殊死搏斗。像这样能够让士兵拼死作战的将领，就算在古代名将之中，也找不到能与他相提并论的啊！虽然他最后兵败被俘，然而他所击败敌军的战绩，也足以光耀天下了。我看李陵之所以没有战死或自杀，是想在适当的时机再来报效汉朝啊！"

司马迁的这番话确实在理，但在武帝听来就有些刺耳了。说到底，在武帝的计划中，这场战争的重点是要李广利在天山一带打掉右贤王的势力，而李陵的部队应当作为协助和策应，并不是主要的参战力量。没想到变成李陵遭遇到单于的主力部队，这样李广利就等于在没有接触到对方主力部队的情况下，来了个先赢后输。其实客观地说，如果不是李陵把且鞮侯单于的大军牢牢地拖住，李广利很可能败得更惨，甚至兵败投降的是他也说不定，所以李广利实际上应当感谢李陵才对。现在司马迁替李陵说话，在武帝听来就是在谴责自己不该启用李广利，这一点武帝心里难道没有数吗？武帝当然清楚得很。但因为武帝与太子一方政见不同，而太子的背后正是皇后卫子夫以及卫家的巨大势力，所以武帝并不想再依靠卫系出身的将领来进行以后的战役。再者来说，皇后卫子夫在30多年前靠着年轻美貌，获得武帝的宠爱，从而生下太子刘据，把武帝的陈皇后给挤下了台。现在30多年已经过去，当时绮年玉貌的卫子夫现在也已经人老珠黄，武帝后来宠爱李广利的妹妹李夫人，而李夫人也生下了昌邑王刘髆。尽管李夫人现在已经死了，但她毕竟是在容貌正美的时候死去的，武帝仍旧对她依恋不已，甚至还请来一个齐国方士叫少翁的，让他招来李夫人的魂魄与自己相见。少翁其实是一个玩皮影戏的高手，他为武帝玩了一番惟妙惟肖的皮影，让武帝以为自己见到了李夫人的魂魄，热泪盈眶，感动不已，可见武帝对李夫人眷恋之深。虽然李家深受武帝的宠爱，但卫子夫毕竟还是皇后，刘据是名正言顺的太子，卫家经营30多年的势力不可小觑。李广利一方也知道太子刘据现在地位不稳，所以利用各种手段为昌邑王刘髆造势，希望武帝能够废掉刘据而改立刘髆为太子。武帝对未来政治走向的认识是，对国内要行"猛"政，对西域要积极开拓疆土，对匈奴要坚持武力征服。太子刘据则认为，对国内要行"宽"政，对西域和匈奴应当适可而止。武帝始终担心自己百年之后，太子不能实现自己的计划，会颠覆现在的政策，心中有废掉太子的意思，但又对卫家势力心存忌惮，所以必须有意识地扶植李广利。我们如果从历史角度来审查这场战役，会发现李广利出征天山的政治意义要大于其战略意义。所以司马迁在这个时候站出来替李陵说话，恰好踩在武帝的痛处。武帝认为司马迁的潜台词是战败的责任应当由李广利来承担。武帝从内心深处是同意这一点的，但假如承认这一点的话，无疑就宣告武帝在政治上的选择是失败的。武帝是何等自傲的人，怎么会如此易于认错呢？更何况在他看来，选择李广利其实也是不得已而为之，但这种心思又怎么能当着群臣面前讲出来呢？结果只能是司马迁变成了武帝的出气筒，被安了一个污蔑、诋毁贰师将军，为叛将李陵游说的罪名，被判处了腐刑。司马迁受此酷刑之后，却是自强不息，写出一本千古流传的名作《史记》，成为千古佳话，这是题外话，在此不用多提。

这事过去一段时间之后，武帝开始冷静下来，后悔没有及时救援李陵。正巧老将路博德这时死在居延的屯所，武帝总算找到了个台阶下，又开始说："当初李陵出塞的时候，就应该让强弩都尉去接应。都怪老将路博德心生奸计，造成李陵全军覆没。"反正路博德已经死了，没法追究他的责任，武帝就乘机派出使者慰劳李陵军中生还的士兵们，多少给自己挽回了一些面子。

李陵在匈奴生活了一年多，武帝总想着李陵有一天会找机会回到汉朝，就派因杅将军公孙敖率军深入匈奴，想看能否把李陵接出来。结果公孙敖无功而返，他怕武帝责怪自己，因此向武帝禀告，说他在前线抓住了匈奴俘虏，俘虏透露说李陵在指点单于如何防御汉军，所以才师出无功。武帝看到公孙敖的报告，很是生气，索性族灭了李陵一家，其母、弟、妻、子都被斩首，陇西地区的士人也都以李陵为耻辱。后来汉匈恢复使者往来之后，李陵责问使者说："我为汉朝率领5000士卒横扫匈奴，因为没有救兵而失败，究竟哪里对不起汉朝了？为什么要杀我全家？"使者说："当时有传言李少卿教匈奴人用兵。"李陵说："那是李绪，不是我啊！"李绪原来是汉朝的塞外都尉，屯驻在奚侯城，后来投降匈奴。因为投降时间早于李陵，所以单于对李绪十分礼遇，地位还在李陵之上。李陵痛恨他连累自己家人被斩首，就找人将李绪刺杀了。

且鞮侯单于很欣赏李陵的武勇，对他一直非常关照，还把自己的女儿嫁给李陵，与降人卫律一起封为王，受到匈奴人的尊敬。后来武帝病死，汉昭帝刘弗陵即位。由于昭帝年纪幼小，朝中就由大将军霍光和左将军上官桀辅政。这两人向来与李陵交好，就派李陵的老朋友陇西人任立政出使匈奴，打算把李陵召回来。任立政到达之后，匈奴狐鹿姑单于摆酒赐宴，李陵与卫律也陪在座前。任立政一看没有机会私下跟李陵讲话，就一直盯着李陵看，几次抚摸自己佩刀上的环，又踢李陵的脚，暗示可以提出一同归汉，李陵却视而不见。后来李陵与卫律轮番用牛肉和美酒来慰劳汉使，两人都身穿胡服，扎一撮发髻，完全是匈奴人的打扮。到了任立政这一席，任立政大声说道，"汉朝已经大赦，中原民生安乐，主上年少，朝中由霍子孟（霍光的字）和上官少叔（上官桀的字）执政"，希望这话能够打动李陵。李陵良久不语，呆呆望着前方，摸了摸自己的头发，只说了一句："我已经改换胡服了。"不一会，卫律出去上厕所，任立政又说："唉，少卿辛苦了！霍子孟、上官少叔向你问好！"李陵说："子孟和少叔现在好吗？"任立政答道："请少卿返回故乡，不必担心富贵。"李陵叫着任立政的字说："少公！回去容易，但恐怕再受侮辱，怎么办才好？"话音未落，卫律已经回来了，心中猜到任立政的意思，便接着说："李少卿是位贤人，不只是居住在一国而已。春秋的范蠡遍游天下，由余也是离开西戎到了秦国。今天的谈话也太过私密了吧！"说罢撤去宴席。任立政仍不死心，最后又问了李陵一句："你也有意回去吗？"李陵说："大丈夫不可以两次受到侮辱啊！"

李陵终于没有回国，在匈奴住了 20 多年，直到汉昭帝元平元年（公元前 74 年）才病死在匈奴的国土上。

4.4 巫蛊之祸与匈奴

汉武帝晚年喜怒无常，很多举动在今天的人看来似乎无法理解，特别是其晚年发动巫蛊案，造成国内极大的动荡，其影响一直延续到宣帝一朝。这一事件看似汉朝内政，与匈奴无关，但实际上却在很大程度上影响到汉匈关系的发展，所以我们在这里有必要对这一事件作出详细的介绍。

首先有必要介绍一下巫蛊。读者们对巫蛊这个词本身可能不会太陌生，这是古代的一种巫术。但是巫蛊一词在史书中出现，却是汉武帝以后的事情。在先秦时代，典籍里面有很多关于巫师的记载，一般直接称其为"巫"。他们大多负责祈祷降雨、祛除灾病或是预言吉凶等等，详细说来还有男称为巫、女称为觋等区分。"蛊"字也经常出现，古人喜欢把字拆开作解，蛊是一个皿和一个虫字相加而成，所以古人通常解释为"皿虫为蛊"，也就是与毒物和疾病有关。传说南方的夷人也会将毒虫放在一个容器里面，让它们互相争斗而死，留到最后的那一个的血或者涎液就可以制成最好的毒药。这就是后代法律文献中经常提到的制造"蛊毒"的过程，犯下此条罪名，多数是要处斩的，所以蛊对于古人而言，是略带神秘色彩的东西。

《左传》里面曾经提到，晋侯生了病，不知道病因何在，就到秦国那里去求医。秦伯派医生来诊视之后，出来对赵孟说："这病怕是没得治了。依在下来看，晋侯的病跟女色有关，似乎是蛊疾。晋侯太过好色，没有了节制，自然得上了这个病。"赵孟就问他："究竟什么是蛊疾呢？"医生解释说："所谓蛊疾，就是淫溺惑乱所生的疾病。"

从这个故事来看，春秋时期人们已经有了蛊的概念，将其归纳为一种病症。巫和蛊虽然都带有神秘色彩，但毕竟两者还是风马牛不相及的事，在先秦典籍中，我们找不到巫蛊合称的例子，而最早将巫蛊连用在一起的，是汉武帝时期的陈皇后巫蛊案。

汉武帝元光五年（公元前 130 年），陈皇后巫蛊案发。按照《汉书》的记载，陈皇后是受女巫楚服的教导，使用祭祀的方法，试图让汉武帝恢复对她的宠幸。这件事究竟是如何被武帝发觉的，因为宫闱之中，很多话题都属于士人谈论的禁区，所以班固也没有记载。武帝当时委托张汤调查整个事件，陈皇后被废居长门宫，后来又株连了 300 多人，堪称当时的一起大案。在这一事件中，《汉书》使用了"巫蛊"一词，也为武帝晚年的巫蛊之祸埋下了一个伏笔。

陈皇后巫蛊案发之后没多久，卫子夫就取代了陈皇后的地位，成为汉武帝的第二任皇后。卫子夫与此次巫蛊案之间有没有关系呢？先举一个比较晚期的例子来作为旁证。在南朝刘宋时期的史家范晔创作的《后汉书·桓谭传》中，记载了这样一段谈话。西汉哀帝刘欣在位时期，傅皇后的父亲孔乡傅晏与桓谭关系很好。当时高安侯董贤受到皇帝宠信，他的妹妹也进宫做了哀帝的昭仪，傅皇后受到影响，渐渐失去了哀帝对她的宠爱，傅晏也受到影响，整天长吁短叹，郁郁不得志。桓谭劝导傅晏说："当年武帝想要立卫子夫做皇后，找人暗地打探陈皇后的过错。后来陈皇后最终被废掉，卫子夫也成功坐上皇后的位子。现在董贤受到皇帝的青睐，他的妹妹也正在得宠的时候，恐怕今后会有像卫子夫这样的变局发生，您就没有一点担心吗？"傅晏大惊失色，说道："正是如此啊，我该怎么办呢？"桓谭说道："刑罚不可能落在无罪之人的身上，邪魔外道也不可能战胜正道君子。士人靠才智引起君主的注意，女子就只能靠美色来赢得君主的宠爱。皇后现在年纪小，各种困难经历得比较少，说不定就会借助巫师的力量，使用一些方术争宠，这不可以不提前预防。再加上君侯因为是皇帝岳丈的关系而地位尊崇，聚集在您身边的宾客里面什么样的人都有，一定有人会狐假虎威，借着您的威权，惹出一些祸事来。不如把门下宾客全部遣散，保持廉洁笃实的作风，这样才是避祸之道啊！”傅晏听从桓谭的劝告，又进宫去把这些话对傅皇后讲了一遍。此后董贤果然暗示太医令真钦去探查傅氏家族有无过错，还逮捕了傅皇后的弟弟傅喜，但拷打一番以后也没查到什么实质性的罪名，只好把傅喜放了，傅氏一门在哀帝在位期间也终于保全下来。

从傅晏与桓谭的对话可知，在陈皇后巫蛊案中，背后密谋策划的实际上是武帝和卫子夫。陈皇后本人究竟有没有使用巫蛊的手段，实际上是说不清楚的事情。从结果上来看，武帝并没有把陈皇后巫蛊案做大，尽管负责此案的张汤表示要彻底清查相关人员，不放过一个从犯，但也只不过株连了300多人，与后来几次巫蛊案动辄牵扯几千人相比，简直温和多了。

第二次巫蛊案爆发在武帝征和元年（公元92年），距离陈皇后巫蛊案，已经过去近40年了。这一次巫蛊案的爆发很有戏剧性。当时武帝委用的丞相就是我们前面提到过的公孙贺，他是卫青的好朋友，后来娶了卫子夫的姐姐卫君孺为妻。公孙贺除了跟着卫青一起立下无数战功以外，他与武帝也是潜邸旧交，在武帝还是太子的时候，公孙贺就跟着武帝做太子舍人，一路都受到武帝的提携关照。在征和元年巫蛊案发之前，公孙贺已经是朝中最具实权的人物。然而官当得越大，祸事也就跟着来了。

公孙贺的儿子叫做公孙敬声，当时借着父亲的关系，在朝中担任太仆之职。公孙敬声因为是皇后的外甥，所以平时骄奢淫逸惯了，经常做些不法勾当。就在这一年，公孙敬声擅自挪用北军公款1900万钱，被人发觉，于是被捕入狱。儿子被捕，为人父母的怎么可能不着急？公孙贺赶紧想办法捞人。正巧当时武帝发下诏书，要逮捕长安的一位叫做朱安世的豪杰，有关方面几次发动抓人，就是抓不到。公孙贺认为这是一个机会，提出由他负责捕获朱安世，用来赎公孙敬声的罪。武帝同意了他的建议。一朝之丞相亲自出手，果然非同寻常，朱安世很快落网。当朱安世听说自己被捕是公孙贺为了公孙敬声与武帝所作的交易之后，大笑道："丞相这下可闯下大祸了，只怕整个家族都要被连累了！"于是朱安世在狱中上书，讼告公孙敬声与其表妹阳石公主私通，并在通往甘泉宫的驰道下埋了人偶，让巫师诅咒武帝。

武帝此时已经年迈多病，经常要去甘泉宫养病。人年老之后难免多疑，身体不好又容易产生幻觉。据说武帝某天在建章宫休息，突然看到一个男子佩带宝剑正从正中的龙华门走进宫中，武帝感觉不太对劲，让人抓住这个男子，可这一男子把宝剑扔掉就消失了，怎么也找不到，武帝一怒之下将当天的守门人斩首。从这件小事上可以看出，武帝此时头脑已经不很清楚了，总觉得身边有人要害他。尽管公孙敬声也算是武帝的亲戚，但是一则诅咒皇帝罪在不赦，二则此时卫皇后也已年老色衰，不再得到武帝的欢心，不可能再为自己的亲属提供保护，武帝与太子在治国方针等问题上又有所矛盾，所以武帝这次不惜一切代价，一定要彻查此案。于是，第二次巫蛊案开始发动。

班固在《汉书·武帝纪》中特别记了一笔，在这一年的十一月，武帝发动三辅地区的士兵在上林苑展开了大规模的搜索，长安城闭门长达11天，这一行动显然与公孙敬声巫蛊案有直接关系。次年正月，公孙贺父子被捕，被处以族诛之刑。同年闰四月，卫皇后的两个女儿阳石公主、诸邑公主，以及卫皇后的侄子卫伉也被捉拿在案，不久就执行了死刑。不过武帝仍然控制着基本局面，对外也没有公开公孙贺父子被杀的真相，改任涿郡太守刘屈氂为丞相时，武帝公开的说法是公孙贺长期揽权，破坏民间生产，又假传圣旨逮捕朱安世云云，这表示武帝尚未将巫蛊问题摆上台面来。

尽管公孙贺父子等人被杀，但这次巫蛊案的余波仍未停息，而且被煽动得愈演愈烈。首先武帝的健康一直不见好转，《资治通鉴》里面提到，武帝有一天午睡，梦到身边出现了数千木人偶，手中都拿着兵刃向自己冲过来。武帝当时就吓醒了，从此之后，总觉得身体不大对劲，而且精神总是恍恍惚惚的。这些身体上的感觉让武帝相信以他为诅咒对象的巫蛊活动并没有结束，这时，前任水衡都尉江充出现在了武帝面前。

江充其人是整个巫蛊事件中的重要人物，他本名江齐，赵国邯郸人。因为江充的妹妹能歌善舞，嫁给了赵王的太子刘丹，所以江充很受赵王赏识。过了一段时间以后，赵太子刘丹怀疑江充是赵王派来监视自己的人，两人出现了纠纷。最后刘丹发令杀了江充全家，江充也改名逃入关中，来到长安，上书武帝，说刘丹身为太子，与其同胞姐姐及赵王后宫有淫乱之行，又结交地方恶霸势力，无法无天。武帝看到上书之后大怒，将刘丹抓起来，判了死罪，江充也趁机受到武帝的召见。据说召见当天，江充主动请求武帝允许他不穿朝服觐见。结果朝见之时，江充身穿盛装出现在武帝面前，他本来就身材伟岸，更衬得容貌壮美。武帝一见之下，大为赞叹，于是对江充格外宠爱。

江充受到武帝信任之后，自己主动请求出使匈奴，归来之后，又被任命为绣衣使者，督察三辅地区。曾经有一次，江充跟随武帝一起前往甘泉宫，路上遇到太子刘据的家奴在驰道上驾驶车马。江充看到之后，就派人将太子的家奴抓起来。太子听说此事以后，就赶紧派人去找江充求情说："我并非吝惜我的那套车马，实在是不希望陛下知道此事，认为我平时不管束自己的下人，希望江君可以高抬贵手。"江充没有理睬太子的求情，将此事据实上奏武帝。武帝得知经过后，对江充的做法非常赞赏，公开表示说："为人臣子就当如此！"于是江充威震长安城。此后江充官至水衡都尉，后来因触犯法律而被免职，公孙敬声巫蛊案爆发之后，江充认为自己的机会来了。

武帝这时正在甘泉宫养病，江充看武帝已是年老多病之人，担心武帝死后太子会对自己不利，而武帝现在正转而重用李广利，明显更喜欢李夫人所生昌邑王，假如自己能利用巫蛊案把太子捅下台，那李广利也好，昌邑王也好，肯定会把他当做恩人看待，性命地位也就自然稳固了。江充便向武帝进言，说武帝的病是与巫蛊大有关系，于是武帝任命江充为使者，专查巫蛊一案。江充率领一群胡人巫师在长安城内到处挖掘,想要找到诅咒用的木偶。胡人巫师在夜间开始祠祭,又是号称在召鬼询问,又是把酒泼在地上,弄得人心惶惶,稍有异常之处,就把该处居民抓来,用烧红的铁钳烙烤,不断屈打成招。这一下就把巫蛊案彻底公开化了,民间开始互相揭发诬告仇家有巫蛊行为,凡有被告巫蛊者,一律按照谋大逆论处。没过多久,因巫蛊案而死的,已经有数万人之多了。

江充将巫蛊案扩大之后,揣摩武帝的心意,知道他年老疑心重,既然已经相信病从巫蛊而来,那么被诬陷为巫蛊者也就不敢申冤。于是江充让一个胡人巫师檀何向武帝报告,长安城内皇宫之中的蛊气最重,不彻底清查,武帝的病很难痊愈。武帝批准了江充搜查皇宫的请求,并派出按道侯韩说、御史章赣、黄门苏文等人协助调查。江充先搜查后宫那些武帝平时少有临幸的妃子,然后搜查皇后的寝宫,最后搜到了太子刘据所在宫殿,所过之处,把地面四处刨开,皇后和太子连放床的地方都没有了。最后江充向汉武帝报告:"宫中埋下了很多桐木人,其中以太子寝宫为最多。不但有木人,还有帛书,上面都写了诅咒的词句。不敢隐瞒,只好如实奏上。"

太子刘据知道此事以后,十分惶恐,赶紧找少傅石德商量对策。石德担心武帝降罪下来,自己身为保傅之职,恐怕最后会一起落个杀头之罪,就对太子说:"去年丞相公孙贺父子案发,将两位公主和卫家都牵连进去。现在江充一伙从地下挖出了人偶,也不知道是这些人栽赃,还是真的有人埋在那里,这件事已经没办法去和陛下讲道理了。现在唯有假传旨意,先把江充一伙人抓起来,严加审讯。更何况现在陛下人在甘泉宫养病,不见外人,是否尚在人世还未可知,现在出了这样的奸臣贼子,您难道忘了秦朝扶苏太子的先例了吗?"太子沉吟半晌,说:"我是陛下之子,怎么能够擅自诛杀使者呢?还是我自己去甘泉宫面见陛下请罪,或许能够活命。"于是太子吩咐赶赴甘泉宫,亲自向武帝澄清真相。江充一看,自然不能让太子成行,要求捉拿太子,解往甘泉。这一来终于把太子逼急了,在无计可施的情况下,只好采用了石德的建议。就在七月九日那天,太子派自己的部下假称是武帝的使者,先下手为强，将江充等人抓了起来。按道侯韩说怀疑使者的身份，不肯接受诏书，于是被当场杀死。太子亲自监斩江充，对江充破口大骂说："赵国来的坏蛋！当年害死你家赵王父子还不算，现在竟敢害到我父子的头上来了！"又把跟随江充搜索人偶的胡巫都烧死在上林苑中。

太子杀了江充，事态发展已呈骑虎难下之势，索性一不做二不休，派太子舍人无且夜入未央宫长秋门，通过宫女倚华向皇后告知详情，出动皇后宫中的车马，用来调动士兵。太子又打开长安武库，让士兵使用武库中存放的兵器，发动长乐宫的卫戍部队，长安城内一片混乱，开始传言太子准备造反。与江充一同调查巫蛊案的黄门苏文，因为没有和江充等人在一起而免于被杀，趁机逃往甘泉宫，面见武帝，诉说太子杀江充、开武库等事。武帝一开始还算头脑清醒，并未作出过激的举动，只说："太子肯定是害怕了，又痛恨江充，所以才有这些过激的举动。"于是派使者去请太子来甘泉宫。没想到使者担心被杀，根本没有进长安城，只是在外面待了一天就回来报告说："太子确实在造反，还打算杀掉微臣，微臣是从长安逃回来的。"武帝这才勃然大怒。

丞相刘屈氂本在长安，在府邸中听说太子调动军队的消息，赶紧孤身逃出城外，走的时候太过匆忙，连丞相的印信都没来得及带走，只好让丞相长史用驿站快马给他送来。武帝问派去打探消息的使者："城中出了这么大的乱子，丞相在干什么？"使者说："丞相怕事情闹大，没敢发动兵马。"武帝勃然发作，骂道："整个长安城都乱成这个样子了，还怕什么闹大！丞相要好好学学周公，周公没有杀管、蔡平定暴乱吗？"于是传诏给刘屈氂说："要迅速平定暴动，赏罚今后再作处理。平乱时尽量不要与对方短兵相接，避免造成太大伤亡。紧闭城门，免得谋反者逃走。"武帝也离开甘泉，到城西的建章宫等候消息，调动三辅以及附近各县的地方镇戍部队，均受刘屈氂统辖。太子则在城中，宣令百官说："武帝在甘泉病危，我怀疑有奸臣趁此机会作乱，故此要出动军队。"并派出使者持伪诏放出长安监狱中服刑的囚徒，让石德及宾客张光等人编成部队。太子还让一个叫做如侯的囚徒持节度去调动驻扎在长水（今陕西省西安市户县）及宣曲（今西安市西南部）地区的胡骑。

骑兵正在整装待发的时候,武帝派来使者马通紧跟着如侯到了这里,告诉胡人说:“节度是假的,千万不要相信。”于是当众杀了如侯,自己带领这些骑兵攻入长安。

长安内部最强的军队是负责镇守长安城的北军,太子要控制长安,就必须把北军争取到自己一方来,于是派一辆车停在北军驻地的南门外,请北军使者任安发兵。任安闭门不出,摆出一副两不相助的架势。太子无计可施,只得离开,于是在长安的商业区强行征发来数万人,驻扎在长乐宫以西,正赶上刘屈氂率军来攻,双方一场恶战,死伤极为惨重。民间纷纷传说太子造反,所以人心不再拥护太子,军队也开始不断归附到刘屈氂一方去。

七月十七日这天,太子终于支撑不住,大败而逃,奔向长安杜门。丞相刘屈氂奉武帝之命封闭城门,负责看管杜门的正是丞相司直田仁。田仁认为武帝与太子之间本是父子血肉至亲,不想对太子压迫过甚,于是就放太子孤身出门。刘屈氂知道此事之后,打算以抗旨之罪处斩田仁,御史大夫暴胜之劝阻道:“丞相司直也算是二千石的高官,还是先请示陛下再作决定吧,何必擅自杀他呢?”武帝听说此事以后,将暴胜之抓了起来,责问他说:“丞相司直放跑了反贼,丞相将司直斩首,这是顺应法律的事情。你身为御史大夫,为什么要自作主张地阻拦?”暴胜之大为惶恐,只好自杀。武帝另派宗正刘长、执金吾刘敢两名宗室成员去收回皇后卫子夫的印绶,卫子夫只好自杀;又认为任安身为老臣,一看战事发生,想要坐观成败,首鼠两端,与田仁一起处以腰斩之刑;而马通抓获如侯,长安平民景建抓获石德,商丘成抓获太子宾客张光,均被封侯;一切曾经出入宫中的太子宾客,均被处斩;凡随太子发兵者,以谋反罪处以族诛;就连那些被太子胁迫参军的人也没有幸免,统统被强行迁往敦煌屯边去了。

太子之乱,武帝怒气很盛,群臣都担惊受怕,不知道该如何是好。壶关三老上书劝谏武帝说:“皇太子是汉朝嫡嗣,继承汉家万世之基业,论起亲疏远近来,他算是继承陛下大宗之子。江充不过是一介布衣,陛下对他信任而给他事情做,却仗着陛下给他的权力来逼迫皇太子，通过这样的手段掩饰他的狡诈，使亲情难以得到沟通。太子进而见不到陛下，退而又要面对江充这样的奸臣，受到冤枉也不能辨明，终于忍无可忍，奋起而杀江充，最后畏惧陛下责罚而逃走。所谓太子作乱，无非是儿子偷父亲的兵器，急迫之时用于自卫而已，微臣窃以为没有反逆的意思在其中。江充设计陷害太子，天下无人不知。陛下不仔细查问原由，认为太子有错，而大发雷霆，不惜出动大军，使得人们不敢再为太子讲话，微臣内心颇为伤痛！希望陛下能够冷静下来，不要追究太子的过错，撤去军队，不要让太子常年流亡在外。"武帝看到上书之后，有所感悟，然而尚未有明确表示宽恕太子罪责之意。

再说太子刘据，他一路跑到长安附近的湖县，躲在一个叫做泉鸠里的普通民户家里。这家人生活也不宽裕，每天只好上街买草鞋来养活太子。太子刘据有个朋友住在湖县，这家人听说太子的朋友比较富有，就上门去找他，希望能借到些钱。那些想要追捕太子的人早就安排眼线监视此人的动静，这家人一上门就被人盯上了。八月八日，太子被当地官吏抓获。太子自认为这一回在劫难逃，就在房间里面上吊自杀了，连其子二人一同遇害。从太子杀江充开始，一直到兵败遇害，一共仅 23 天。

长安城的战乱已经宣告平息，太子也自杀了，巫蛊的事情看似应该平息下来了，但偏偏在这个时候又出事了。先是匈奴在这一年的年底攻入上谷、五原一带，杀掠甚多。次年春天，匈奴再次攻击五原、酒泉，杀了汉朝 2 名都尉。三月，武帝派遣他所信任的贰师将军李广利出兵五原，在上年立功获封的商丘成、马通 2 人出兵西河、酒泉，迎击匈奴。就在贰师将军李广利从长安离开的时候，丞相刘屈氂去渭桥为他送行。临行之时，李广利对刘屈氂说："希望您能够快点请求陛下，将昌邑王立为太子。等到昌邑王做了皇帝，您还有什么后顾之忧呢？"刘屈氂当即满口答应下来。昌邑王是李广利的妹妹所生，李广利的女儿嫁给了刘屈氂，所以两家串通一气，看准了刘据死后空出来的太子宝座，打算共同协助昌邑王即位。

可是李广利走了没有多久，突然跑出来一个谒者令郭穰，举报丞相刘屈氂及其妻子和李广利一起有诅咒武帝的行为，目的是要扶立昌邑王。这年六月，刘屈氂被处以腰斩，其妻斩首华阳街，李广利的妻子也锒铛入狱。李广利听到消息，也不知道该如何是好，有位叫做胡亚夫的军官也是避罪从军，就暗示李广利不如考虑投降匈奴。李广利一开始确实没有投降的打算，而是想深入匈奴，打几个胜仗，回去也许能够将功折罪，于是一直北上，深入到郅居河（今色楞格河，流经蒙古人民共和国及俄罗斯，最后进入贝加尔湖）流域。虽然匈奴主力已经不在附近了，但是李广利依然强行命令大军渡过郅居河，结果遇到了匈奴左贤王与左大将的一支部队，双方经过一整天的恶战之后，汉军虽然诛杀左大将，但军心已经开始动摇了。一部分军官认为李广利现在一味求功劳，把士兵们置于不测之地，恐怕以后会全军覆没，于是他们一起策划发动兵变，劫持李广利。风声走漏到李广利那里，他赶紧将这些军官杀死，然后将部队撤回燕然山（今杭爱山脉，在蒙古人民共和国境内）。

李广利到达燕然山之后，终于被匈奴单于率领的主力部队追上，激战不利之后，李广利率军投降。单于听说李广利在汉朝地位很高，特意将自己的女儿嫁给他，对他的宠爱超过卫律，而武帝也将李广利全家族诛。而李广利尽管投靠匈奴，但卫律对他颇为嫉妒，大概李广利到匈奴一年多以后，正赶上狐鹿姑单于的母亲生了重病，卫律就贿赂胡巫，让他们对单于说：“先代单于的在天之灵发怒了，说以前打仗之前都要找活人来祭祀，你们一直说如果抓到贰师将军，就要用他来祭祀，为什么还不杀他?”狐鹿姑单于听说自己母亲得病是因为单于祖灵震怒，也不敢再留着李广利，只好任凭巫师将他处死。李广利被卷入巫蛊案和皇位继承人的纠纷之中，为了活命而投靠匈奴，终于也未得善终。

这时，巫蛊案在长安仍未收场。被举报告发有巫蛊行为的人越来越多，而仔细检查却又没有这回事，武帝对太子一案也颇有悔意。一位名叫田千秋的郎官突然上书为太子诉冤，说道：“儿子摆弄父亲的兵器，按照法律应当被抽鞭子。天子的儿子由于犯了小错而杀人，应当按照什么罪来论处呢？这是微臣梦到一位白发苍苍的老人让微臣向陛下进言的!”田千秋本来的职责是看守汉高祖的灵庙,武帝看到上书之后,大为感喟,立刻召见,对田千秋说:“父子之间的纠纷,是外人都不敢说起的事情,只有你能够明辨事理,这一定是高庙的神灵让你来告诉我的,你应当来做我的辅弼之臣。”于是将田千秋封为大鸿胪,很快提升为丞相,又将江充全家族诛,将苏文处以火刑。这样困扰武帝两年之久的巫蛊案才慢慢宣告平息。这件事情对武帝的影响很大,后来还对田千秋表示过自己的疾病仍与尚未完全平息的巫蛊活动有关。从此武帝的意气也开始消沉下来。征和四年,搜粟校尉桑弘羊提议增派人力去轮台屯田,本来开边一直是武帝最为支持的事情,但这一次武帝却采取了相反的态度,他不但没有批准屯田的计划,反而是下了罪己诏,检讨自己的过错,祈求上天的原谅。武帝在诏书中提到了几件事情,很有意思。他说:“以前朕不了解情况,边防探马报告说匈奴将马前后蹄捆住,放在长城之下,说‘中原人,我给你们马’。很多人都说,匈奴自己将自己的马捆起来,是不利于匈奴的兆头。后来,汉朝使者苏武等人滞留不还,所以我让贰师将军出动兵马,希望匈奴能够归还汉使。古代委任卿大夫之前,一定要先占卜吉凶,结果占卜的结果都显示大吉,还说‘众将之中,贰师最吉’。所以朕才会让贰师将军出兵,还专门下诏警告他不要孤军深入。现在看起来,结果与占卜相反。匈奴捆住自己的马腿,并不是不利于匈奴,反而是在诅咒我们啊。重合侯抓住了一个匈奴探子,也说‘捆住马脚是匈奴的诅咒’。现在提请轮台屯田,不是优待人民的办法,朕不希望如此。”由武帝的罪己诏来看,他特别重视的,是匈奴对汉的诅咒,以及占卜的吉凶与结果不一致。从这些细节都不难看到经历巫蛊案之后,晚年汉武帝的颓唐与失落。

关于巫蛊案的原因,学者们也作了很多解释,其中影响最大的是田余庆先生的《论轮台诏》。田先生认为,巫蛊案背后实际上是汉武帝与卫氏及太子之间的矛盾。由于太子刘据的性格和政治理想与武帝不同,所以武帝晚年有更换继承人的想法,故此利用江充发动巫蛊案来打击太子及支持太子的卫氏势力。田余庆先生的文章分析十分精彩,感兴趣的读者可以参考田先生的专著《秦汉魏晋史探微》,这里不再赘述。但是我在这里想补充一点，前面提到过“巫蛊”这个词，在汉代以前并没有共同出现过，这个词很有可能是一个外来词。“巫”字的古读近乎于“目”音，而在梵文及古代波斯文中巫师一词，就读为“Magu”和“Maguš”，看起来似乎与“巫蛊”相同。我们再联系到江充追查巫蛊时，一直有胡巫参与其中，而且匈奴在杀李广利以前，也有卫律买通胡巫之事，所以巫蛊极有可能是通过匈奴传入中国的一种巫俗。唐代学者颜师古精于《汉书》，他在《匡谬正俗》这部书中就提到，当时有人将孩子身体病弱称为“蓦姑”，其实是“巫蛊”一词的讹读。因为一旦中了巫蛊，人不会立刻死去，而会有一段时间精神恍惚，身体多病。唐代巫蛊行为仍然存在，而且官方法令明确禁止，而民间却有“蓦姑”这种异读，说明其来源有可能是一个外来语，巫蛊也好，蓦姑也罢，都是针对这一外来语的拟声词。

如果巫蛊是通过匈奴传入中国的习俗，那么武帝对于巫蛊事件的过激反应也就可以理解了。如果说单纯出于考虑更换嗣子的话，武帝如此大动作，造成这么大范围的慌乱，似乎在手腕运用上有点太过不仔细了。另一方面来说，当时与太子争位，力量较强而处于上风的正是贰师将军李广利和他的外甥昌邑王。那么武帝为什么又要通过巫蛊案把李广利也一并弄下台去，而且还专挑一个李广利本人出征在外、手握兵权的时机呢？这些都有讲不清楚的地方。但如果能够了解到，巫蛊有可能是在汉武帝前后，随着汉人与匈奴人之间相互交流越来越多而传入中原的巫术活动的话，那么我们对这一事件也许就会有新的理解方式。当然，目前我在这里只能提供一个假说给各位读者，希望对此有兴趣的朋友可以开阔视野，发挥想象。

经过巫蛊事件之后，汉武帝在对匈作战方面也有所收敛。增加轮台屯田的提议没有得到通过，而后几任丞相如田千秋、霍光等等，在内政外交方面算是稳健派，开始追求与匈奴修复外交关系，互相送还降人，不主动出塞战争。这使得武帝统治下的最后两年，一直到汉昭帝初年，汉匈之间没有发生大的战争，双方在常年的征战之余，都得到了一段不短的休整时间。

5 匈奴的衰落与纷争

5.1 匈奴的内忧外患

自李广利投降匈奴之后，又过了3年，武帝终于驾崩。在这以前，汉朝发动大军深入匈奴国境，苦苦追击了匈奴20多年，双方都蒙受了巨大损失。匈奴人大多家庭破败，人口出生率也降低了很多，大家对目前的情况都十分不满，自单于以下的人们都希望与汉朝恢复和亲。

这时是匈奴狐鹿姑单于末年，匈奴的内部矛盾已经颇为严重。当初在狐鹿姑单于即位的时候，就有很多争议。且鞮侯单于的正室本来有两个儿子，大儿子为左贤王，也就是后来的狐鹿姑单于，二儿子为左大将，侧室还有一个儿子，担任匈奴左大都尉。左大都尉非常贤德，匈奴人都很爱戴他，许多人认为他今后有可能是单于位的有力竞争者。且鞮侯单于的阏氏担心单于不选择自己的儿子接任单于，而选择左大都尉，便私下派心腹暗杀了左大都尉。左大都尉也有一个同胞哥哥，对此十分怨恨，从此再也不肯参加单于王庭的朝会。就在且鞮侯单于快病死的时候，本来遗言是要立左贤王为单于的，但是左贤王不知什么原因没有来。匈奴的几个大贵族认为左贤王一定是生了重病，所以才不来接任单于位，就改立二儿子左大将为单于。左贤王听说此事之后，就不敢再到王庭来，整日都待在自己的领地上。左大将派人去召唤左贤王，甚至说要将单于位让给哥哥，左贤王都推托说自己病重无法出门，婉言谢绝了邀请。左大将也不顾哥哥不断推辞，说："今后如果您不幸去世，不妨再将单于位传给我。"左贤王看到弟弟确实有此诚意，也就接受了左大将的邀请，于是左贤王即位，是为狐鹿姑单于。

狐鹿姑单于即位之后，就让左大将当上了左贤王。几年之后左贤王还没等到他哥哥去世，自己就先病死了。左贤王的儿子先贤掸没能当上左贤王，而是做了日逐王。狐鹿姑单于把自己的儿子立为左贤王，地位要高于日逐王，显然是不打算把单于位传到他弟弟一系手中了。等狐鹿姑单于到了快要病死的时候，左贤王的年纪还小，狐鹿姑单于考虑如果让左贤王继承单于之位的话，弄不好会被其他贵族推翻掉。于是他又对匈奴贵族们说："我的儿子太小了，没办法治理国家，大家不妨考虑立我弟弟右谷蠡王为单于吧！"等到狐鹿姑单于死后，卫律等一伙人暗地商议，觉得右谷蠡王比较年长，以后可能会疏远自己。于是伙同后来成为壶衍鞮单于阏氏的颛渠阏氏一起，把狐鹿姑单于的死隐瞒起来，不让其他人知道，又假托狐鹿姑单于的命令，与匈奴贵族们一同饮酒起誓，共同推举左谷蠡王即位，是为壶衍鞮单于，这一年正是汉朝的汉昭帝始元二年(公元前85年)。

壶衍鞮单于上台之后，开始与汉朝使节讨论起和亲事宜。匈奴左贤王、右谷蠡王叔侄，因为卫律他们玩弄手段，没当上单于，感到非常恼怒，就想率领自己的部众投降汉朝。但匈奴方面已经怀疑他们有南逃的可能，重点盘查通往汉朝边境的道路，他们想要直接抵达汉朝，难度怕是不小。于是叔侄二人想了个主意，胁迫匈奴的卢屠王，要他一起出逃。目的地不是南边的汉朝，而是相对防守不严的西方，他们打算先投降乌孙，借助乌孙的力量攻打匈奴，再看能否投降到汉朝去。没成想卢屠王到壶衍鞮单于那里告发了他们。壶衍鞮单于开始派专人调查，右谷蠡王一口咬定毫不知情，反而把罪名往卢屠王身上推。最后壶衍鞮单于为了平息事态，只好把卢屠王杀掉了事，匈奴人都认为卢屠王死得冤枉。左贤王和右谷蠡王都回到各自的地方，再也不肯到单于王庭和龙城去了。

我们前面已经提到过，匈奴的内部矛盾是很早以来就有的，所以从文帝末年到景帝在位时期不断有匈奴贵族前来投降。后来伊稚斜单于发动政变，打败了於单，继承了单于位，引起了国内的动荡。这几次关于单于位的争夺，虽然没有像伊稚斜单于那样以军事政变的形势表现出来，但是似乎更加复杂了。后来匈奴出现了五单于争立的情况，我想这一次的争立应该可视为后来五单于争立的前奏。从此以后，匈奴内部不断走向分裂，而单于位的继承问题，则是匈奴内部分裂的直接导火索。

当然比起内部的权力斗争，壶衍鞮单于时代最严重的问题仍然是外患。汉朝是匈奴的老对手了，壶衍鞮单于仍然坚持前代单于们的做法，以打打拉拉的方式，一边骚扰边境，一边又积极向汉朝示好，并不断要求作和亲谈判。他主动放回了不肯投降匈奴的汉朝使者苏武和马宏等人，让他们给汉昭帝带去试图和解的好意，但又在上台后的第二年秋天，入侵汉朝代郡，杀了代郡的都尉。当然汉朝已经今非昔比，不是当年只会挨打不会反击的时候了，匈奴人自己也很担心汉朝的报复性反攻。壶衍鞮单于即位的时候很年轻，母亲又行为不端，国内人心涣散，一旦汉朝发起攻击，匈奴人也难以招架。这时卫律给壶衍鞮单于出了个主意，他打算在汉匈边境深凿水井，修筑城池，兴建谷仓。匈奴人本来不会凿井，他们既然逐水草而居，也没有打井饮水的必要。匈奴人也没有城郭，住的都是穹庐帐，并不住在房屋里面。卫律打算将投降匈奴的汉人都集结在一起，来传授匈奴人这方面的经验。汉军每次与匈奴作战都要依靠大量的骑兵，如果匈奴人能够习惯城居的话，利用城池进行防守，汉军的骑兵和弓箭也就没有用武之地了。按说卫律的主意着实不错，筑城防守一直是汉军的优势，如果匈奴也学会这一点，两军作战时的好处很多。其实当初翕侯赵信投降到匈奴之后也有这个意思，所以才修筑赵信城，可惜赵信死得较早，这个目标没有实现。现在卫律无非是想要把赵信的方法进行推广，可匈奴人历来强项在进攻而非防守，这种做法虽然得到了壶衍鞮单于的同意，但是反对的声音也不少。卫律刚刚打了几百眼井，砍伐了数千棵大树，就有人提出匈奴人根本不知道如何固守城池，反正大家在马背上来去自如，何必非要在一个城池中负隅顽抗？现在这么做就等于在城里囤积上一大堆粮食等着汉军来搬，平白浪费人力物力而已。这一派的意见也不能说没有道理，当年赵信城就是这样做的，而卫青率兵攻破赵信城的时候，汉朝士兵都以城中囤积的谷物为军粮，最后吃不了也带不走的一律烧净，可能是有鉴于此，卫律也只好作罢。

苏武他们在昭帝始元六年到达长安,汉匈关系本应进入一个新的友好阶段。结果在次年,也就是汉昭帝元凤二年(公元前79年),汉匈之间的友好迹象就又被战争打破。这一次匈奴发动左部与右部共2万骑兵,编为4队,一起侵入汉朝边境进行骚扰。汉军似乎也早就得到了情报,在边境上进行了一场会战,一共杀死、俘虏了9000多匈奴士兵,活捉了瓯脱王,而汉军损失甚小。匈奴不但损失了近一半的士兵,而且熟悉匈奴道路交通的瓯脱王被汉朝活捉以后,匈奴人担心汉朝会让他引路来袭击自己,又不得不再向西北迁移。这样,匈奴已经对东北部地区完全失去控制,后来乌桓和鲜卑迅速从兴安岭一线兴起,填补了这里的空白,这是后话,这里暂且不提。经过这一次战斗的失败,匈奴已经不再敢向南随水草放牧了,只好派人在瓯脱地区驻防,以备汉朝反击。

到了汉昭帝元凤二年,卫律病死在匈奴。卫律活着的时候,很得历任匈奴单于的重视,他总是与各个单于讨论与汉朝和亲的好处,但自汉匈开战以来,匈奴被汉武帝压在下风已经几十年了,双方积累的民族仇恨也比较多,所以很多匈奴贵族都反对与汉朝和亲。等卫律死了以后,匈奴军队日渐减少,不断吃败仗,国家也日益穷困起来,壶衍鞮单于的弟弟左谷蠡王回想起卫律说的话,觉得不是没有道理,又动了与汉朝恢复和亲的念头。左谷蠡王觉得以匈奴目前的情况来看,今后不和亲是没有出路的。现在形势已经变了,他倒不担心匈奴的贵族们不同意和亲,他担心的是汉朝看到匈奴眼下衰败的样子,反而漫天要价,把负担推给匈奴。所以他也不好自己主动开口,而是让身边的下属去找汉朝使臣谈论此事,再旁敲侧击,试探对方的意图。这段时间汉匈关系又开始有所缓和,匈奴对汉朝边境的侵扰也减少很多。汉朝出使匈奴的使团往往受到匈奴人的热情招待,匈奴想通过这样的手段慢慢改善两国关系,逐步达到和亲的目的。汉朝经历了武帝在位期间的多年战争,昭帝上台以后,朝廷从上到下的一个基本态度就是不要再对外发动大规模的作战,所以对匈奴也采取了怀柔的态度。但是和平的好景不长,没过多久左谷蠡王也死了,他没能看到匈奴与汉朝和亲的恢复，而战争在第二年还在继续发生着。

昭帝元凤三年，壶衍鞮单于派匈奴的犁汙王偷偷查探汉朝的边郡防守情况。犁汙王转了一圈回来，报告单于说酒泉、张掖一带的汉军守备似乎变薄弱了，如果匈奴出兵攻击，也许有希望收复失地。当时汉朝先抓到了匈奴降人，主动向汉朝提供了情报，汉朝对匈奴的计谋早有准备。汉昭帝亲自下诏书命令边境上的汉军进入警备状态，严防匈奴大军入侵。不久之后，匈奴右贤王、犁汙王率领4000骑兵分作3队，侵入日勒、屋兰和番和3县。张掖太守、属国都尉派出士兵抵抗匈奴，将匈奴打得大败而归，最终逃回去的只剩下几百人。

客观来讲，匈奴的这次出兵让人觉得实在可笑。壶衍鞮单于和犁汙王难道指望只出动4000骑兵，就能把酒泉和张掖这样的边郡攻打下来吗？我们可以看到，匈奴人几次入侵，军队规模都动辄在几万人左右，就算是昭帝元凤二年那次进攻，总人数也达到了2万人。现在的匈奴连万人以上的部队都集结不起来，竟然幻想拿下汉朝西北地区最重要的两个边郡，真不知道是怎么回事。后来匈奴并非没有出动过几万人以上的部队，但为什么进行这么重要的一次作战，却只有4000人参战，实在让人闹不明白。唯一的解释就是，匈奴目前适于作战的部队并不多，其他的必须负责采集和捕猎等活动，虽然也可以在必要时参与战斗，但装备和训练上毕竟有所不同。显然汉朝也充分意识到了匈奴国力的衰败，从史料反映的情况来看，昭帝并未针对匈奴入侵去专门征调部队，只是严敕边境士兵防守，最后击败匈奴军队的也只是该地区的边防军而已。史书上说，从这场战役之后，匈奴“不敢入张掖”。我想所谓“不敢入”，更应该说是无力再入。张掖由“张国臂掖，以通西域”而得名，在历史上一直是扼守丝绸之路西去的重要门户。直到今天，甘肃省张掖市仍然是通向敦煌、哈密一线的重要通道。这样一个重要据点，汉朝的守备力量自然不会太差，匈奴想要打这里的主意，怕是没什么指望。

匈奴类似的进攻在次年又有一次，这回比上次规模还要小，只有3000多名骑兵攻入了五原郡。但五原不像酒泉、张掖一线防守严密，被匈奴杀掠了几千多人。匈奴还派出了数万名骑兵在边境打猎,顺路进攻汉朝在塞外修建的城堡和哨所。由此来看,匈奴的军事行动是分为实战部队和围猎部队两部分进行的。但此时汉朝的防御体系已经非常完备了,只要匈奴一有动静,就有烽火通传消息,所以匈奴人出兵边郡,已经很难获得人口和粮食、牲畜了。从这次入侵五原之后,匈奴就很少再有机会攻入汉朝边境。

这一时期匈奴的另一外患非常值得我们注意,这就是东胡乌桓在东方的兴起。关于匈奴与乌桓之间的关系,班固《汉书》里的记载零散而简略,倒是《后汉书》中记述得比较详细。《后汉书·乌桓传》是这样写的,译文如下:

乌桓属于东胡系统的少数民族。汉朝初年,匈奴冒顿单于灭掉东胡王国,原来属于东胡王国的臣民就集中在乌桓山中,于是以此山为名,自称为乌桓。乌桓人擅长骑射,平时以狩猎为生。与匈奴人相同,他们追逐水草,放牧牲畜,居无定所,平时住在穹庐帐中,帐篷门总是开向太阳升起的东方。乌桓人平时吃牲畜肉和奶水,以牲畜的皮毛为衣服。他们平时优待年轻人,歧视老年人,性格强悍,兄弟父子之间发生了争执,怒气一上来也会互相杀害。但他们可以杀父兄而不可以杀母,因为父兄的族人跟自己同族,杀了父兄没人会来复仇,但是母亲一方有自己娘家的族人,一旦杀了母亲,娘家部落的人会找上门来复仇。部落之中最强悍又能平息争端的人就会被推举为部落的首领,被称为大人,但大人必须通过推选产生,不能世袭。每个地区都有一个小首领负责,几百个小部落就称为一部。乌桓没有文字,凡是大人所下的命令,都在木头上雕刻符号作为信物,部落里面的人见了信物,丝毫不敢违抗。乌桓人也没有固定的姓氏,大家一般用大人或者勇士的名字为姓。大人以下,普通人都各自牧养自己的牲畜,没有徭役之类的事情。他们的嫁娶也与汉朝不同。先要将中意的女孩强抢过来,跟女方共同生活一段时间,有时候是一百天,也有半年的,然后再准备上马、牛、羊等的畜类,作为给女方家人下的聘礼。女婿再跟着妻子到女方家，在女方家里的时候，不论身份尊卑，女婿见了都要下拜，在妻子家里做仆役的工作。这样过上一两年，女方再准备上一份厚礼，让女儿女婿出去成家立业，需要的财物都由女方家里承担。

乌桓还有一些习俗，比如父亲死了，可以娶自己的后母，兄长死去以后，可以娶自己的嫂子。平时都要女方来拿主意，只有发生战争的时候才是男人下决定。家中的亲属不分男女，平时都互相蹲坐。他们为了轻快，把头顶的头发都剃光。妇女到要出嫁的时候才开始留头发，头上扎发髻，带上头饰。妇女平时能够在牛皮上刺绣、织毛毡等等。男人可以制作弓箭鞍鞯，锻造兵器。

乌桓人最推崇男人死于战争之中。他们会将死者用棺木装殓起来，号啕痛哭，到送葬的时候却载歌载舞。下葬的时候还要养一只胖狗，用彩绳牵着，跟死者生前的衣物以及骑的马放在一起烧掉。据说这样可以让狗护送死者的灵魂回到赤山去。赤山在辽东西北几千里以外，就好像中原人相信死者的灵魂要回到泰山去一样。他们平时也敬事鬼神，把牛羊在祭坛上烧死，来祭祀天地、日月、星辰、山川和部落中前代有勇者之名的大人。

乌桓也有自己的法令，如违背了大人的命令，就会触犯死罪。如有互相杀害的情况，允许各自复仇，其他人不许干涉。复仇之后，到大人这里来报告，允许交纳一定数量的马、牛、羊以免赎自己的罪过。但是自家人杀了父亲兄弟，不算犯罪。如果犯罪后逃跑，又被大人逮到的话，犯罪者所属的部落不能再接受他，就要流放到远方的荒凉之地去。

乌桓这个国家距离匈奴不算太远。从习俗上来看，似乎与匈奴人也非常接近。但两国之间矛盾很深，当初冒顿单于攻破东胡之后，乌桓一直臣服于匈奴，每年要向匈奴交纳牛、羊、马的皮毛，如果不按时交纳，就要扣押罚没乌桓人的家产，连妻子儿女都要被拉去当奴隶。汉武帝征伐匈奴之后，骠骑将军霍去病把原匈奴左部赶出了这片土地，把乌桓的族人迁徙到汉朝的上谷、渔阳、右北平、辽西、辽东五郡的塞外，让乌桓为汉人侦查匈奴的动静,同时成为东北边郡的战略缓冲带。汉朝担心乌桓被匈奴拉拢过去,要求乌桓大人每年到长安朝见汉家天子一次,又设了一个护乌桓校尉,名义上是保护乌桓人,实际上就是监控,不让他们有跟匈奴往来的机会。

到昭帝以后,几十年过去了,乌桓人在新土地上生活得很好,族群繁衍生息,力量也日渐强大起来。他们与西域国家不同,他们从百年以前就跟匈奴有深仇大恨,匈奴在力量强盛时又经常欺压他们,这时看到匈奴日趋衰退,也想拿匈奴出气,就去把匈奴前代单于的坟墓给掘开了。这一下匈奴如何忍得下这口气,壶衍鞮单于调集 2 万骑兵,准备去攻打乌桓。汉朝从投降的匈奴士兵那里得知此事,大将军霍光就想发兵拦截匈奴。霍光本来想委派护军都尉赵充国担任主将,结果向赵充国征求意见时,赵充国认为:“乌桓也不是一直很听我们的话,有时也会骚扰我们的边境。现在匈奴跟乌桓开战,这对我们而言是件大好事。而且现在匈奴已经很少侵入边塞,北方边境万幸没有再发生战事。现在夷狄之间自相攻击,正中我们下怀,我们反而要发兵拦截,招惹匈奴,岂不是多生事端?这可不是什么好主意。”霍光并不认同赵充国的看法,但也没有充足的理由反驳,于是又找到中郎将范明友。范明友不像赵充国那样老成持重,力主主动出击。于是朝廷任命范明友为度辽将军,率领 2 万骑兵从辽东出击。匈奴听说汉朝发兵干涉,就把乌桓打个大败,随后赶紧撤军。范明友到了乌桓,没看到匈奴大军所在,想起来当初发兵的时候霍光对他的嘱咐,说汉军不能白出去一趟,最好等匈奴和乌桓打个两败俱伤的时候下手,先打匈奴,再攻乌桓。乌桓这时新遭大败,哪里是以逸待劳的汉军对手,一下被范明友杀死了 6000 多人,其中还有乌桓的 3 个王。

匈奴因此十分害怕,不敢再随便出击周围小国。这场战役看起来像是汉朝一石二鸟,既震慑了匈奴,又给了乌桓沉重打击。然而这样却使汉朝和乌桓之间结下仇恨,不仅让乌桓后来成为幽州的边患,而且还造成了乌桓与匈奴最终携手合作的结果。这正应了赵充国说的多生事端,所以汉朝后来又不得不派范明友去专门对付乌桓,这是题外话，暂且不提了。

这时候还跟匈奴站在同一条阵线的只剩下西域的几个小国，汉朝也逐渐瓦解他们与匈奴之间的关系。汉朝使节往来于西域诸国之间，龟兹、楼兰等国都有过勾结匈奴、杀害汉使的行为。到了昭帝元凤年间，傅介子出使楼兰、龟兹等国的经历在后世非常有名。

傅介子是北地郡人，通过参军积累战功，逐步提升为军官。他以骏马监的身份出使大宛，携带昭帝的诏书，顺路向楼兰、龟兹等国问罪。两国都一致认罪，龟兹王还告诉他，匈奴派来的使者正从乌孙返回，现在正在龟兹。傅介子听了之后，就率领手下的官兵一起袭击了匈奴使者居住的营地，把匈奴使团杀得一个不剩。回到长安之后，傅介子因为有功，被封为中郎，任职平乐监。

傅介子对龟兹、楼兰两国的情况观察得很细致。他对大将军霍光说："楼兰、龟兹对汉朝的态度几经反复而未受到应有的惩罚，这样的话，他们是不会改变对汉朝阳奉阴违的态度的。我路过龟兹时，发现龟兹王与人接触时靠得很近，而且防范力量很弱，容易得手。希望由我去刺杀他，这样也可以向各国表示我汉朝不是好欺负的。"霍光说："龟兹的路途遥远，你不如先在楼兰试一下吧！"于是霍光向昭帝申请，由傅介子率众出使楼兰。

傅介子率领兵马，带上金银珠宝和各种丝织品，扬言这次出使西域的目的就是赏赐各国。他们第一站就到了楼兰，楼兰王对傅介子表现出来的态度很不热情。傅介子假装准备离开，走到楼兰西线边境的时候，让翻译人员对楼兰王说："汉家天子吩咐我们，要带着黄金珠宝到各国赏赐。楼兰王既然不来接受礼物，那么我们这就离开这里，准备到西边的国家去了。"然后拿出财宝来给楼兰的翻译看。楼兰翻译赶紧回去通知楼兰王。有道是"人为财死"，楼兰王是个财迷，听说这事以后忙不迭地赔着笑脸跑过来，亲自来见傅介子。傅介子与楼兰王坐下饮酒，把礼物摆出来给楼兰王看。楼兰王喝着酒，醉意上来，看着这些宝贝是越看越爱。傅介子看时机已经成熟，就对楼兰王说："汉家天子委托我单独和你谈几件事情。"楼兰王赶紧起身与傅介子一同走进帐篷,屏退左右。这时汉朝使团中的两名勇士从帐后冲进来,直接将尖刀插进了楼兰王的胸口,楼兰王当场死亡。楼兰的大臣和随从都吓得四散逃走。傅介子知会楼兰大臣们说:"楼兰王与匈奴密谋害死汉朝使臣,对汉朝犯下大罪,天子命令我来诛杀他。汉朝大军现在已经到了边境,你们不要轻举妄动,否则就是自取灭亡,楼兰将被大军消灭。"说完这一番话,楼兰再也不敢轻举妄动,反正王也死了,再为他卖命也没有什么好处。傅介子立楼兰送往汉朝长期做质子的尉屠耆为新王,并将楼兰改名为鄯善。鄯善王向昭帝请求说:"我在汉朝时间不短,今天回去,力量比较薄弱,老王也有儿子在国内,我担心自己会被人谋杀。我国有一个依循城,土地肥沃,希望汉朝能够派个将军过去屯田驻守,让我也有个依靠。"于是汉朝向鄯善派了一个司马,镇抚依循,后来改为都尉,彻底将匈奴在这些国家的势力打击干净了。

匈奴在西域外交大落下风,这时又打起了乌孙的主意,想分裂乌孙与汉朝的关系,就派遣使者前往乌孙,向乌孙人索取嫁到乌孙的汉朝公主。乌孙这时已经逐渐疏远匈奴,靠拢汉朝。当初第一位与乌孙和亲的汉朝公主是江都王刘建的女儿刘细君。当刘细君嫁给乌孙王昆莫时,昆莫已经年纪很大了,而且语言也不通,让细君感到很悲愁,于是自己做了一支歌说:"我家将我远嫁啊天各一方,远赴异国他乡啊嫁乌孙王,穹庐帐是房子啊毛毡作墙,每天饿了吃肉啊渴饮乳酪,平时怀念故土啊心内悲伤,但愿变成黄鸟啊回到故乡!"武帝听到了她的歌以后对她很是怜悯,只能每隔一年就派使者送去帷帐和锦绣等物什。

昆莫晚年的时候,按照乌孙的习惯,打算让细君公主嫁给自己的孙子岑陬。公主毕竟是汉朝人,接受不了这样的风俗,觉得羞愤欲死,上书给武帝说明了此事。武帝回信说:"无论如何请忍耐一下,顺从乌孙国的风俗。只要乌孙与汉朝保持联合,就有望灭掉匈奴。"最终公主只能嫁给岑陬。昆莫死后,岑陬继承了乌孙王位。这时细君已死,汉朝又将楚王刘戊的孙女解忧嫁给岑陬。岑陬在位也没多久就死了,匈奴和亲过来的公主给他生了一个儿子名叫泥靡,岁数还小,就把王位传给了岑陬叔父大禄的儿子翁归靡。岑陬与翁归靡约定,等到泥靡长大了，必须要将王位归还给泥靡。

就这样，翁归靡当上了乌孙王，以肥王为号，又娶了解忧为妻。现在匈奴向乌孙索要的就是解忧公主。解忧公主给翁归靡生了5个子女，前面已经提到过，翁归靡对匈奴没有好感，当然一口回绝。匈奴也正想得到这么个出兵的由头，于是出兵乌孙，他们先与车师联手，准备一同入侵。解忧公主亲自给汉昭帝写信求救，信中说："匈奴派出骑兵在车师一带驻扎，车师人也与匈奴联合，一同侵略乌孙，希望皇帝能给予救援。"昭帝让大臣商议此事，还没有一个统一意见的时候，昭帝突然病死，宣帝刘询即位，国内正在一片忙乱的时候，出兵的事情竟然就搁下来了。乌孙王翁归靡这时已经与匈奴几度交手，不但损兵折将，而且已经丢掉了一部分领土，情急之下，只好亲自写信给宣帝求救。信中说："匈奴又连续发大兵侵略袭击我乌孙国土，攻下车延、恶师等地，掠走了当地居民，还派使者来强迫我们交出解忧公主，破坏乌孙与汉朝的关系。我情愿把乌孙国内一半的精兵共计5万人组成一支骑兵，马匹自筹，尽全力反击匈奴。希望汉朝天子尽快派兵，救救解忧公主！"

宣帝即位次年，也就是汉宣帝本始二年（公元前72年），征调了大批中原地区的精兵强将，共计15万人。首先选拔各郡国三百石以上的将领，凡是勇敢强健、善于骑射的，一律参加这次乌孙救援行动。宣帝任命御史大夫田广明为祁连将军，率领4万多骑兵，从西河郡出发；度辽将军范明友率领3万多骑兵，从张掖出发；前将军韩增率领3万多骑兵，从云中郡出发；任命后将军赵充国为蒲类将军，率领3万多骑兵，从酒泉出发；任命云中郡太守田顺为虎牙将军，率领3万多骑兵，从五原出发。这一次汉军兵分5路，由5位将军率领，从边塞出发，大致各自行军2000多里。采取的是围魏救赵的方案，并不忙援助乌孙，而是直接攻向匈奴。同时负责出使护卫公主的校尉常惠从乌孙和西域发兵，乌孙王亲自率领国内5万多骑兵从西方攻入匈奴，这一来再加上汉朝5位将军统领的部队，一共有超过20万的大军。匈奴听到汉朝派出大批军队的消息，老弱病幼之人都急忙逃窜，人们都赶着牲畜向远方逃走，5位将军并没和匈奴正规军交战，所以战果也不算很大。

度辽将军范明友这一路出边塞1200余里，到达蒲离侯水沿岸，一共杀死和俘虏匈奴700多人，捕获马、牛、羊等牲畜1万多头。前将军韩增也出塞1200多里地，到达乌员，杀死和俘虏匈奴仅100多人，捕获牲畜2000多头。蒲类将军赵充国按照约定，应当与乌孙国的部队在蒲类泽联合围击匈奴，结果乌孙军队比约定的时间早到，大概匈奴的部队逃走，乌孙军追敌去了，汉军与乌孙军没能会合。最后赵充国只好独自出边塞1800多里，向西到达了候山，俘虏了壶衍鞮单于的使者蒲阴王以下共300多人，捕获牛、马等牲畜7000多头。因为匈奴已经远远逃走，这几位将军就没按照约定的日期返回，都提前回国。宣帝也体谅他们的处境，减轻了他们的罪过，没有对他们进行惩罚。只有祁连将军田广明这一路出边塞1600多里，到了鸡秩山，斩杀匈奴19人，捕获牲畜100多头。路上碰见了刚从匈奴回来的汉朝使者冉弘等人，说是听说在鸡秩山西面好像有大批的匈奴。田广明觉得已经出塞这么远，一旦遇到什么危险，不能保全军队顺利返回的话，恐怕要被追究责任，于是告诫冉弘，让他回去以后不要说知道匈奴人在哪里，就率军回朝。虎牙将军田顺出塞仅800多里，到了丹余吾水沿岸就让部队停住，不再前进了。田顺自称杀死和俘虏了匈奴1900多人，捕获牲畜7万多头，然后返回国内。宣帝派公孙益寿作为侍御史去查验实数，发现田顺在欺骗自己，完全虚报了数字，而田广明明知匈奴就在附近，却不愿作战，一味逃避责任，就把他们下到监狱里面审讯，最终田广明与田顺双双在狱中自杀。这次出兵只有常惠战果最大，他率领西域和乌孙联军打到匈奴右谷蠡王的王庭，活捉了壶衍鞮单于的父辈、嫂辈以及各种王、都尉、将军等等共3.9万多人，抢到马、牛、羊、驴、骡、骆驼共70多万头。匈奴因此次远征损兵折将，逃亡中又有大量的人和牲畜死亡，损失不可胜计，从此匈奴更加怨恨乌孙国了。

真是祸不单行。就在这年冬天，壶衍鞮单于又率领1万骑兵，打算从乌孙国抢夺一些人口财产回来，没想到返回途中正碰上天降大雪。这是一次史无前例的雪灾，传说一夜之间，鹅毛大雪积了有1丈多深，人畜冻死了很多，能活着回到匈奴王庭的还不到十分之一。遭遇到这么大的打击之后，匈奴开始逐渐对周边国家失去控制。丁零、乌桓、乌孙三国都乘匈奴衰弱，各自从匈奴以北、以东、以西三线入侵，几场战争下来，匈奴死了几万人，被抢走了几万马匹。《汉书》上说匈奴这时候人口减少了十分之三，牲畜死了有十分之五。壶衍鞮单于就在匈奴政权风雨飘摇之际一命呜呼，这一年是汉宣帝地节二年（公元前68年），他的弟弟左贤王继承单于位，就是虚闾权渠单于。

壶衍鞮单于在位时期，颛渠阏氏很受他的喜爱，而颛渠阏氏也颇有权略，当初壶衍鞮单于上台就出自她和卫律的手笔，壶衍鞮单于统治期间很多决定也是由她来作的。现在壶衍鞮单于一死，虚闾权渠单于即位，上台以后的第一件事就是立匈奴右大将的女儿为阏氏，不但没有收继颛渠阏氏，还把她给废黜了。这时匈奴已经无力再对汉朝发起进攻，宣帝为了让百姓得到休息，也渐渐放松对边塞的警备。虚闾权渠单于很想趁此机会改变与汉朝之间的关系，最好能建立和亲，就把匈奴贵族召集在一起商讨。颛渠阏氏的父亲左大且渠对虚闾权渠单于废黜了自己的女儿这事心怀怨恨，便在商议和亲的时候对单于说："以前汉朝与我们都是先礼后兵，使者前脚刚走，军队紧跟着就开过来打我们了。现在我们也可以仿效这种做法，先派几个使者去长安朝见汉家天子，然后请允许我和呼庐訾王分别率领一万骑兵向南沿着汉朝的边塞打猎。"

左大且渠和呼庐訾王本来商议在边塞碰面之后就一起攻进去。结果两人还没到边塞的时候，正好有3个匈奴逃兵投降了汉朝，说匈奴似乎最近打算入侵。宣帝便下令边疆上的骑兵驻扎在要害所在，派4位将军率领5000骑兵，分作3路，出边塞几百里，各抓获了几十名匈奴人回来。匈奴这边也发现跑了3名士兵，认为作战计划已经泄露，便没有发动入侵，象征性地打打猎就退走了。这一年匈奴在雪灾之后发生了饥荒，据说人畜死掉的有十之六七。匈奴就是在这样的内忧外患之下，陷入了四面楚歌的境地，终于造成了内部的大分裂，也就是所谓五单于的争立。

5.2 匈奴的单于争立

匈奴从壶衍鞮单于到虚闾权渠单于在位期间，似乎自然灾害就没有停止过。游牧民族的主食就是由牲畜提供的肉类，如果牲畜间发生瘟疫，或因饥荒而死亡，就必然带来食物上的缺乏。而且牲畜与谷物不同，谷物成熟期短，一年之中可以收获几次，但牲畜的损失不是一两年内能够补充起来的。匈奴作为一个国家已经很难再维持下去，就更不要说与汉朝争锋了。

汉宣帝神爵二年（公元前 60 年），在西域各国的联军和丁零人的不断打击之下，虚闾权渠单于病得吐了血。他派题王都犂胡次等人来汉朝请求和亲，事情还没谈成，虚闾权渠单于就结束了他 9 年以来的统治，在内外交迫之下病死了。

从史料记载中来看，我们不是很清楚虚闾权渠单于在病死以前是否留有遗言，指定了单于位的继承人，也可能虚闾权渠单于确实没有明确指定继承人。总之，在虚闾权渠单于死后，围绕单于位的继承问题，匈奴国内的动荡开始进一步扩大了。

当初虚闾权渠单于刚一上台，立刻废黜了颛渠阏氏，结果颛渠阏氏趁此机会就搭上了右贤王，在神不知鬼不觉的情况下与右贤王有了奸情。右贤王本来每年都要到单于王庭辖内的龙城参加部落大会，然后返回自己管辖的地区。就在虚闾权渠单于生病之后，颛渠阏氏得到他病中吐血的消息，秘密派人知会右贤王不要远离，而是想尽各种办法耽搁行程。果然没过几天，虚闾权渠单于一命呜呼，郝宿王刑未央派人去召集各部王来料理后事，没想到其他人还没到，右贤王先出现了。颛渠阏氏依靠右贤王和自己的弟弟左大且渠都隆奇的力量，迅速压制了其他匈奴贵族的力量，声称右贤王屠耆堂是乌维单于的后裔，理应由他来继承单于之位。于是右贤王登基，是为握衍朐鞮单于。

握衍朐鞮单于上台以后，开始主动向汉朝示好，派自己的弟弟伊酋若王胜之到汉朝去献上礼物，并朝见汉宣帝。对内则使用雷霆手段，把虚闾权渠单于在位时期当政的大臣如刑未央之类的全部斩首，以压制对自己不满的势力。他不但任用颛渠阏氏的弟弟都隆奇，又把虚闾权渠单于的近亲子弟全都免官，改用自己的亲戚替代他们。虚闾权渠单于的儿子稽侯狦没能世袭单于之位，又赶上握衍朐鞮单于对内整肃，只好逃到他岳父乌禅幕那里去。乌禅幕本来是地处乌孙与康居之间的一个小国，经常受到双方的欺负，没办法只好率领部众几千人投降了匈奴。匈奴当时是狐鹿姑单于在位，待乌禅幕不错，把自己的侄女、日逐王的姐姐嫁给了乌禅幕，让他率领自己的部众生活在匈奴。日逐王先贤掸的父亲左贤王本来应该去做单于的，但是让位给了狐鹿姑单于，所以狐鹿姑单于有言在先，今后单于位是要传给日逐王先贤掸的，大多数匈奴人也这样认为。后来围绕单于位的争斗非常激烈，日逐王已经被迫退出了竞争，但矛盾仍然存在。日逐王看到握衍朐鞮单于的倒行逆施，就率领自己部下的几万人投降了汉朝。

次年，握衍朐鞮单于为了报复，杀死了日逐王先贤掸的两个弟弟，并让自己的表兄薄胥堂接任日逐王。乌禅幕去向握衍朐鞮单于求情，希望不要杀他们，单于根本不理他，乌禅幕心中十分恼火。这时又碰上左奥鞬王死了，握衍朐鞮单于又把自己的小儿子立为奥鞬王，把他留在王庭。奥鞬部落的贵族们一起拥立已故老王的儿子为王，一起向东迁走了。握衍朐鞮单于派右丞相率领一万骑兵前去追击奥鞬部，结果损伤了几千人，又没有打胜仗。此时握衍朐鞮单于已经上台两年之久，在国内杀了不少人，匈奴人都受不了他的残暴，国内处于离心离德的状态。太子跟左贤王又几次三番地对握衍朐鞮单于说左地贵人的坏话，左地贵人也很生气。又过了一年，乌桓攻打匈奴东边的姑夕王，掳走了不少人口。姑夕王很怕今后被单于责罚，弄不好落个杀头的下场，就联合乌禅幕与左地贵人一起，拥立虚闾权渠单于的儿子稽侯狦为呼韩邪单于，出动左地的军队共四五万人，向西攻打握衍朐鞮单于。握衍朐鞮单于派兵迎战，两军沿姑且水对峙，还没交战，握衍朐鞮单于的军队就丢掉武器一哄而散。他只好派人向弟弟右贤王报信求救，说："匈奴人现在都要反我，你愿意派兵帮助我吗？"右贤王回信说："你自己不爱惜人民，杀害了那么多人。现在有了危险，你就自己在那里死了算了,不要再来玷污我的名声。"握衍朐鞮单于无奈之下,只得自杀。左大且渠都隆奇被右贤王收纳,王庭的部众都向呼韩邪单于表示效忠。这一年是汉宣帝神爵四年,握衍朐鞮单于的残暴统治只持续了3年时间,就彻底结束了。

呼韩邪单于回到王庭之后,号召大家停止战争,回到各自的领地去,又把自己的哥哥呼屠吾斯从民间找出来,立他为左谷蠡王。但呼韩邪单于仍对握衍朐鞮单于的弟弟右贤王有所担心,于是派人通知右部的贵族,想让右部贵族们联手杀掉右贤王。呼韩邪单于显然对匈奴国内的矛盾估计得过于乐观,想要用这么简单的手段对付右贤王,谈何容易?前面提到过,左大且渠都隆奇这时正在右部,他与右贤王一起共同拥立日逐王薄胥堂为屠耆单于。这直接演化为虚闾权渠单于和握衍朐鞮单于两大派系之间的争斗。屠耆单于从右部出动几万军队向东攻打呼韩邪单于,呼韩邪单于虽然控制了王庭,但因为号召大家尽快停止战争,部队并未集结起来,被打了一个措手不及,最后仅有的部队也溃散而去。屠耆单于回到王庭,立自己的儿子都涂吾西为左谷蠡王,立自己的小儿子姑瞀楼头为右谷蠡王,留驻在王庭之中。

屠耆单于控制王庭后的第二年秋天,也就是汉宣帝五凤元年(公元前57年),任命日逐王先贤掸的哥哥右奥鞬王为乌藉校尉,让他率领2万骑兵,驻扎在东边以防备呼韩邪单于在左部东山再起。就在这时,西边的呼揭王与匈奴大臣唯犁当户策划,一起向屠耆单于进谗言,诋毁右贤王,说他想自立为乌藉单于。屠耆单于能成功起兵,确实有右贤王的帮助在内,所以他也担心右贤王看准机会后会把他推翻,于是就找了个借口把右贤王和他的儿子一起杀掉。右贤王无论在王庭还是在右部,都享有很高的德望,屠耆单于刚把他杀掉就后悔了,只好又把唯犁当户也杀了。因此呼揭王很是害怕,觉得迟早屠耆单于会找上自己,就叛逃出去,自立为呼揭单于。右奥鞬王一看大家都争相自立,也不想落在别人后面,干脆也自立为车犁单于。乌藉都尉一看匈奴要天下大乱,也想浑水摸鱼,就自立为乌藉单于。这样,从呼韩邪单于开始,以下依次是屠耆单于、呼揭单于、车犁单于、乌藉单于,一共出现了

5 位单于。这就是历史上有名的五单于争立。

说起来除了呼韩邪单于之外，呼揭、车犁和乌藉单于原来都是屠耆单于的部下。他们自立为单于，无形中削弱了屠耆单于的力量，这是屠耆单于所不能容忍的。故此屠耆单于亲自率兵攻打车犁单于，又让左大且渠都隆奇率军攻打乌藉单于。车犁、乌藉二单于不是对手，战败之后向西北逃窜，投奔呼揭单于，三家合兵一处，共有 4 万人。为了表示三家合作的诚意，乌藉和呼揭都取消了自己的单于号，只称王，合力辅佐车犁单于，与屠耆单于对抗。屠耆单于听说了，便派左大将和左大都尉率领 4 万骑兵分散驻扎在东线，防备呼韩邪单于，自己亲率 4 万骑兵到西线攻打车犁单于。车犁单于战败，向西北方向败退下去。此时已经入冬，屠耆单于也不敢穷追，便率军向屯驻在西南的闟敦。

第二年，呼韩邪单于让自己的弟弟右谷蠡王等人率兵向西袭击屠耆单于的驻地，杀掠 1 万多人。屠耆单于亲自率领 6 万骑兵去攻打呼韩邪单于，走了近千里路之后，突然与呼韩邪单于的 4 万部队相遇。双方一场混战，屠耆单于吃了猝不及防的亏，在乱军之中兵败自杀，都隆奇与屠耆单于的小儿子右谷蠡王姑瞀楼头一起逃走，投降了汉朝。车犁单于见呼韩邪单于势大，也只好投降。至此，看似五单于争立的状况已经结束，呼韩邪单于又一次平息了匈奴各部的战乱。其实好景不长，先是呼韩邪单于的左大将乌历屈和父亲呼遬累乌历温敦一看匈奴内部演变到了此种地步，觉得心灰意冷，就率领族人数万投降了汉朝。这时李陵的匈奴妻子所生的儿子又拥立乌藉都尉为单于，呼韩邪单于派人扑灭了这股力量后，回到了匈奴王庭，但经过一番征战，他的部众已经减少了几万人，对王庭以及左右二部彻底失去了控制力。屠耆单于的表弟休旬王又率领自己手下五六百骑兵，杀死了左大且渠，吞并了他的部队，跑到右部去自立为闰振单于，居住在西边。这时呼韩邪单于的后院又起了火，他哥哥左贤王呼屠吾斯也不甘寂寞，自立为郅支骨都侯单于，居住在东边。两年以后，闰振单于率领部众向东攻打郅支单于，郅支单于奋起应战，闰振单于兵败被杀，部队也被郅支单于吞并。郅支单于一下子势力大为增强，调头就向呼韩邪单于发起进攻，呼韩邪单于被郅支单于打败，最后郅支单于占据了王庭所在。

呼韩邪单于败走王庭之后，左伊秩訾王替呼韩邪单于出谋划策，劝他不如向汉朝称臣，去侍奉汉家天子，争取能够获得汉朝的支持，借来兵马再回来安定匈奴。呼韩邪单于与大臣一起商量此事，大臣们都表示反对，说："此事万万不可，我们匈奴人的习俗，向来是崇尚勇敢和力量，瞧不起那些向他人称臣甚至屈服的人。我们的国家历来都是在马上与别国征战打出来的，所以在众多民族之中有着很高的威望，不是靠向别人摇尾乞怜才得到的。战死沙场，这是壮士们的归宿，现在你们两兄弟争夺单于之位，不论今后的胜利者是谁，单于位总是你们一家的，这样在战死之后也会被传为美谈，留下英勇奋战的好名声，你们的子孙也可以在各国中称雄，做他们的君主。汉朝即使已经很强大了，但现在仍不足以吞并匈奴，我们怎么能够因为一时的困难，就破坏祖上传下来的制度，而向汉朝屈服呢？玷污了先代单于的名声不说，我们用这样的手段安定了匈奴，其他民族又会怎么看待我们呢？我们还有什么资格去做他们的君主呢？"

左伊秩訾王辩论道："你们说得不对。那时候我们匈奴正在最强的时候，所以才有这种自豪感。现在我们已经大不如前了，不可同日而语了。现在汉朝正处在一个上升期，西域那些城居的国家，比如乌孙之类，都向汉朝称臣。自从且鞮侯单于以来，我们匈奴的国土日渐萎缩，我们却无力恢复。虽然现在还是百足之虫，死而不僵，勉强能够对外逞逞强，但实际上没有一天安生日子好过。现在的情况已经很清楚了，如果我们臣服汉朝，就能平安生存下去，否则就只有灭亡一途了。这个选择要是不好，那我们还能有什么其他的选择呢？"匈奴大臣们还继续与他辩论了很久，最后由呼韩邪单于拍板决定，采纳左伊秩訾王的意见。汉宣帝甘露元年（公元前 53 年），呼韩邪单于率领族人开始向南移动，靠近汉朝的边塞，派自己的儿子右贤王铢娄渠堂入朝侍奉汉朝天子。名义上是侍奉，其实就是去做质子。与此同时，郅支单于也派儿子右大将驹于利受来长安做质子，匈奴的两股势力开始争相讨好汉朝，最终还是呼韩邪单于表现得更加主动，终于获得汉朝的青睐。

汉宣帝甘露二年，呼韩邪单于到达了五原，表示希望在次年正月到长安朝见宣帝。汉朝派车骑都尉韩昌前往五原迎接，并要求呼韩邪单于进京路上要经过的7个郡出动2000名骑兵，负责沿路的警卫工作。到了甘露三年正月，呼韩邪单于在甘泉宫朝见汉宣帝。宣帝以隆重的礼节招待他，地位还排在汉朝的诸侯王之上。呼韩邪单于在朝见的时候只需要单称“臣”即可，不用自报姓名。汉宣帝赠送给呼韩邪单于汉朝的官服，还赐给他配有绶带的黄金玺，用玉装饰剑鼻的宝剑，佩刀1把，弓1张，箭12支，戟10杆，安车1辆，马鞍、辔头1套，马15匹，黄金20斤，钱20万，衣被77套，锦绣杂缎以及布帛一共8000匹，粗丝绵6000斤。朝礼结束之后，宣帝又派使者引导单于住在长平。呼韩邪单于在馆驿中一住就是一个多月，中间不断接受匈奴降人的觐见。临辞行的时候，呼韩邪单于请求宣帝允许自己留下，居住在光禄塞下，一旦有危急情况出现，可以协助防守汉朝的受降城。经过朝廷讨论后，宣帝派出长乐卫尉高昌侯董忠、车骑都尉韩昌率领1.6万名骑兵，又出动成千的边塞州郡人马，护送呼韩邪单于居住在朔方郡的鸡鹿塞。宣帝命令董忠等人就驻扎在那里，充当呼韩邪单于的保卫，帮助他讨伐叛逆不服的人，同时派中原各郡转运3.4万斛粮食到边塞，送给匈奴人作为今后的口粮。同年，郅支单于也派使者到汉朝进贡献礼，汉朝对待郅支单于的使者也非常优厚，但还是更加偏爱亲自朝见的呼韩邪单于一些。到了宣帝黄龙元年（公元前49年），呼韩邪单于第二次造访长安，入朝晋见汉家天子。宣帝不但像第一次来的时候那样，对呼韩邪单于优礼有加，给同样的赏赐，还多赠送给他衣物110套、锦帛9000匹和粗丝绵8000斤。

这时匈奴已经从五单于争立变成了两单于对抗了。郅支单于看呼韩邪单于整天住在汉朝边塞附近，有汉朝军队保护，又经常去长安朝见，就以为呼韩邪单于已经投降了汉朝，现在兵力单薄，不会再回来了，便率领军队向西进发，准备攻打右部。这时右部正巧出了一些乱子。屠耆单于最小的一个弟弟本来是侍奉呼韩邪单于的，后来呼韩邪单于战败，他就逃往右部，收集他两位兄长——屠耆单于和前任右贤王的残余部众,一下子凑到了几千骑兵,在右部自立为伊利目单于。伊利目单于刚刚举兵,没想到正好在路上碰到郅支单于兵发右部,伊利目单于战败后身死。郅支单于吞并右部之后,把部队扩充到了5万人,考虑到自己目前的实力还不足以平定整个匈奴,就继续向西,靠拢乌孙国的边境。郅支单于的目的是与乌孙和好,并且建立同盟,就派使者去见乌孙国王乌就屠。乌就屠见呼韩邪单于受到汉朝的礼遇和帮助,而郅支单于则是孤军奋战,便想趁机打落水狗,派了8000骑兵奇袭郅支单于的使团,把使者的头送到汉朝的西域都护那里,向汉朝邀功。郅支单于只好亲自率兵攻打乌孙,将乌孙击败,又继续向北攻击乌揭,迫使乌揭投降。然后郅支单于向西攻破了坚昆,向北打败了丁零,吞并了这3个小国。郅支单于就留在坚昆,这里东距单于王庭有7000里,南距车师5000里,郅支单于把这里作为了自己的主要活动地区。

汉宣帝在黄龙元年驾崩,即位的是汉元帝刘奭,将黄龙元年改为初元元年。这时呼韩邪单于上书元帝,表示匈奴人民目前生活困苦,恳求汉朝能够给匈奴提供一些帮助。元帝当时下诏,命令云中和五原二郡转运2万斛谷物给匈奴。郅支单于因为居住地距离汉朝太远,所以沾不到好处,他对汉朝如此倾力支持呼韩邪单于非常不满,于是派遣使者到长安来,要求汉朝遣送质子归国。元帝同意了郅支单于的要求,并让谷吉送质子到了坚昆,郅支单于非但不领情,还把谷吉一刀杀了。因为道路遥远,汉朝这边竟然不知道谷吉已经遇害,还是匈奴降人辗转从瓯脱那里听说,再来禀报给汉朝的,但消息并不十分确切,只说谷吉被杀了,究竟是在哪里被杀,是谁杀的,一概不知道。这时呼韩邪单于派使者朝见,汉朝就十分着急地责问呼韩邪单于关于谷吉的消息。第二年使者返回的时候,汉朝派出车骑都尉韩昌、光禄大夫张猛护送呼韩邪单于的质子返回匈奴,并在匈奴探访谷吉的消息,为了避免匈奴人担心汉朝回来讨伐自己而故意隐瞒不报,还专门宣布赦免匈奴此次的罪过。结果韩昌和张猛到了匈奴一看,发现匈奴人经过几年的休战,人丁恢复得很快,塞外的野兽也都快被猎手们打完了。他们认为呼韩邪单于的力量已经足以自卫,不必再害怕郅支单于回来,又听说不少匈奴大臣都劝呼韩邪单于回到北方王庭，两人就担心匈奴一旦北返，只怕今后又变得不好控制。韩昌和张猛就自作主张，跟呼韩邪单于订立了一个盟约，说道："从今往后，匈奴与汉朝亲如一家，世世代代不许互相欺骗、互相攻击。如果再有彼此盗窃抢劫的事件发生的话，双方应当互相通报，惩罚那些犯罪的人，并要赔偿对方损失的财产。如果今后有外敌入侵，双方应当互相救援。汉朝与匈奴之间，如果有哪一方敢先背叛盟约，就愿意接受上天的惩罚，让他们后代的子子孙孙都像盟约上说的那样，遭到无穷无尽的灾难。"两人又与呼韩邪单于和匈奴的几位重臣登上诺水东山，杀白马为誓。呼韩邪单于用径路刀和金留犁，也就是一种镶金的饭刀，不断搅和掺有马血的酒水，再将酒水灌入老上单于杀死的月氏王头颅制成的酒杯中，汉匈众人一起饮血酒盟誓，从此匈奴与汉朝就缔结了同盟关系。

韩昌和张猛肯定认为这是他们在外交上为汉朝争取到的一次胜利，但回朝报告之后，却受到不少大臣的指责。他们认为"呼韩邪单于已经答应我们，愿意作为我国的藩属守护边塞。即使他们回到北方去，又能对我国造成多大的威胁呢？韩昌和张猛现在擅自决定，拿汉朝世世代代的子孙未来去和匈奴作交易，赌咒发誓，让单于能够用恶言恶语去告诉上天，令汉朝蒙羞，有损我国国威。此事断不可行。当务之急是立刻祈祷上天，与匈奴解除同盟关系。韩昌和张猛两人奉命出使，自作主张，不成体统，应当按照大逆不道来治罪"。元帝觉得两人既然已经跟匈奴缔结了同盟关系，再去解除盟约，一定会引起匈奴的误会与反感，没必要多生事端。盟约既然不解除，那么对韩昌、张猛也就不必深究，允许他们出钱赎罪。这样呼韩邪单于也就回到北方的单于王庭去了，匈奴人渐渐归附于他，国内也慢慢安定下来了。

郅支单于杀了谷吉，自己也知道与汉朝结了仇，现在虽然事情尚未查明，但是汉朝人已经怀疑到他头上来了，又听说呼韩邪单于那里日益强盛，担心受到两方的攻击，就打算再向远方迁徙。正巧这时候康居王因为受了乌孙国的欺负，跟大臣们商量，觉得匈奴曾经是最强大的国家，乌孙国本来还是匈奴的附属，现在郅支单于流亡在外，似乎过得很不如意,不如把他接来,安排他生活在康居东部边境,双方合力对付乌孙。如果能够将乌孙吞并,可以让郅支单于在乌孙称王,这样康居以后也可以与匈奴结为友好,不用再担心匈奴的威胁了。康居使者到坚昆去,把这个如意算盘说给郅支单于。郅支单于本来就怨恨乌孙,又担心受到汉朝与呼韩邪单于的攻击,听到康居王的计策,十分高兴,便同意与康居组成联军,率领自己的部队向西进发。康居也派国内的大贵族带着几千匹骆驼、驴、马等牲畜去迎接郅支单于。没想到这一路上环境极其恶劣,根本不适合大部队行军,匈奴大军大部分都在路上冻饿而死,等到郅支单于率军抵达康居的时候,只剩下3000来人了。

尽管郅支单于在一路上损兵折将,但康居王仍然十分尊敬郅支单于,一来就把女儿嫁给了他。郅支单于也从康居借兵攻打乌孙,深入到乌孙的赤谷城,杀掠百姓,抢夺牲畜。乌孙被郅支单于打得没有脾气,只好把人口从西线撤走,一下子在西部产生了近千里的无人区。康居王的本意是让郅支单于就住在乌孙的占领区,郅支单于却觉得自己是大国之君,怎么能屈居在这种小地方?再加上帮康居人取得了这么大的胜利,康居人要礼遇匈奴人,自然是理所应当,于是仍然待在康居不肯走。这样过了一段时间,康居王自然对待郅支单于不像刚来的时候那样周到。郅支单于一气之下就把康居王的女儿,以及身边的康居官吏百姓一股脑全杀了,有的人还被肢解后扔到了都赖水中。郅支单于又在康居征发民众为他专门修筑一座居城,每天有500人为他做工,历时2年才修好。郅支单于还派遣使者向阖苏、大宛等西域小国索要每年的贡物,这些国家不敢不给,都怨声载道。汉朝也先后派了3批使者,到康居向郅支单于要求取回谷吉等人的尸骨,郅支单于一再侮辱这些使臣,不肯认错和交还,但又怕汉朝和他翻脸,就通过西域都护上书给元帝,要求归附汉朝,并且重新遣送质子。

汉元帝建昭三年(公元前36年),陈汤与甘延寿两人出使西域。陈汤字子公,山阳郡瑕丘县人;甘延寿字君况,北地郡郁郅县人。陈汤知识广博,富于智谋,甘延寿力大无穷,善于骑射,两人当时一个是西域副都护,一个是都护骑都尉,在这一年一同出使西域。陈汤早就知道西域诸国正被郅支单于折腾得不行,就跟甘延寿商议说:“夷狄畏惧强大的民族,这是他们的天性。西域本来是匈奴的属国,如今郅支单于在西域威名远扬,正在侵犯乌孙、大宛两国。如果被他占据这两个国家,到时候匈奴人就可以向北进攻伊列,向西占据安息,向南攻打月氏等国,用不了几年,西域各国就很危险了。更何况郅支单于这个人好勇斗狠,非常彪悍,如果不把他早点干掉,今后一定会成为汉朝在西域的心腹大患。康居虽然很远,但那里城池并不坚固,武器也比较落后。如果我们征调在西域屯田的汉军,再加上乌孙的军队,直接就可以攻到郅支单于的居城。他跑也没处跑,守也守不住,这样千载难得的大功,只要一个早上就可以成功。”甘延寿同意陈汤的计划,但觉得擅自调拨部队不太合适,打算先向朝廷请示一下。陈汤说:“皇上肯定要大臣们讨论,这种重要的计策不是一般人敢于实施的,必然得不到同意,反而有泄密的危险。”甘延寿因此犹豫不决。陈汤趁甘延寿卧病在床几天时,

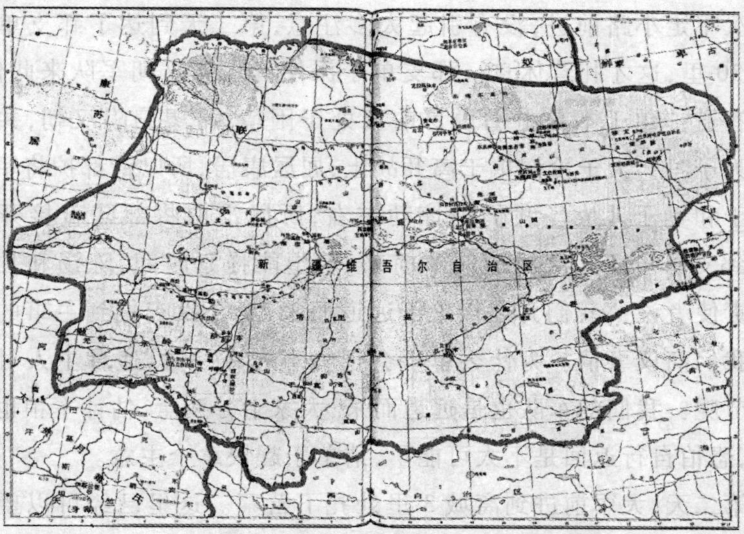

汉西域都护府图

独自假托元帝诏书,征调西域各国和戊己校尉屯田的官兵。甘延寿听说此事之后,大为吃惊,待想要制止已经来不及了。陈汤做出一副怒不可遏的样子,手按着宝剑呵斥甘延寿说:“士兵们现在已经集合起来

了，你这家伙还想来阻止士兵们的行动吗？"甘延寿无奈之下，只得同意。

陈汤调拨的部队总共4万多人，分6部前进。其中3部从南路翻越葱岭（今天的帕米尔高原），取道大宛；另外3部由西域都护亲自率领，由温宿国出发，从北道进入赤谷城，经过乌孙到达康居。这一路正碰上康居副王率领数千骑兵突袭赤谷城东，杀掠了乌孙王的1000多人，抢走牲畜很多。汉军的辎重部队遇到了这批康居骑兵，也不问青红皂白，一律抢走。陈汤指挥部队组织反击，杀死敌军460多人，夺回民众470人，将匈奴人劫掠的牲畜当做了军队的饭食，还抓住了康居重臣伊奴毒。

军队进入康居东界之后，陈汤命令军队不可烧杀抢掠，又暗中会见康居大臣屠墨，向他说明汉军此次的来意，以及汉朝的威势和信誉，屠墨也向陈汤说明了郅支单于的内情，双方饮酒盟誓，订立密约。屠墨带领汉军走小路前进，没有引起太多注意，第二天到达了郅支单于居城外30里，这才扎营休息。郅支单于派使者来问汉朝军队来此何意，陈汤答道："单于不是上书说目前正处于困境，希望归附汉朝，并要去朝见天子吗？天子怜悯单于离开故土，屈居康居，所以请都护将军来迎接单于和妻子儿女。我们怕惊动左右，所以没敢将部队直接开到城下。"郅支单于还几次派遣使节前来，希望能拖延时间，陈汤和甘延寿都斥责使者说："我们为迎接单于远道而来，至今没有见到主事的官员来与我们商议事情。为什么单于会把大事忘在一边，违背主人对客人的礼节呢？我们的军队也是远道而来，大家十分疲惫，估计军粮也要用完了，恐怕自行返回是不太可能了，请单于赶快拿个主意。"

第二天，大军前进到离城3里处扎下营寨。这里已经可以望见城上竖起五彩旗帜，有数百人披甲登城守卫，又有百余名骑兵在城下往来奔驰。步兵百余人在城门外摆下了鱼鳞阵，似乎在作战斗演习。城上的人不断用大喝来引逗汉军，挑动汉军进攻。甚至有百余名骑兵作势要冲击汉军的营地，汉军士兵也不示弱，直接拉满了弓箭指着对方，骑兵见势不好，只得退了回去。

双方就这样互相试探了一阵,匈奴兵马都进入了城内。甘延寿和陈汤命令军队听到鼓声之后,立刻从四面围城,分成若干小队,负责不同的任务。部队开始挖战壕,并且堵塞城门,步兵持盾牌走在最前面,弓兵持弩在后,不断向城头射箭。城楼上的匈奴士兵忍受不了汉军的箭雨,只好纷纷跑到外边的木城上去向外射箭。一开始也杀伤了不少汉军,哪知这正中了甘延寿和陈汤的计策,他们命令士兵用火箭焚烧木城,匈奴损失惨重。到了晚上,郅支单于带了几百名骑兵想趁夜突围,城外迎面放箭,骑兵几乎全部阵亡。

起初郅支单于听说汉朝大军到了康居,就有逃走的打算。但又怀疑康居人讨厌自己,如果投奔康居,十有八九会被出卖掉。又听说乌孙等国都出了兵,估计西域诸国里面已经没地方可以接纳他了。本来趁夜突围的时候郅支单于几乎已经跑了出去,但又想想自己即使能留下性命,但一兵一卒都没有了,如何争胜天下?只好又返回来,他觉得汉军远道而来,必然人马疲惫,粮草不足,只要城内还守得下去,应该会有机会。郅支单于就带着自己的数十名阏氏登上城楼向城外放箭。城外的汉军一轮箭雨过后,郅支单于的鼻子被箭射中,众阏氏也多被射死,只好下了城楼,乘马跑回内室。半夜过后,外层的木城已经全部被烧光。这时从康居开来万余名骑兵,想救出郅支单于,他们在夜里几次袭击汉军营帐,都被打退。等到天亮之后,康居兵看到战况不利,也自行退走了。汉军从四面攻入内城,郅支单于带着男女百余人在内室中负隅顽抗。汉军纵火焚烧,官兵争先恐后地攻入,郅支单于受伤而死。这一战共杀死郅支单于以下 1518 人,俘虏 145 人,投降的敌军有 1000 多人。陈汤、甘延寿虽然假传圣旨,私自调动西域屯田的部队,在朝中招致一部分大臣的攻击,但因为战功很大,也就不予追究,各有封赏。

至此,匈奴五单于争立的混乱局面终于结束,只剩下一个亲汉派的呼韩邪单于。此后,汉匈之间进入了一个四境相安的阶段,一直延续了几十年的时间,直到王莽篡汉之后双方关系才再度走向了恶化。

5.3 昭君出塞始末

汉元帝建昭三年(公元前 36 年),郅支单于在康居被甘延寿和陈汤的部队攻杀而死的消息传到了匈奴王庭。得知此事的呼韩邪单于在欣喜之外，心情也十分复杂。郅支单于跑到康居的时候，呼韩邪单于仍不敢有丝毫的松懈，毕竟康居虽远，但只要郅支单于手中拥有武力，他东归讨伐自己是早晚的事情。现在政敌被汉朝消灭，没有让自己损失一兵一卒，当然是值得庆幸的事情。通过此事以后，自己已经从匈奴五单于中脱颖而出，成为唯一的单于，从此以后在匈奴的土地上再无后患，从此可以高枕无忧，这正是呼韩邪单于心中所喜的。

但他也不能不感到一丝忧虑和畏惧。郅支单于虽然远在康居，就因为杀死了汉朝使者，竟被汉朝人率领西域联军攻杀，呼韩邪单于一想到这里，就觉得后颈发凉。毕竟谷吉死讯传出的时候，汉朝也曾派遣使者来找自己责问，后来又有传言，说谷吉死的地点在自己负责的瓯脱地区，汉朝也几次来人调查，假如今后有什么口实落在汉朝手中，只怕自己的下场跟郅支单于也差不了太多。

由于这种矛盾的心理，呼韩邪单于上书主动要求朝见天子，这封信的语气十分谦卑："我一直心存谒见汉朝天子的愿望，但实在是因为郅支单于在西方蠢蠢欲动，怕他联合乌孙前来攻打匈奴，所以这一愿望一直未能达成。既然郅支单于已经伏诛，希望天子能够满足我到长安朝见的愿望。"果然，呼韩邪单于在汉元帝竟宁元年(公元前33年)第三次来到长安，觐见汉元帝。呼韩邪单于上两次来，还是宣帝在位的时候，元帝上次见到他的时候还是太子。事隔十余年再见，两人都已是各自国家名副其实的君主，元帝对呼韩邪单于十分优宠，赏赐的钱财礼物不但与从前的数额一样，而且衣物锦帛等等还比以前的要多一倍。呼韩邪单于此次前来，主要是为了向元帝请求两件大事。首先一件就是请求汉朝撤去从上谷以西直至敦煌的边防军，以便休息民力，而由匈奴替西汉防守西北一线。其次，呼韩邪单于希望汉朝能够给他指派一位阏氏，不敢再像前代单于那样，与汉朝结为兄弟之亲，而是再降一等，对汉朝称婿。对第一个要求，元帝召集大臣们进行讨论商议，没有很快答复，至于第二个要求，元帝则是欣然接受，这便造就了后来在历史上广为传颂的昭君出塞。

班固对呼韩邪单于这次求娶阏氏的记载比较简单,《汉书·匈奴传》里面只是说元帝将后宫中的一名良家女子,名叫王嫱字昭君的,赐给了呼韩邪单于,而单于也非常喜欢。《元帝纪》里面也说当时后宫中有一名女子王嫱,待诏掖庭,元帝将她赐给了呼韩邪单于。到了范晔撰写《后汉书》的时候,这个故事就讲得越发戏剧性了。据说王嫱先以良家子的身份被选入掖庭,而一连几年也见不到汉元帝的面,内心非常悲苦。呼韩邪单于来求娶汉女,元帝答应送给他5名宫女。宫女们都不想远赴大漠,盼着不要被选中。王嫱打听得知此事以后,主动找到掖庭令,请求将自己选为5名宫女之一。掖庭令正为人选的事情发愁,既然有人主动要求,自然是求之不得。呼韩邪单于临行之际,元帝大宴群臣,召来5位宫女展示给单于。王嫱提前作了充分的准备,打扮得非常漂亮,就像一束光华照亮了整个宫殿,天子后宫中的皇后妃嫔都因她而失色,她那种高贵又略带幽怨的神情打动了全场的文武百官。汉元帝大吃一惊,没想到后宫之中竟还有如此美女,当时就想反悔,将王嫱留下,但又不好向呼韩邪单于开这个口,生怕因此再惹出什么纠纷,只好忍痛割爱。

《后汉书·匈奴传》的这个故事情节太生动了,现在看来未必有多么可靠。东汉人蔡邕的《琴操》里也写有一个昭君故事,大概是《后汉书》的史料来源之一。《琴操》这一段是这样写的(译文如下):

王昭君是齐国人王穰的女儿,从小就容貌秀丽,端庄守礼。王穰家有好女的事情人所周知,也有不少人上门求亲。王穰却觉得自己这个女儿与普通女孩不一样,日后必有她自己的造化,不论什么人来求亲,都是一概婉拒。到了王昭君十七岁那一年,王穰将王昭君献入宫去。但王昭君初入宫时身份低微,居住的地方在后宫边缘,元帝平时根本不到这里来,所以得不到元帝的临幸,这样在深宫中一住就是五六年。这样的生活本来充满了压抑和愤懑,而王昭君又自负美貌,心比天高,皇帝既然没有注意到自己,她也不愿主动献媚,每天也不化妆打扮,所以元帝几次游宴后宫,压根没有注意到王昭君的存在。后来听说呼韩邪单于派遣使者,来到长安朝贡，元帝预备设宴款待，届时后宫女子也会全部出席。王昭君在那天盛妆而至，艳冠全场。元帝在酒席宴前向匈奴使者许诺，要将一名宫女送给呼韩邪单于。王昭君一听之下，自己越席而出，长叹一声道："小女子蒙上天宠幸，能够进入天子后宫，容貌丑陋，举动失礼，不合陛下的意。希望陛下允许我远赴匈奴联姻。"元帝一见如此美女，却因为匈奴使者就在身旁，惊悔不及，只得让使者将王昭君带走。

这个故事与两《汉书》相比，有一些不同。比如两《汉书》都说王昭君是"良家子"，而在《琴操》中，就连王昭君的父亲名叫王穰这样的细节都披露出来了。两《汉书》说呼韩邪单于亲自来到长安朝见，请求汉女作为匈奴阏氏，而《琴操》里则说是在匈奴使者朝贡时，元帝将王昭君赏赐给呼韩邪单于的。《后汉书》中记载王昭君是向掖庭令毛遂自荐，主动请求远嫁匈奴的，而《琴操》里却说王昭君是在元帝宴请匈奴使者时，自己当众请求前往匈奴的。以今人对汉代历史情况的了解来看，两《汉书》毕竟是正史，似乎可信度更高一些，然而《后汉书》成书的时间较晚，难免吸收了前代的后汉史料，所以也在一定程度上吸收了《琴操》的记载。

其实自汉高祖以来，送到匈奴去和亲的汉朝女子至少要有十几个，绝大多数还是刘姓宗族中的女孩，可是其后世影响力却都难以与王昭君相比拟。这一点让今天的人看起来也有些不解，毕竟要说命运的可悲可泣，显然汉武帝之前的那些女孩子更容易引起人们的同情。那时候汉朝的国力还不足以与匈奴相匹敌，这些和亲的姑娘在匈奴也未必受到优待。王昭君远嫁匈奴的时候，匈奴在呼韩邪单于的统治之下，正与汉朝进入到一个国家关系的蜜月期，所以不曾受到任何亏待。可是相比之下，历代文人咏叹昭君的诗文却是最多的，昭君故事到后来愈出愈奇，不断有人向其中增益附会。比如托名东晋人葛洪的《西京杂记》一书就写道（译文如下）：

元帝后宫人数众多，没办法一一临幸。元帝想了个办法，让宫廷画师给每个后宫女子都画了肖像，通过肖像来看是否合自己的意,从而召来临幸。后宫女子大多贿赂画师,希望画师将自己画得尽量好看些,能够引起皇帝的注意,贿赂金额多的达十万,少的也不低于五万。王昭君却自恃容貌艳丽无双,不愿意给画师行贿。画师气她清高,就故意把她的肖像画得很丑,元帝看后也不在意,就没作临幸的打算。后来匈奴入朝,希望汉朝能够赏赐一名美女作为阏氏。于是元帝根据后宫肖像图册,决定让王昭君前往。等到临行之前,元帝召见王昭君,一下子就被她的容貌吸引住了,觉得这是后宫中最美丽的女子。不仅如此,发现问答之间,昭君应对得体,举止娴雅庄重,元帝颇为后悔。但是既然已经将王昭君的姓名籍贯报给了匈奴方面,要作到诚实守信,也就没有再变更人选。元帝悔恨之余,命人查访经过,将当日委派的画师全部当众斩首。被杀的画师中有毛延寿、樊育等人,都是一时名家,由此京城中的画师顿时变少了。

《西京杂记》所记载的故事越发有趣。大概是作者觉得王昭君如此美丽动人,却始终未能得到元帝的临幸,有必要对这种反常的情况作一个解释,所以便把画师的因素拉扯在内。毛延寿自此也借昭君故事留名青史。比如唐代大诗人杜甫就写过"能画毛延寿,投壶郭舍人"的诗句。宋代的王安石则写就《明妃曲》为毛延寿悲叹道:"意态由来画不成,当时枉杀毛延寿。"唐人程晏又替毛延寿辩护,写了一篇叫做《设毛延寿自解语》的文章,说毛延寿丑化王昭君并非为贪赂不得,而是因为美人可以乱人之国,又历数古代倾国美女造下的冤业,所以用这种方式将祸水转向匈奴,正是为了汉家社稷着想。等到了元人马致远撰写的杂剧《破幽梦孤雁汉宫秋》,就基本采用了这个故事,但王昭君的父亲又变成了王长者,而王昭君也并非不愿行贿,而是家境贫寒,无力行贿。呼韩邪单于前来求娶汉女,也带着点恃强逼娶的味道。毛延寿在其中就是个丑角,贪财献媚,欺上压下,简直无所不能。汉元帝则显得软弱可欺,也是一样的多愁善感。显然马致远的创作与元朝入主中原的时代背景有一定关系,所以它作为戏剧创作固然成功,但并不符合历史事实。京剧中的《昭君出塞》等题材均取自马致远的《汉宫秋》,今天人们提及王昭君的故事,大多也是受了《汉宫秋》的影响,甚至还有人说汉元帝在王昭君远嫁的同年死去,是因为过度思念昭君所致,这完全是对历史进行的夸张的演绎。历史与传说是完全不同的两回事,我们从昭君故事的流传也可以看到,单一的历史记载是如何被层层加工,逐渐演变为传说的。

昭君出塞成了汉匈之间又一次恢复友好的重要标志。王昭君被封为宁胡阏氏,很快就给呼韩邪单于生了一个儿子,名叫伊屠智牙师,封为右日逐王。两人婚后的第三年,即汉成帝建始二年(公元前31年),呼韩邪单于死去,由他以前的阏氏所生的儿子继承单于位,是为复株絫若鞮单于。按照匈奴旧俗,复株絫若鞮单于打算收继王昭君为妻,王昭君难以接受,便给成帝写了一封信,请求返回汉朝。这与前面讲过的解忧公主和亲乌孙一样,在中原王朝接受教育的女子接受不了游牧民族的伦常观念,但皇帝怎会去为她们作打算?成帝当然拒绝,又下了一封敕令,要她顺从匈奴习俗,于是又做了复株絫若鞮单于的阏氏。这以后王昭君又给复株絫若鞮单于生了两个女儿,大女儿名叫须卜居次,小女儿名叫当于居次。

昭君出塞的大体情况就是如此。我们前面已经提到过,呼韩邪单于前来长安的目的,迎娶汉女只是其一,另外还请求汉朝撤去上谷至敦煌的边防,由匈奴来防卫西北边疆。这一要求引起了汉朝公卿大臣们的讨论,大部分大臣都认为这个提议对汉朝有利,可以休息民力,纷纷出言赞同。只有郎中侯应对此表示坚决反对,侯应对边防情况比较熟悉,元帝也很重视他的意见,侯应对元帝说:

"自从周、秦二代以来,匈奴突然兴起,不断骚扰边境,从我汉朝建立之后,成为最棘手的边患。据微臣了解,从北边的边塞直至辽东以北,有一阴山山脉横亘东西,长达千余里。阴山脚下草木繁盛,各种飞禽走兽都很多。在冒顿单于的时代,匈奴人移居阴山,制造弓箭,时不时外出掠夺,将阴山一带变成了他们的苑囿。到我孝武皇帝在位的时候,汉朝开始出兵征讨匈奴,将匈奴人从阴山一带逐出,驱赶到了漠北。此后汉朝在这一带建立边防,修筑长城,设置屯戍,逐渐完善守备力量,才让边境得以渐渐安定下来。漠北地区土地平旷,草木较少,风沙极大,匈奴如从漠北调动兵马来侵犯边境,将没有任何可以提供隐蔽的场所。若从边塞地区再向南纵深,又是深狭的山谷地区,难以行走。所以边境上的老年人常说,匈奴失去了阴山的领地之后,都号啕大哭。如果现在要撤走驻屯的边防,只会对匈奴有利,这是我反对的理由之一。

"现在圣天子恩德遍及天下,上天也有意让匈奴走向覆灭。匈奴现在为了求得一条生路,所以才对我汉朝俯首称臣。夷狄向来如此,一遇到困境就无比顺服,一旦得势就不服约束,这就是夷狄的天性使然。以前也曾减少过边防军的数量,最多也就是减省一些边防岗哨,现在边防的部队无非就是做一些侦察和报信之类的工作。古人说得好,居安思危,现在不能再减省了。这是我反对的理由之二。

"中国崇尚礼仪教化,违礼则有刑罚处分。即使如此,尚且有愚民触犯禁条,又何况并没有受到教化的匈奴单于呢?他能保证匈奴人以后不会背弃盟约吗?这是我反对的理由之三。

"即使是我汉朝国内,仍然要修筑关津渡口以限制诸侯之间的往来,这样才能杜绝臣下的犯上作乱之心。以此看来,修筑城塞,设置驻屯,目的并不只是针对匈奴而已,也是为了限制那些附属小国的降人。这些降人本来也是匈奴的臣民,担心他们眷恋故土而逃亡。这是我反对的理由之四。

"近年来西边的羌人投降,安排他们保卫西边边境,结果与当地人接触渐多,个中有贪纵不法的吏民,侵盗羌人的妻子财产,招致羌人的怨恨,导致羌人反叛,一连几年都没有解决。现在将西北边境撤防,恐怕以后就会渐渐出现类似的纠纷。这是我反对的理由之五。

"以往与匈奴作战,从军而失陷在匈奴里面的汉人也不在少数,这部分人的子孙后代也有不少生活困窘的。现在撤销边防以后,这些人一旦自己出境去寻找亲人,就有可能再也不回来了。这是我反对的理由之六。

"还有屯边的一些奴婢生活也很凄苦,想要逃走的人很多。有人传言说:'听说匈奴的生活无拘无束,不过边防岗哨监视严密,没办法过去。'即便如此,还有很多人偷偷越境逃走,可见边防不可撤走。这是我反对的理由之七。

"一旦裁撤边防,我国国内的盗贼也势必闻风而起。这些人都是集体行动,力量不容轻视,一旦形势紧急,他们从北疆逃走,我们将追不可及。这是我反对的理由之八。

"自百余年前建造边塞长城以来,各个边防城塞并未都有土石城垣。有的利用一些简易的材料,有的甚至要夷平山地,才建造完工。当初修筑城塞的时候,花费都十分可观。微臣非常担心一些大臣不顾大局,一切只看眼前利益。假如撤走边防,十年之外,百年之内,倘若再有变故,那时候城塞都已被破坏殆尽,烽燧也不能再使用,到时候再想建立驻屯,重新修复,可就不是一日之功了。这是我反对的理由之九。

"如果要撤走边防,到时单于必然认为自己为汉朝承担了边防的重任,对汉朝有大恩德,肯定要不断地向我们索要财物。假如稍微拒绝一下,今后关系会变成什么样子,也就难说得很了。这是我反对的理由之十。"

侯应反对的理由十分充分,说得也在情在理,元帝当然采纳了他的意见,没有同意呼韩邪单于的这一请求。同时又怕匈奴方面有所误会,就派车骑将军许嘉亲自去找呼韩邪单于传达元帝的口谕:"您上书朝廷,希望为汉朝保卫西北边塞。这说明您心向汉朝,为我们充分考虑,实在是长久之策,朕也十分欣慰。但是中国四方都设有边塞,并不是只针对北边。这样做的目的是防止中原的贼盗之徒流窜出境,给其他地方带来灾难,所以要明确法度,好让百姓能够安心生活。现在派专人跟单于讨论此事,表示朕对单于没有丝毫的疑心。只是担心单于对朕不接纳好意产生不必要的疑虑,所以让大司马、车骑将军许嘉前来与单于面谈。"

从情理上来看,呼韩邪单于这次请求汉朝撤走边防应该没有恶意,只是因为郅支单于被汉军杀死,心中畏惧,希望以此来讨好汉朝而已。背后的逻辑与他求娶汉女,想要做汉朝的女婿是一样的。但是汉朝方面却动了脑筋,为了防患于未然,所以没有准许。故此在元帝表示拒绝之后，呼韩邪单于的回答也很谦逊，说：“小臣愚直，不能理解天子的大计，幸好天子让大臣来为我解惑，真是太好了！”

根据《汉书·匈奴传》的记载，呼韩邪单于这一次还见到了当初降汉的左伊秩訾王。前面我们提到过，左伊秩訾王劝呼韩邪单于向汉朝称臣，果然见到成效。后来有人向呼韩邪单于进谗言，说左伊秩訾王认为自己向单于献策有功，没有得到封赏，平时总是闷闷不乐，满腹牢骚。呼韩邪单于因此开始怀疑左伊秩訾王，并且逐渐疏远他。左伊秩訾王看出苗头不好，害怕哪天会被呼韩邪单于杀掉，于是率领自己的部众1000来人投降了汉朝，汉朝封他为关内侯，有三百户的封邑，仍然可以佩戴自己的王印。这次呼韩邪单于在长安与左伊秩訾王再次相见，呼韩邪单于也有些不好意思，对左伊秩訾王道歉道：“当初您为我筹划了这么好的计策，让匈奴人至今得以安宁无事，都是您的功劳，这份功德我们怎么可能忘记呢？都是我的一时糊涂，让您决意离开，这都是我的过错。我打算去向汉家天子求恳，让您回转王庭。”

呼韩邪单于虽然态度诚恳，极力希望左伊秩訾王能够返回匈奴，但他始终没有回心转意，而是谢绝了呼韩邪单于的好意。左伊秩訾王说：“单于凭借天命的指示，投靠了汉朝，由此使匈奴得以安宁。这都是单于与天子有神灵佑护的结果，哪里有我什么功劳！我既然已经投降了汉朝，现在又要回到匈奴去，就是三心二意。我愿意担任单于派遣在汉朝的使者，请恕我不遵从您的命令。”呼韩邪单于见他心意已决，不管怎么劝说也没有用，也就只得放弃了。

呼韩邪单于离开长安之后，就在这一年的五月，元帝在未央宫驾崩，汉成帝刘骜即位，改年号为建始。呼韩邪单于也在建始二年病死，然而在他身后的继承人问题上却出现了纠纷。让人感到奇怪的是，这一纠纷并不是呼韩邪单于的儿子们要争夺单于的位子，相反却是互相让位，实在是非常罕见。

早先呼韩邪单于娶了左伊秩訾王的哥哥呼衍王的两个女儿。大女儿被封为颛渠阏氏，为呼韩邪单于生下两个儿子，大儿子叫且莫车，二儿子叫囊知牙斯。小女儿被封为大阏氏，生了四个儿子，大儿子叫雕陶莫皋，二儿子叫且麋胥，这两人都比且莫车年长，其他两个小儿子还没起大名，都比囊知牙斯岁数小。其他阏氏生的儿子也有十几个。颛渠阏氏在这里面最得宠，所以且莫车也最受呼韩邪单于的喜爱。在呼韩邪单于弥留之际，他指定了且莫车作为继承人。结果颛渠阏氏却说："匈奴内部战乱十余年，一直就没有停息，幸好借助汉朝的力量，才把国内安定下来。现在匈奴刚刚结束战乱，但战争留给大家的创伤仍在，且莫车岁数还小，国人未必信服，恐怕让他即位，又会将国家陷入战火之中。我与大阏氏本来就是一家人，不如改立雕陶莫皋。"

大阏氏在一旁说道："且莫车虽然年轻，但自然有大臣协助他办理国家大事。如果改立雕陶莫皋，就是舍贵立贱，以后一定会出乱子。"呼韩邪单于最后表示尊重颛渠阏氏的决定，改立雕陶莫皋为单于，并与他约好要传位给弟弟。这样雕陶莫皋就登上了单于之位，这就是复株絫若鞮单于。

复株絫若鞮单于即位以后，他继续延续呼韩邪单于的亲汉政策，派遣儿子右致卢儿王醯谐屠奴侯到长安去做质子，入侍天子，自己则继续以王昭君为阏氏。此后双方相安无事地又过了11年，在成帝鸿嘉元年（公元前20年），复株絫若鞮单于死去，其弟且麋胥继立为搜谐若鞮单于。8年后，搜谐若鞮单于死去，轮到且莫车继位为车牙若鞮单于。又4年，车牙若鞮单于也病死了，传位囊知牙斯，是为乌珠留若鞮单于。从这几次单于位交替的情况来看，呼韩邪单于的儿子们实现了当初的诺言，坚持兄终弟及的继承方式，将单于位平稳地过渡给下一任。我们前面介绍过，本来匈奴内部围绕单于位的继承问题争端很多，比如狐鹿姑单于答应其弟左大将接任单于，而在左大将死后，并未将左大将的儿子立为单于，而是传位给另外一位弟弟右谷蠡王，给日后埋下来不合的种子。从搜谐若鞮单于到车牙若鞮单于的交替，实际上是呼韩邪单于的大阏氏和颛渠阏氏两系之间的异母兄弟交接，竟然没有出现政治上的异动，可见这一时期匈奴内部的政治矛盾已经不是十分突出了。这种交接一下子持续了几十年，在少数民族政权之中实属难得。

就在这几十年间，汉匈关系发展极为平稳，值得叙述的事情并不多见。首先双方的外交日趋正常，从史料里面再也看不到双方互相扣押使者的现象。比较有趣的一件事是匈奴右皋林王伊邪莫演投降。

这件事发生在复株絫若鞮单于在位时期。当时是汉成帝河平元年（公元前28年）正月，复株絫若鞮单于派遣右皋林王伊邪莫演等人来到汉朝朝贡。等到朝贡结束之后，匈奴使者离开长安，照例汉朝也要派遣人员护送他们出塞。结果走到蒲坂（今山西省永济县）的时候，这个伊邪莫演说什么也不肯再向前走了。他跟负责护送的汉朝官员说："我打算就此投降汉朝，如果你们不同意，我就自杀好了，反正绝对不会回匈奴去了。"

伊邪莫演说得这么严重，把护送官员也吓了一跳，赶紧回去报告。有些大臣认为，既然对方愿意投降，只要依照旧例，直接接受就好。但光禄大夫谷永和议郎杜钦认为："早年间匈奴在边境肆虐，所以才要优待降人。现在匈奴单于已经对我们俯首称臣，变成我们北面的藩国，开始遣使朝贡，表现也还恭顺，所以我们接待匈奴来使的规格也与往日不同。现在既然接受了单于的朝贡之礼，还要藏纳匈奴的叛逃之臣，未免会为了一个降人而丧失了一个国家的信赖。我们不能排除复株絫若鞮单于即位不久，不明利害，想要试探一下我们的态度，故此特地派伊邪莫演来诈降。假如我们现在接受了他的投降，就会对我们自己不利，让复株絫若鞮单于与我们疏远。这还算好的，如果伊邪莫演投降是有人趁机使用反间计造成的话，那么我们接受他岂不是正好让人家的奸计得逞？到时理亏的就是我们一方。此事虽小，但关系重大，今后边境安宁与否，都与此有关，不可不慎重考虑。我们看不如不要接受，表明我们对匈奴的尊重。"

成帝听从了谷永和杜钦的意见，就让中郎将王舜去伊邪莫演那里了解情况。结果伊邪莫演矢口否认自己提出投降一事，对王舜说："那一定是我在病中的胡言乱语。"这就算是虚惊一场，不了了之了。

伊邪莫演诈称投降一事发生之后的次年，复株絫若鞮单于上书成帝，要求朝见。到成帝河平四年正月，复株絫若鞮单于到达长安，正式朝见天子，成帝依照呼韩邪单于的旧例给他赏赐，并加赐了锦绣2万匹、棉絮2万斤。后来搜谐若鞮单于在位时，也请求在成帝元延二年到长安朝见，汉朝方面许可之后，没想到他还没走到边境就病死在半路上了。车牙若鞮单于在位时间较短，仅有4年，所以期间没有提出朝见的要求。直到乌珠留若鞮单于即位以后，才再次重提朝见之事。这时候已经是汉哀帝建平四年（公元前3年），乌珠留若鞮单于即位的第6年，他上书要求在次年到长安朝见。这时正赶上哀帝身在病中，结果就有人对哀帝说，匈奴人一定使用了邪法。当初呼韩邪单于在黄龙年间来朝，走了以后宣帝就病死了，后来竟宁年间又来了一次，走了以后元帝也病死了。哀帝本来病得厉害，听人这么一说，就越发害怕起来，就让大臣们商议一下。大臣们也都心里有数，纷纷表示匈奴单于每来朝见一次，总要兴师动众，而且还得赏赐大量礼物，对国家负担太重，眼下正是财政吃紧之际，不如拒绝。

哀帝看到群臣都与自己同样想法，就决定拒绝乌珠留若鞮单于来朝，匈奴请求入朝的使者也准备回去复命，就在这时，黄门郎扬雄却站出来主张允许单于来朝。他在进谏中历数秦汉以来匈奴为患的历史，强调北部边疆安定局面的来之不易，说道："现在匈奴单于打算与我们保持友好关系，想要离开王庭，来长安朝见，这也是我们所希望看到的，即使对国家而言负担稍重，也是不得已而为之。怎么能够认为人家是来用邪法诅咒我们的呢？又将朝见之日推得遥遥无期，岂不是将双方好不容易保持下来的情义一笔勾销了吗？我们如果让匈奴单于心怀怨恨，将责任推到汉朝的头上，趁机与我们脱离关系，再也不肯称臣于我，到时既不能够威吓他们，又没办法和他们讲道理，这不是一手造成了我们的心腹大患了吗？我们对待此事要有政治远见，防患于未然。当年武帝通西域，每年都要花费大量的军费，难道是为了防备西域诸国吗？只是为了对付匈奴而已。上百年的经营而一旦放弃，只为了今天一点点的花费而忽视日后更大的损失，微臣内心深处，实在为国家感到不安。希望陛下能够珍惜今天的局面，遏制边境上的祸乱。"

哀帝看了扬雄的上书，觉得有道理，赶紧召回匈奴使者，宣布准许乌珠留若鞮单于入朝。没想到乌珠留若鞮单于还没动身,也生了病,只好改期入朝。于是在哀帝元寿二年(公元前 1 年)正月,乌珠留若鞮单于正式通过边塞,抵达长安。

根据以往呼韩邪单于和复株絫若鞮单于朝见的惯例,他们的随行人员一般来说只有 200 多人。结果这一次乌珠留若鞮单于入朝,专门提前写信通知汉朝有关方面,说:"蒙汉家天子的神灵佑护,匈奴人口日益增加,希望今年的随行人员可以增加到 500 人,正好可以表现出天子的盛德。"本来有关官员就觉得接待匈奴单于劳民伤财,这次人数又比原来增加了一倍不止,花费又要增加不少,但既然已经同意人家来了,也没有别的办法。

哀帝为了准备乌珠留若鞮单于的来朝,专门计算了星象方位,将他安置在上林苑的蒲陶宫,据说当时这个位置不太好,住进去的人今后会被汉朝压制,但名义上是说优待单于,让他住在风景最好的上林苑中。哀帝又按照成帝赏赐复株絫若鞮单于的规格,加赐衣服 370 件、锦绣 3 万匹、棉絮 3 万斤。与此同时,乌孙大昆弥伊秩靡也来到长安朝见,根据历史记载,这时候西域 50 国都不断来使朝贡,国中大臣均乐于佩戴汉朝颁发的印绶,国家虽然在财政上吃紧,但确实在国际上很有面子,政府见到这一幕,也感到十分高兴。只是好景不长,哀帝还真在乌珠留若鞮单于离开以后,在六月突发重病,就此一病不起,终于死去。哀帝身后无子,朝臣经过商议,只好选择年仅 9 岁的中山王刘衎作为皇位继承人,是为汉平帝。平帝年纪幼小,无法处理朝政,国家大事都要依靠大司马王莽决断。自此,西汉政权已经快走到了终点,而汉匈关系也慢慢转向了恶化。

6 匈奴的复兴与分裂

6.1 两汉之间的匈奴

汉平帝即位之后，汉朝的主要政权掌握在大司马王莽的手里。关于王莽这个人，读者想必不会陌生，他是中国历史上一个极为重要的政治人物。在中国史书中，大家对王莽的评价普遍不高。其中主要原因，无非是王莽篡夺了汉朝的政权，建立新朝。王莽是中国古代历史上第一位身为权臣，通过篡位来当上皇帝的人，可以说正因为他先做到了这一点，以后才出现曹魏取代东汉、西晋取代曹魏等政权更迭。班固写作《汉书》的时候，是把王莽当做一个逆臣，放在整部书的最后部分来写的，后人对王莽的认识，也大致依照班固的观点而来。历史学者关于王莽的评价也不一致，有人坚持传统观点，认为王莽是个典型的伪君子；也有史学家试图为王莽翻案，认为他是一个壮志未酬的改革家。持后一种观点的代表人物是近代著名学者胡适先生，他将王莽比作中国古代历史上第一个社会主义者，认为王莽改革中包含土地国有、均产和废奴3大政策，以汉代的历史背景而论，能有这样的见地非常了不起，可惜“竟没有人替他说一句公平的话”。

王莽像

关于王莽的问题，学术界的争议非常多，这里也不一一介绍。但有一点可以肯定，作为一个掌控国家核心权力的政治家，在处理汉匈关系方面，王莽做得并不漂亮，终于导致汉匈关系的恶化。这一事件起自西域，事关汉朝对于西域的控制权问题，我们在此略述一二。

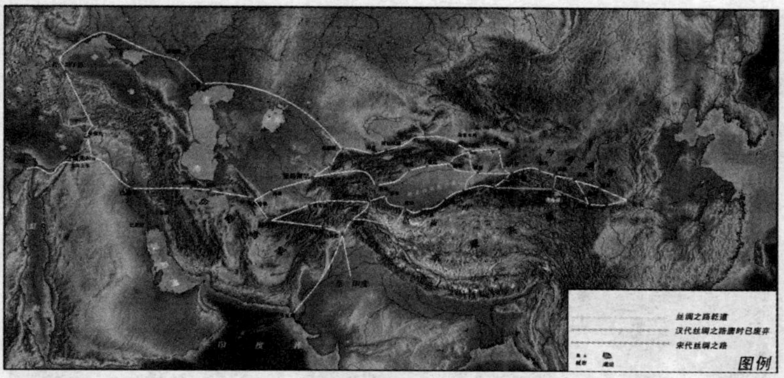

丝绸之路路线图

张骞通西域之后，开通了汉朝通往西域各国的“丝绸之路”。丝绸之路大致可分为东、中、西3段，其中中段又可分为南、北、中3道。其中中段的中道主要是从玉门关出发，走今天的塔克拉玛干大沙漠的北段，路过罗布泊、吐鲁番盆地，走焉耆、库车、阿克苏等地，最后经喀什到达今天的费尔干纳盆地，即汉代的大宛。这段路不仅非常长，而且罗布泊一带环境极为险恶。众所周知，罗布泊是西方探险家口中的“魔鬼三角区”。其实东晋时代的高僧法显去印度求法时就已经提到，在罗布泊地区多有恶鬼热风，行人一旦遇到，几乎必死。即使是在科技高度发达的今天，罗布泊仍然是一个充满谜团的地区。最为有名的就是1980年的时候，科学家彭加木在罗布泊一带进行科学考察，在离开营地之后离奇失踪。现在即使使用摩托车等交通工具，仍然不能在罗布泊实现全程的横向穿越。正是因为这样，当初汉朝征讨大宛才如此困难。而罗布泊中最危险的路段正是白龙堆。白龙堆本是一片雅丹地貌。所谓雅丹地貌，是指由地层抬升形成了土丘，又在水蚀和风蚀作用下形成的一片土丘群。白龙堆因为盐碱化严重，所以在阳光之下反射白光，远远望去像是一条白色的卧龙，因而得名。白龙堆在今天仍然属于无人区，而且靠近罗布泊的中心，在大风天气下经常出现沙暴，人力在这种条件下完全无法与自然力相抗。所以丝绸之路的中段中道，在出玉门关之后，是非常危险的一条路，只有在农历四月之前、七月之后的几个月，风沙相对较小，才容易通行。

白龙堆

没想到就在汉平帝元始年间,人们在车师后王国内发现了一条新路,这条路从五船地区的北部穿过,通向玉门关,不仅路程要近一些,关键是不像以前的道路那么难走。当时在西域驻屯的戊己校尉徐普,就打算开通这条道路当做主干路,可以绕过白龙堆的险阻。但是车师后王姑句不愿意,他觉得这么做就会让汉朝的使团和军队不断地经过自己的国家,这可是个不小的负担。由于这条道路跟匈奴南将军的领地相接,为了避免今后不必要的纠纷,徐普要求车师后王姑句出面作个证明。姑句当然不肯,徐普一气之下就把姑句抓了起来。姑句几次拿牛羊来贿赂负责看管自己的人,都不成功。忽然有一天,姑句家里的一支长矛尖上冒了火,他的妻子对姑句说:“长矛尖上生了火光,这是要打仗的预兆。以前的车师前王就是被都护司马杀掉的,现在汉朝把你缉拿起来,估计以后会杀了你,不如投降匈奴去吧!”就把姑句抢了出来,逃过边境,投靠了匈奴。

正好这时又出现了一个西域国王投靠匈奴的事情。去胡来王唐兜的国家距离赤水羌的领地很近,双方经常互有征战,随着冲突的不断升级,唐兜越来越打不过人家,只好向西域都护求救。虽然负责这一区域的西域都护但钦答应发兵援救，但等到了约定时间，却连汉军的人影也没看到。唐兜被赤水羌的军队打得不行了，心中对但钦非常怨恨，干脆向东一直跑到玉门关去求救。没成想看守玉门关的汉军根本不放他进关，唐兜一气之下，干脆就去投降了匈奴。

这两件事情几乎同时发生。既然人家已经走投无路，乌珠留若鞮单于也没有理由拒绝，就把姑句和唐兜安置在了左谷蠡王的领地上。既然眼下汉朝是西域的主宰，此事又不能不跟汉朝有个商量，乌珠留若鞮单于就派遣使者给汉朝送去了一封亲笔信，说明此事，表示自己已经接受对方的投降，希望汉朝能够谅解，并且不要追究。汉朝对此的反应很激烈，王莽派出了一个由中郎将韩隆、王昌，副校尉甄阜，侍中谒者帛敞，长水校尉王歙等人组成的庞大使团，去匈奴进行交涉。在王莽看来，西域自然是汉朝的地盘，这些小国都是汉朝的属国，对于西域事务，无疑汉朝有最大的发言权。现在匈奴接受姑句和唐兜的投降，显然是侵犯了汉朝对西域事务的权威，不但要指责匈奴不合理的行为，而且要求他们尽快将姑句和唐兜交出来。

乌珠留若鞮单于对这些汉朝使臣说："我匈奴有幸得到汉朝孝宣、孝元两位皇帝的怜悯，与我们订立盟约，汉长城以南是汉家天子的地盘，以北是匈奴单于的地盘。双方不可以使用武力侵犯对方疆界，如有纠纷应当协商解决；双方也不可以收纳对方的降人。我父亲呼韩邪单于临死的时候曾有遗言说：'如果今后有从中国投降过来的人，不要接受他！一定要送还汉朝，来报答汉家天子对我们的恩情。'现在姑句和唐兜都是西域外国人，不是汉人，这不能算是我们破坏了盟约。"使臣们一见乌珠留若鞮单于似乎有不打算交出人来的意思，干脆使用威胁的语气说："匈奴当初内乱，兄弟阋于墙，国家几乎要灭亡了。幸好有汉朝为你们伸出援手，才能在危亡之际保存各自的家庭，让种族延续下去。你们总要报答汉朝的这些恩情吧？"

乌珠留若鞮单于没有办法，觉得也不应该为了两个降人跟汉朝破脸，只好退让，答应汉朝的要求，将姑句和唐兜交给汉朝。汉朝方面则派中郎将王萌到西域恶都奴的边境上去接收。匈奴也算是好人做到底,在交接姑句和唐兜的时候,专门还派了使臣去见平帝,希望免除这两人的死罪。王莽没有理会匈奴使节的恳求,让平帝下诏书,集会西域国王,当众将两人斩首示众。紧接着又颁布了4项条款:汉朝人逃亡至匈奴边境的,匈奴不可接收;乌孙逃亡至匈奴的不可接收;西域佩戴汉朝印绶的国家中的人逃亡至匈奴的不可接收;乌桓投降至匈奴的不可接收。这4项条款缮写完毕之后,封入专用的信函,让中郎将王骏、王昌与副校尉甄阜、王寻等人出使匈奴,亲手颁布给乌珠留若鞮单于。然后由乌珠留若鞮单于将当年汉宣帝与呼韩邪单于所立的盟约,也就是汉宣帝亲手所写的那一份再封入此函,由使者们带回。这一举动相当于汉匈之间改变了盟约。原来的盟约仍以长城为界,确定汉匈各自有对自己领土的统治权,双方还是一个相对平等的关系。现在改订的盟约对匈奴提出了一些限制和要求,而对汉朝并不具有相应的约束力。我们回想一下,前面提到的伊邪莫演提出向汉朝投降的时候,汉朝大部分大臣还是表示同意接收的,现在却单方面不许匈奴接受汉朝降人,而对汉朝没有相应规定,可见在这一盟约里面,汉匈之间的地位并不是平等关系。从这一点来说,王莽做得有点过分了,用今天的话来说,就是有干涉对方主权之嫌。不过乌珠留若鞮单于仍然保持了忍让,暂时将这4项条款接受了下来。

很快这一新盟约的弊端就显现了出来。长久以来,乌桓人购买兽皮和布料都要通过匈奴,匈奴照例要从中抽取皮布税。汉匈之间的4条新约颁行之后,汉朝的护乌桓使者对乌桓人说不用再向匈奴缴纳皮布税,可匈奴的使者仍然按照惯例去乌桓收税。乌桓人买了匈奴的兽皮、布料之后,却不交税,只说:“奉了汉家天子的诏令,不用再给匈奴人皮布税了。”匈奴使者大怒,把乌桓的部落首领都用绳子吊起来。这些首领的部众亲戚也大为光火,集结起来把匈奴派来的使团杀了个一干二净,不但如此,还把前来乌桓做生意的匈奴人也都掠为奴隶。乌珠留若鞮单于大为震怒,没想到乌桓竟敢如此欺到自己的头上来,调集大军进入乌桓,要求惩罚参与杀害匈奴使臣的人。最后演变成一场大战,乌桓战败,国人或者躲到深山之中,或者跑到东边请求汉朝保护。

匈奴人抢劫了近千名乌桓的妇女儿童而去，让乌桓人拿钱财来赎。乌桓人没有办法，只好组织受害人家属2000多人前往匈奴赎回自己的家人，匈奴将赎金尽数收下，但把这2000多乌桓人也扣押下了。

从这一事件来看，王莽与匈奴订立的新约实在没有得到什么好处，平白挑起匈奴和乌桓之间的冲突，匈奴在此时还不敢公开反对汉朝，但从这次入侵乌桓的结果来看，汉朝也并未对匈奴的出兵作出任何反应，甚至连一点异议都没有，可见汉朝已逐渐无法左右匈奴的行动。应该说，从逼迫匈奴献出姑句、唐兜开始，到汉匈4条新约的立定，汉匈关系已经走过了当初的蜜月期，身处和平之中的人们已经能够嗅到一丝不和的气味了。

客观来说，王莽这个人空有改革的热情，但在处理实际问题上的手腕并不是很高明，甚至有点书呆子气。汉朝官员对于匈奴难免有一种心存蔑视的态度，这种态度一方面来自于典籍之中夷狄之类的称呼，一方面来自于武帝朝之后对匈奴的优越心态，但是也有不少务实派官员不是这样。作为一个身处权力中心的决策者来说，尤其不可以随便轻视对方，可惜王莽正好相反，这种蔑视的态度在他心中甚至还被放大了，表现为汉朝不断围绕一些小事对匈奴加以干涉，比如连单于的名字他也要换掉。《汉书·匈奴传》记载，王莽曾上奏朝廷，认为中国人的名字不应当有双名，只能允许单名。比如王莽，只有一个字，这就是单名，就是好名字，可以使用；而已故汉昭帝的名字刘弗陵，有两个字，这就是双名，在王莽执政的情况下就要被取缔。王莽这样做的理由究竟是什么，现在谁也说不清，反正如此荒谬的指示不仅要在汉朝执行，而且还要影响到匈奴。王莽专门派使者通知乌珠留若鞮单于，说汉朝已经发布了这样的命令，建议你最好作出表率，改成单名，汉朝会以巨额赏赐相报答。乌珠留若鞮单于贪图汉朝财物，就答应下来，在给汉朝的上书中说："天幸我匈奴能够获此殊荣，成为汉朝的藩属之国。非常向往太平盛世的到来，故此臣囊知牙斯，从今天开始就改名叫知。"王莽看到之后，大喜过望，也就派人将钱财礼物送了过去。

匈奴人对汉名的概念本来就是一窍不通，只要汉朝愿意送礼，对他们来说改个名字虽然有些别扭，但也不算什么，毕竟只是在与汉朝通使的时候才能用上汉名，不影响他们的日常生活。可在王莽看来，匈奴人向往汉朝的德化，弃胡名而改汉名，这是他实现太平盛世的一个标志。等到王莽篡汉称“新朝”之后，他的自我膨胀已经达到了顶峰，他宣布汉朝颁发给匈奴和西域等国的印绶全部作废，改换新朝印绶。当初汉朝授予各国的王印，新朝统统降为侯印，匈奴的单于印虽然名号不变，但是地位也相应下降。《汉书·匈奴传》记载此事说，王莽始建国元年(公元9年)，五威将王骏率领甄阜、王飒、陈饶、帛敞、丁业共6人，带了大量礼物出使匈奴。见到乌珠留若鞮单于之后，使者说明了新朝取代汉朝的大致情况，然后提出给单于换印。汉朝制作的单于印印文是“匈奴单于玺”，王莽将印文改成了“新匈奴单于章”。这两字之差，实际上大有文章。“玺”的地位比“章”要高，现在新朝授予匈奴的只是章，前面还加上了一个“新”字，说明王莽是把匈奴完全当做了自己的臣下。虽然匈奴方面也对汉朝称臣，但汉朝仍然在形式上承认匈奴的对等地位，并不以臣僚视之。王莽这样做，明摆着不把匈奴放在眼里。负责更换新印的使者正准备走上前去，解下旧印，更换新印的时候，乌珠留若鞮单于就作势准备把印主动递给使者，匈奴左姑夕侯在一旁赶紧拉住单于，对他说：“我们还没看到新印的印文，请您先不要着急。”乌珠留若鞮单于一听，赶紧停手，请使者落座。王骏在一旁说道：“还是请单于将旧印交还。”单于一听，又要解印，再一次被左姑夕侯制止，还是说：“没有看到新印的印文，不要马上给他们。”单于说：“印文怎么会有更改呢?”就把印绶解下，交给使者，又将新印佩戴好，也不再看，宾主双方饮酒直至深夜。

当晚右率陈饶对众将说：“早先匈奴左姑夕侯已经怀疑我们改动了印文，差点让我们拿不到原来的旧印。等到明天天亮，他们一看印文已经更改，肯定要来找我们要回旧印，到时候我们不管再怎么狡辩也没有用了。如果旧印被人家要回去，那可真是有辱使命了。我看不如赶紧把旧印打碎，好断绝祸根。”众人还在犹豫，没人敢表示赞同。陈饶是个北方大汉，火爆脾气，直接拿了一把大斧来，把汉印给砸坏了。

第二天天亮，乌珠留若鞮单于果然派右骨都侯当来对汉朝使团说："当初汉朝赐给单于的印，上面写的是'玺'而不是'章'，也不会加上'汉'字，只有诸王的章才会有'汉'字。现在新朝给我们的是章，代替了原来的'玺'字并加上了'新'字，这样匈奴就与新朝的其他臣下没有区别了，希望各位能够把旧印还给我们。"使臣们把已经被砸坏的印拿给右骨都侯看，说道："新朝顺从天意，重新建立制度，所以这颗旧印从单于那里一拿回来，自己突然就坏了。由此可见，单于也应当顺应天命，尊奉新朝。"右骨都侯当把这些情况回禀乌珠留若鞮单于，单于也没有办法，又看在送来的礼物份上，也不想再难为这些使者，便派自己的弟弟右贤王舆带着礼物去长安朝见王莽，并要求更改印文。

王莽随意更改了印文，在匈奴造成了很坏的影响。直到王莽死去，绿林军拥立更始帝刘玄登基之后，汉政府才由中郎将归德侯王飒、大司马护军陈遵出使匈奴，恢复了当初的印文，这个问题才算得到解决。

虽然匈奴在印文问题上又一次忍气吞声，算是暂时将矛盾压了下来，但合该出事，就在五威将王骏率领使团返回的路上，他们经过匈奴左犁汗王咸的领地，看到很多乌桓人生活在那里。使团的使臣们很奇怪，跑去向左犁汗王打听。左犁汗王告知使臣，这些都是当初被匈奴扣押住的乌桓人。使臣们听说之后，连连摇头，说："当初双方约定 4 条，你们不能接受乌桓的降人，就更不用说扣押了！请赶快把这些乌桓人交回去！"左犁汗王咸说："这个事情我不能做主，请允许我跟单于商量一下，如果单于同意，我才能将他们放回。"

乌珠留若鞮单于上台之后，有很长时间是在跟王莽打交道，每次都是被迫接受王莽的无理要求。上一次要对乌桓征税，反而被乌桓人把使者和商队杀了，究其原因，王莽都逃不开干系。接着又赶上更改印文的事情，乌珠留若鞮单于很不高兴。现在还要让他交还扣押住的乌桓人，乌珠留若鞮单于实在难以遏制住自己的怒意，于是派左大且渠蒲呼卢訾等 10 余人率领大兵，以护送乌桓俘虏为名，屯兵在朔方的城塞之外。中原与匈奴之间没有大军往来，已经有 40 年了，朔方太守这还是头一次见到这么多匈奴骑兵聚集在一起，又惊又怕，赶紧报告王莽，边境进入紧张状态。

这时已经是始建国元年的年底。转过年来，西域车师后王须置离策划投降匈奴，被西域都护但钦发觉后杀死。须置离的哥哥狐兰支率领部众2000余人，驱赶牲畜，举国投降匈奴。乌珠留若鞮单于接受了这些降人，而且率领狐兰支等人一同进攻车师，并在战争中打伤了新朝的西域都护司马，然后收兵回国。这一举动已经违背了当初汉朝和匈奴签订的4条新约。西域各国纷纷表示脱离新朝，投靠匈奴，本来看似平静的西域在一夜之间就变得动荡不安起来。

负责西域驻屯军的是戊己校尉刀护。在他手下的戊己校尉史陈良、钟带，司马丞韩玄，右曲侯任商等人看到西域局势不稳，匈奴势力越来越大，新朝在西域迟早要被孤立，还不断传出匈奴要大举入侵的小道消息。几个人担心爆发战争，死在西域，就拉拢了几百名士卒，杀死了戊己校尉刀护，并派人联络匈奴南犁汗王的手下南将军。南将军率领2000骑兵进入西域，迎接陈良等人，陈良又胁迫戊己校尉下属男女一共2000多人逃往匈奴。韩玄、任商等就留在南将军的领地，陈良、钟带去王庭参见乌珠留若鞮单于，一同投降过来的人众则安置在零吾河流域，让他们种田安居。乌珠留若鞮单于封陈良、钟带二人为乌桓都将军，每日饮宴，宠用非常。

西域都护但钦一看匈奴如此嚣张，赶紧向王莽报告，说匈奴南将军出兵西域，侵扰各国。王莽闻讯大怒，他认为以新代汉，看来西域和匈奴可能还不太心服，汉匈之间又是40余年未发生战争，现在国库充盈，不妨放手与匈奴打上一仗，以此为新朝立威。可是王莽的做法也很有趣，在打仗之前，他的第一道诏书并不是先任命将帅，以便尽快动员部队，安排战术，相反却是下了一道宣布乌珠留若鞮单于改名为“降奴服于”的诏书，以此来诅咒匈奴必败，让人感到十分滑稽。接下来才进入主题，命令立国将军孙建等12名将领，分12道出击匈奴，全部参谋军官共180人，征募天下的囚徒、男丁和普通士兵一共30万人，负责在后方运送辎重，粮草、衣服以及兵器源源不断地从南方沿海和江淮地区一直运送到北边战线上，每条运输线都安排专门的使者监督。又按照图纸，将匈奴领地分为15部，每一部立有1个单于，派中郎将蔺苞、副校尉戴级等率领1万骑兵，携带大量财宝，到云中一代的塞外去招诱呼韩邪单于的子孙，准备将他们其中的15人立为单于。这一手段的目的在于分化乌珠留若鞮单于的亲属，但是成效不大，据《汉书·匈奴传》记载，似乎只招来了右犁汗王咸，以及咸的2个儿子登和助。右犁汗王咸究竟为什么会被汉朝招诱，原因不得而知，而且他明显并不愿意与王莽合作，史书上说他是被胁迫当上了孝单于，他的儿子助被立为顺单于。最后助和登都被送往长安，只顶着一个有名无实的单于名号，还形同人质，右犁汗王咸的郁闷可想而知，他只好孤身一人，偷偷逃走，到王庭去参见单于。乌珠留若鞮单于听他讲述完事情经过，也怪罪他接受王莽封的单于号，就取消了他右犁汗王的王号，改任粟置支侯，这是匈奴中的一个地位极其低贱的官号，算是对他的惩罚。没过多久，长安方面传来消息，顺单于助在惊扰和忧虑中病死，王莽改立登为顺单于。

乌珠留若鞮单于看到王莽不断册立单于，不把自己放在眼里，此时新朝的12路人马也已派出，眼看一场大战已经在所难免，乌珠留若鞮单于便宣布不再承认新朝能够继承汉朝的地位，表示“当年呼韩邪单于受汉宣帝的大恩，这是我们所不能辜负的。当今号称天子的人并不是宣帝的子孙，凭什么让我们承认他?”便派出左骨都侯和右伊秩訾王呼卢訾以及左贤王乐率军攻打云中的益寿城。新朝与匈奴之间的战争终于在王莽建国三年正式爆发。

王莽好大喜功，军事非其所长，但是却充满了对战争的浪漫主义幻想。他本来期待的是一场如卫青、霍去病时代的大会战，所以要求12路人马在边塞集结，等30万士兵到齐，携带300天的粮草，大家同时进发，轰轰烈烈地与匈奴来一次主力决战，在胜利之后穷追不舍，将匈奴赶到丁零人那里去。但美好的设想总输给残酷的现实，12路人马有的先到，有的没到，有的到了人数又不齐，只好先到的就在边郡先行驻屯，慢慢等着后面的人。王莽又不擅长调度大军，辎重供给不上，将领们也不敢擅自行动，就这样把进攻的时间一拖再拖，眼看就变成了一场典型的"静坐战争"。乌珠留若鞮单于则通告匈奴左右部都尉和诸王,不断骚扰边境,有时来万余人,有时来几千人,也有几百人的情况。王莽的12支部队被他们骚扰得进退两难,几次突袭过后,就连雁门和朔方两郡的太守都被匈奴人杀了。

讨濊将军严尤被安排在渔阳一线作战,他看到前线的混乱情况,便写了一封信给王莽进谏,希望王莽能够尽快发起进攻。他写道(译文如下):

现在天下正逢多事之秋,连年发生饥荒,西北边地区尤为严重。现在要攻打匈奴,发兵三十万之众,要准备三百日的粮草,运输线东至海边,南至江淮,算起来一年也凑不齐这么多粮草和士兵。先到的士兵只能暂时屯驻在边境,没有合适的营地和房屋,时间一长,士气自然会低落下去,没办法打胜仗。这是眼下的第一点困难。边郡因为要供给军需,仓库已经空虚,如从内地郡国调集,时间上又来不及。这是第二点困难。一个人三百天的口粮,大概是十八斗米,运送的时候必须要用牛才能拉得动。牛自己也要吃东西,长途运送至少要吃二十斗米,这就太重了。匈奴生活的地区,土地干燥,缺少水草,根据以往的经验,大军出动不过一百天,牛之类的牲畜就死光了,剩下的粮草却还不少,但是士兵也没办法把粮草都运回来,只能扔在当地。这是第三点困难。匈奴领地入秋时非常寒冷,冬天就更不用说了,就算在春夏季节,风仍然很大,还要携带很多木炭之类的东西,也重得难以想象。士兵一年到头都要吃饭喝水,还要预防生病,没准遇上瘟疫传播。所以过去出兵匈奴,时间不会超过一百天,并不是不想与匈奴作战,实在是没办法的事情。这是第四点困难。辎重跟随大部队之后,那么就会造成整支部队的行军速度下降。两军阵前,如果匈奴军队退走或逃跑,我军势必无法追击。如果在途中遇见匈奴部队,辎重也会成为我方防守时的负担。假若在山地险阻之处行军,匈奴伏击我军前锋,又包抄我军后队,届时将会非常危险。这是第五点困难。现在我们如此虚耗民力,却不一定能取得应有的效果,这是微臣深深担忧的事情。现在既然已经发兵，就应当让已经抵达的部队开始作战，让微臣等人先行进军，以争取战斗的先机。

严尤的建议是比较合理的。战争中士兵的数量并不是能够左右战局的决定性因素，只能认为是战术层面上的一点优势，假如不能对这点优势善加利用的话，也有可能成为己方的累赘。相反士兵的粮草确实关系到战略层面的大事，给养不足的部队无论在数量上有多大优势，也不可能稳定地保持士气和战斗力。这也是为什么古往今来，屡屡有以少胜多的精彩战例出现的原因之一。可是王莽不会满足于局部的小型战役，他要的是气势磅礴的总攻击，于是没有理睬严尤的进谏，仍然命令后方运粮，果然弄得天下搅扰、百姓不安。边境上的居民已经几代人没有经历过战争，本来生活逐渐变好，人口繁衍，牲畜遍布原野之上，一片生机勃勃的景象，突然间新朝与匈奴开启战端，12 路兵马又驻屯不出，需要边郡供养，就这样不出几年的光景，北边仓库空虚，人口萎缩，甚至野外都时不时能看到饿死后朽坏的人骨，无不对王莽怨声载道。

王莽想打一场大会战，而被后勤补给的问题拖住了后腿，匈奴也不敢主动进攻，而是反复以小股部队骚扰新朝漫长的北边战线，双方就在这样的对峙姿态之下，从建国二年一直耗到了建国五年。就在这一年，乌珠留若鞮单于病死了，终于结束了自己对匈奴 21 年的统治，匈奴再一次遇到了继承人的选择问题。当初呼韩邪单于定下了兄终弟及的制度，是因为匈奴政权已经衰弱不堪，必须让年长而有实权者继承单于位，才能保证匈奴内部的稳定。按照这一政策，现在应当轮到乌珠留若鞮单于的弟弟，曾受汉朝孝单于封号的咸来继位，但咸毕竟曾受汉朝封号，又被乌珠留若鞮单于贬为贱官粟置支侯，按理说他就已经丧失了继承单于之位的资格，但咸年龄最长，能力也比较出众，身边自然会有一些拥护者。依照顺序咸以下则轮到咸的弟弟舆，可是也有人对舆接任提出质疑，毕竟匈奴这几年又重新强盛起来，是否仍有必要继续兄终弟及的继承制度呢？这些质疑者为避免今后可能出现的争端，决定拥戴乌珠留若鞮单于的儿子左贤王苏屠胡。其实乌珠留若鞮单于也希望自己的儿子能够继任单于，所以才把苏屠胡封为地位仅次于单于的左贤王。但是乌珠留若鞮单于在位的21年间，被封为左贤王的匈奴贵族往往都命不久长，总是离奇病死，大家都觉得这个官号有些不祥，于是便将左贤王改名叫做护于。

这时一个关键性的人物站在了咸这一边，这就是匈奴大臣中的实权派人物右骨都侯须卜当。这位右骨都侯须卜当与汉朝大有渊源。前面一节讲过，汉元帝将宫女王昭君赐给呼韩邪单于为妻。王昭君远嫁匈奴之后，给呼韩邪单于以及复株絫若鞮单于生下了一子二女，其中大女儿叫做伊墨居次云，据说居次就是公主的意思，云有可能是王昭君给女儿起的汉名。这位伊墨居次云嫁给了匈奴的贵族须卜氏，于是改名叫做须卜居次。如今这位右骨都侯须卜当正是须卜居次的丈夫，因为受到母亲王昭君的影响，须卜居次经常劝说自己的丈夫要注意维护匈奴与汉朝的关系，再加上须卜当本来就与咸交好，看到咸曾经被王莽封为单于，于是就力排众议，推戴咸成为乌累若鞮单于。

乌累若鞮单于上台之后，将他的弟弟舆封为左谷蠡王，侄子卢浑封为右贤王。他的另一个侄子，在竞争单于位斗争中失败的苏屠胡，本来担任的是单于之下第一人的护于，即左贤王，现在乌累若鞮单于为了报复苏屠胡的父亲将自己贬为粟置支侯，干脆把他从护于贬为左屠耆王。匈奴由此又一次陷入了内部的争权斗争，不久之后，围绕权力问题，终于分裂成了南北二部，这是后话，这里先暂且不提。

乌累若鞮单于上台，靠的是须卜当一家的支持，所以他上台的第一件事就是与新朝尽快恢复和亲关系。然而事情的变化之快却是身处历史之中的人们所难以想象的。早在乌珠留若鞮单于没死之前，匈奴多次骚扰新朝边境的时候，新朝一方就曾经抓住一些匈奴俘虏。据俘虏供认，主持骚扰的匈奴主将正是咸的另一个儿子角。王莽闻讯之后，于建国四年将咸的儿子，被立为顺单于的登，斩首在长安城的闹市之中。因为双方关系极度紧张，消息封锁得也很厉害，故此须卜当和咸本人竟然都不知道此事。须卜当本以为王莽将咸拜为孝单于，肯定会对咸另眼相看，这样就能比较容易达到和亲的目的，可实际上王莽对咸已经失去了信任,连他的儿子都已经杀了。如此一来,新匈之间的和平注定不会维持下去。

王莽天凤元年(公元 14 年),须卜居次和须卜当派人到了西河地区的虎猛制虏塞,要求见和亲侯王歙。和亲侯王歙是王昭君兄长的儿子,说起来是须卜居次的表哥。负责这一带边防的中部都尉得到消息后迅速通报王莽。王莽派王歙和他的弟弟骑都尉展德侯王飒一同出使匈奴,对乌累若鞮单于的继位表示祝贺,并送上黄金锦绣等礼物。其间二人还被问起侍子登在长安的情况,王歙和王飒只好撒谎说登仍然活得好好的,请乌累若鞮单于不要担心,同时提出希望匈奴方面能够把陈良、钟带等人交给新朝。乌累若鞮单于将当年斩杀戊己校尉刀护的 27 人都披枷带锁,交给了王歙,并且派了 40 名匈奴贵族出使汉朝。王莽看到双方交涉的结果还算满意,就将陈良等人处以火刑,又命令驻屯在边郡的 12 路人马退兵,在边境上设置游击都尉,负责巡查守备。然而纸包不住火,匈奴使节回国之后,带回了登的死讯。乌累若鞮单于痛惜不已,仍然安排小股匈奴骑兵不停骚扰袭击新朝北疆,每次都劫走人口财物。每次王莽派遣使者前来责问,乌累若鞮单于就说:"这都是乌桓人煽动勾结匈奴中的一小撮暴徒干的,我们事先完全不知情,这就好像你们中国自己也有盗贼活动一样。在下刚刚即位,威信还有些不足,已经对此尽力制止,不敢对新朝产生二心,但总有疏忽,没有办法。"这一番说辞倒也无懈可击,王莽只好认下这个哑巴亏。

天凤二年五月,迫切希望解决匈奴问题的王莽,派遣王歙和五威将军王咸率领伏黯、丁业等 6 人,护送匈奴使者右厨唯姑夕王归国,正好将乌累若鞮单于之子登的遗体带回。乌累若鞮单于闻讯之后,让须卜当一家到边塞迎接。王咸等人见到乌累若鞮单于之后,先奉上价值不菲的礼品,然后极力劝说匈奴更改名号,将匈奴改称"恭奴",单于改称"善于",并且赐给乌累若鞮单于相应的印绶,又以王莽的名义,封骨都侯须卜当为后安公,须卜当的儿子须卜奢为后安侯。乌累若鞮单于贪图王莽送来的珍宝,对此一概接受,表面上作出恭顺的样子,背地里对新朝的侵扰仍不禁止。

乌累若鞮单于在位5年，死于王莽天凤五年，死后由其弟左贤王舆即位，为呼都而尸道皋若鞮单于。这位呼都而尸道皋若鞮单于也同前任单于一样，只是贪图王莽所给的财宝而向新朝示好。他刚一上台，马上打出亲情外交牌，派出须卜奢和云的妹妹当于居次之子醯椟王到长安朝贡，此二人都是王昭君的外孙，与新朝关系不浅，本来期待着可以借此从王莽那里索取更多的钱财，没想到又惹出了事端。王莽方面对此的反应并不像匈奴人所预期的那样，而是试图利用这次机会来分裂匈奴。王莽派遣王昭君的侄子王歙来迎接须卜奢，两人在制虏塞见面之后，王歙提出要与须卜当夫妻见面。当须卜当夫妻到达制虏塞之后，王歙领兵突然发难，胁迫两人去往长安，只有须卜当的小儿子见势不妙，趁众人不备的时候逃回匈奴报信，须卜当夫妻被解往长安。

须卜当夫妻二人到达长安之后，王莽将其立为须卜单于，并打算出动大军护送他们返回匈奴，推翻呼都而尸道皋若鞮单于。这一做法其实已经是王莽第二次使用了。当初王莽诱使咸至边塞，再以武力相威胁，将咸立为孝单于，其子助立为顺单于，两件事的手法如出一辙。根据《资治通鉴》的记载，大司马严尤对王莽的做法提出过劝谏，他提出“须卜当在匈奴右部很有威信，因为他的关系，匈奴右部从未侵犯过我国边境。而且匈奴单于有什么举措，他都会通报朝廷，实在是我们在匈奴的一大耳目，现在把他弄到长安控制起来，不过就是一介胡人而已，不如放他回去，对我们更加有利”。可是王莽不听严尤的劝告，一意孤行，因为严尤于自己意见不合，不惜将其罢免。王莽本意是让廉丹领军出击匈奴，谁知道这时候关东地区的赤眉、绿林越闹越大，王莽平定内乱尚且不及，集结大军更是无从谈起，而须卜当就在这时又发急病而死。匈奴那边得到消息，也不断攻击新朝的北边疆界。王莽没有办法，只好将自己小妾所生的女儿王陆逯嫁给须卜奢，还在筹划日后反攻匈奴等事宜，甚至在地皇二年(公元21年)的时候准备运输天下的粮食到西河、五原、朔方、渔阳一线。如此到了王莽地皇三年，王莽终于在他太平盛世的美梦中兵败被杀，而反攻匈奴的计划自然告吹。

经历了王莽统治的20余年，比起曾经的宣、元、成三朝，汉朝、新朝与匈奴的关系已经走入了低谷。而在王莽末年的赤眉、绿林大起义之后，连年战争更是削弱了中原王朝的国力，至刘秀建立东汉之时，匈奴已经取得了战略优势，在实力对比方面处于东汉的上风。如果不是出现了匈奴的南北分裂，很难想象汉匈关系日后会走上什么样的发展道路。

6.2 匈奴的南北分裂

王莽政权倒台之后，中原的刘姓势力再次抬头。刘秀在击败对手刘玄、刘盆子等人之后，又经历了十余年的战乱，才基本上在国内完成了统一。随着众多势力对中原政权的争夺加剧，匈奴呼都而尸道皋若鞮单于开始对新政权转变态度。比如在更始帝刘玄登基的第二年，汉朝使者中郎将归德侯刘飒和大司马护军陈遵二人抵达匈奴，授予呼都而尸道皋若鞮单于新制印绶，印文与西汉颁发的完全一致，并且将当年被扣押在长安的须卜当的亲属送回。没想到呼都而尸道皋若鞮单于表现得非常骄傲，对二人说："匈奴与汉朝本来就是兄弟之国。匈奴发生了内乱，汉朝的孝宣皇帝就出兵帮助呼韩邪单于复国，所以匈奴当时才尊崇汉朝，并向汉朝称臣。现在汉朝也发生了内乱，政权被王莽篡夺，匈奴也出兵帮助汉朝攻打王莽，破坏了王莽的边防，使得天下百姓都怀念汉朝，王莽才最终灭亡而汉朝复兴。这些都是我们匈奴出了大力，现在你们也应当来尊崇匈奴了吧！"刘飒和陈遵还想据理力争，但是呼都而尸道皋若鞮单于仍然坚持己论，最后双方只好不欢而散。

至此匈奴与汉朝的关系一退千里，似乎回到了秦末汉初的情况。汉光武帝刘秀刚刚称帝没多久，北边渔阳的彭宠起兵造反，和匈奴联合，共同推举卢芳为首领，控制了五原地区。卢芳原籍安定（今宁夏回族自治区固原市），这一地区匈奴降人不少。后来在王莽末年天下大乱的时候，卢芳冒姓刘氏，自称汉朝宗室，官封西平王，拉拢了一批匈奴降人一同起兵作乱。他与匈奴句林王勾结，曾经去匈奴拜见过呼都而尸道皋若鞮单于，颇受单于的喜爱，又联合五原地区的李兴等人，在北方声势极大。匈奴一方还打算像汉朝拥立呼韩邪单于一样，立卢芳为汉帝，将他扶植为匈奴势力在中原地区的代理人。这一计划虽然付诸实践，但刘秀迅速击败了赤眉军，稳固了自己的统治。虽然外部仍有隗嚣、公孙述等势力，卢芳入主中原的阻力仍然很大。所以后来匈奴在看到东汉重金购求卢芳之后，终于主动放弃，将卢芳交出。

刘秀像

刘秀一方这时正在忙于平定内地，与赤眉军连番大战，根本无暇北顾。彭宠起事以后，刘秀并非没有动过征讨的念头，但被伏湛劝阻住了。伏湛认为，现在对刘秀和东汉政权困扰最大的是迫在眉睫的财政问题。目前财政入不敷出，四处战火不断，如果在这个时候还要同时在南北两线开战，实在是力有未逮。再加上渔阳地处边陲，设置此郡的主要目的在于防备匈奴，本来也不是一个富庶地区。即使在承平之世，渔阳地区的财政还要仰赖内地的供给，更何况现在战乱时期，本来就财政紧张呢？刘秀听取了伏湛的意见，立刻停止亲征，专心于中原地区的战斗。一直到建武六年（公元 30 年），刘秀才有机会向匈奴派出使节。这一次出使匈奴的仍然是归德侯刘飒，但呼都而尸道皋若鞮单于的态度依旧没变，还变本加厉，自比为冒顿单于，对使者的态度非常恶劣。刘秀的本意是暂时稳住匈奴，并未奢望能与匈奴修复关系。建武九年，大司马吴汉率领部队，与匈奴在北边又展开一次激战，但并未取得胜利，反而逐渐失去了对北方边郡的控制。刘秀不得已之下只好把幽州、并州一带的人口都迁徙到常山关、居庸关以东。双方战斗不断，一直持续到呼都而尸道皋若鞮单于在建武二十二年病死为止。

呼都而尸道皋若鞮单于本来也是按照兄终弟及的继承方式上台的，但是我们在上一节已经说过，兄终弟及这一制度，早在乌累若鞮单于上台时就已经有人提出异议,现在呼都而尸道皋若鞮单于根本不理会这是呼韩邪单于留下的旧制,准备直接传位给自己的儿子。这时,王昭君与呼韩邪单于生的儿子伊屠智牙师已经是右谷蠡王了,按照次序,他应当升任左贤王,而左贤王就象征着单于的继任者。呼都而尸道皋若鞮单于若想将单于位传给自己的儿子,必须先解决伊屠智牙师这个障碍,于是他就找了个机会将伊屠智牙师杀死,公开宣布要将单于位传给自己的儿子左贤王乌达鞮侯。

这一决定惹怒了另一位对单于位心存觊觎的匈奴贵族,他就是乌珠留若鞮单于的儿子——右奥鞬日逐王比。比这个名字是《后汉书》中所使用的,我猜测有可能是上一节我们提到过的苏屠胡,因为受到王莽提出所有匈奴人的名字都要使用单名的影响,所以改了一个类似汉名的名字叫做比。这位右奥鞬日逐王比对呼都而尸道皋若鞮单于这种做法非常不满,口出怨言说:“如果要按照兄终弟及的次序,就该轮到右谷蠡王;如果说按照小一辈里面的身份地位的话,我是乌珠留若鞮单于的长子,应该轮到我!”于是比与呼都而尸道皋若鞮单于之间心生芥蒂,比很少到单于王庭去参与会见,呼都而尸道皋若鞮单于也对他颇多提防,专门让两位骨都侯到比的领地上去监视他。

呼都而尸道皋若鞮单于死后,其子乌达鞮侯只当了不到一年的单于就病死了,继任的是其弟左贤王蒲奴。这时已是东汉光武帝建武二十二年(公元46年),匈奴在这一年再次遇到了严重的天灾,大旱和蝗灾相继而至,草木全部枯死。牛马等牲畜因为得不到充分的食物,也纷纷死去,终于造成匈奴人口的一次锐减。这一次是自呼韩邪单于统一匈奴之后,匈奴政权所遭遇到的最严重的一次天灾,近百年休养生息的成果被破坏殆尽。蒲奴单于担心汉朝趁机来攻打匈奴,于是派遣使者到渔阳请求与汉朝和亲,刘秀也派出中郎将李茂前往谈判。右奥鞬日逐王比趁此机会,派汉人郭衡带上绘制精密的匈奴地图去面见西河太守,表示愿意依附汉朝。这一情况被负责监视他的两位骨都侯查知,在当年五月单于在王庭龙城大会诸王的时候,秘密向蒲奴单于作了汇报。他们认为,右奥鞬日逐王比一直存有异心,如果不尽快解决掉他,今后恐怕酿成大祸。两位骨都侯与蒲奴单于本来是在帐中密谈，没想到隔墙有耳，这段对话碰巧被经过单于帐外的渐将王听到，他是比的弟弟，虽然对比的所作所为并不完全赞同，但毕竟手足情深，听到这些谈话，就赶紧派人密报给比。比听说此事后也感到担心，便决定先发制人，集合他所统领的南边八部兵众大约四五万人，严阵以待，预备等两位骨都侯回来以后杀死他们。两位骨都侯从王庭回来，得到消息，发现情况不对头，立刻回转王庭报告蒲奴单于。蒲奴单于派遣一支万人骑兵队前来平叛，等到两军阵前一看，比的部队在数量上占有明显的优势，硬碰硬地打起来，自己未必能占到什么便宜，只好先掉头撤退了。

这场内战虽然没打起来，但毫无疑问比的地位大大提高，蒲奴单于的威信由此受损。到了建武二十四年十月，匈奴南边八部大人共同推举比为呼韩邪单于。之所以要使用这个单于号，是因为比的祖父呼韩邪单于曾经依靠汉朝，平定了匈奴的内乱，现在移用他祖父的名号，也表现出比附属汉朝的决心。由此，匈奴正式分裂为南北两部，而南单于比主动向东汉示好，要求成为汉朝的藩属，为汉朝捍卫北部边疆。

东汉一方对此事的反应一开始并不积极。刘秀接到比遣使款塞的报告以后，觉得难以处理，就召集公卿集体商议。大家一开始都表示反对，认为现在天下刚刚平定，政权还不稳固，经济也需要慢慢恢复，而夷狄经常说话不算，难以信任，不能同意他们的要求。只有耿国提出，不如效仿孝宣皇帝接受他们，可以让他们为汉朝防备东边的鲜卑和北面的匈奴。耿国当时担任五官中郎将，对边事非常熟悉，当时北方的边患除了匈奴以外，乌桓和鲜卑也渐渐兴盛起来，长远来看迟早会威胁到汉朝的东北地区。刘秀对耿国也非常信任，他的意见无疑具有举足轻重的作用，于是刘秀当即决定，承认南匈奴的地位，册立比为南单于，正式接纳为汉朝的藩属国。

建武二十五年春天，接受了东汉任命的呼韩邪单于为表现己方的积极态度，命其弟左贤王莫率骑兵 1 万余人，向北匈奴发起进攻。这一次战役南匈奴赢得非常漂亮，不仅生擒了蒲奴单于的弟弟左贤王，而且还击败了蒲奴单于的直属部队，俘虏了人万余，马 7000 匹，牛羊超过万头。北匈奴国内惊扰，只得向西北移走，北部的奥鞬骨都侯和右骨都侯率领部众3万多人前来投降，彻底扭转了东汉北疆的战略防御局面。

从历史发展来看，南匈奴依附汉朝，并对北匈奴发起攻势，是具有重大意义的一件事。这是匈奴历史中的第二次分裂。第一次分裂由五单于争立开始，以汉朝攻灭郅支单于结束，前后不过20余年。这一次分裂则造成了匈奴此后再也没有完成过统一。不仅如此，前任呼韩邪单于虽然对汉朝称藩称臣，但是仍然具有较强的独立性，汉朝无法直接过问匈奴内部事务。可这一次就不同了，新一任呼韩邪单于没有受到乃祖那样的优待。比不仅要向汉朝朝贡称臣，而且还主动请求汉朝派遣使者到王庭去监督。建武二十六年，刘秀的使者中郎将段郴、副校尉王郁在前往匈奴传达刘秀旨意的时候，曾要求呼韩邪单于比伏拜受诏，据说单于犹豫了好久，最后只好遵从了汉使的要求，只是结束以后让翻译对汉使说："我们单于刚刚即位，这样对他的威信不好，希望使者不要让他再当众跪拜了"。左右的匈奴贵族见此情景，无不泣下。这是以前从未有过的事情。到了这年秋天，刘秀在对南匈奴进行赏赐之外，又让中郎将派遣50人，携带兵器留驻在单于的王庭，名义上是协助单于治理领地，实际上就是对匈奴政务进行监督。这实际上是汉朝开始干预匈奴事务的一种表现。如果说前任呼韩邪单于对西汉称藩还只是形式大于实质的话，那么新一任呼韩邪单于比对东汉称藩，就完完全全地沦为了东汉的藩属。根据《后汉书·南匈奴列传》中的记载，南匈奴单于在每年年底要派使者向汉朝中央政府报告领地的情况，并派遣一个侍子入朝，由汉朝安置在匈奴的中郎将从事一人护送，送至洛阳之后，再由谒者将前一个侍子送回。到每年的大年初一群臣朝贺完毕，使者才能返回，并带回皇帝送给单于及诸王的赏赐。这些赏赐虽然比西汉时给的还要多，但是匈奴的朝贡也变成制度化的事情，可以想见经历了天灾和分裂之后，匈奴的实力又一次跌入了低谷。

然而匈奴内部分裂的影响还在继续。建武二十六年夏天，新任呼韩邪单于比所俘虏的左贤王，联合南部5位骨都侯一共3万余人，从南匈奴叛逃。但他们并未直接回到北匈奴，而是在距离北单于王庭300

余里的地方自称为单于。这一次叛乱持续了1个多月。在南匈奴的不断攻击下,5个骨都侯都战死了,左贤王也自杀殉国,余部由5个骨都侯的儿子率领,分散在各地。到了冬天以后,叛军重新投降南匈奴,而北匈奴趁此机会派遣骑兵追击,将这些叛军一举擒获,南匈奴方面与北匈奴再次作战不利,只得退走。

这次南匈奴战败,东汉政府正好借此机会把南匈奴王庭迁到了西河美稷(今内蒙古自治区准格尔旗附近)。这一地区水草较为丰茂,刚好适合南匈奴过游牧生活,同时又与北匈奴拉开了距离。刘秀派遣中郎将段郴和副校尉王郁驻守在此地,并设置了官府,下有从事、掾史等官吏。又命令西河郡的长史每年冬天率领2000名骑兵和500名减免刑罚的囚犯,到美稷来协助中郎将护卫匈奴,夏天返回。这一防护措施后来演变成为东汉的固定制度,而驻屯在西河美稷的中郎将被称为使匈奴中郎将,也成为一个常设官职。南匈奴的其他贵族则分处北边7郡,作为王庭的屏障:韩氏骨都侯驻扎在北地郡,右贤王驻扎在朔方郡,当于骨都侯驻扎在五原郡,呼衍骨都侯驻扎在云中郡,郎氏骨都侯驻扎在定襄郡,左南将军驻扎在雁门郡,栗籍骨都侯驻扎在代郡。这些地区都是汉朝边郡,匈奴人与汉人在此开始大规模的杂居,使得双方从生活方式和风俗等方面相互影响,逐渐开始了民族融合。南匈奴后来逐渐受到汉族文化的影响,慢慢放弃了游牧,转而学习农耕技术,从游牧生活转向定居生活,从而慢慢融入汉族之中。

北匈奴看到汉朝与南匈奴联合在一起,双方的实力对比发生了根本性的变化,也颇为惊慌,赶紧将以前战争中俘虏和掠走的汉人放回,希望以此来向东汉政府示好。但北匈奴并未停止向南的进攻,只是进攻的目的在于打击南匈奴,而非与东汉作战。他们的军队每次经过汉朝设置的烽燧亭障,还要专门向守军解释,表示他们此次出击只是为了对付叛徒右奥鞬日逐王,并不打算与汉军发生冲突。到了汉光武帝刘秀建武二十七年,北匈奴甚至来请求和亲,使者到了武威郡的关塞之外,等待汉朝的答复。对此汉朝的公卿大夫各持己见,讨论不休,难以取得统一的意见。最后太子刘庄表示,南匈奴单于刚刚来投靠汉朝,北匈奴担心两家联合以后实力增强，对他们不利，这才努力向汉朝示好。从汉朝的角度来说，既然已经和南匈奴建立联系，现在也没有帮助他们出兵北匈奴，反而先跟北匈奴和亲，岂不是招致南匈奴的怀疑吗？以后南单于对汉朝心生嫌隙，北匈奴也不会再来讨好汉朝了。刘秀觉得这个意见很有道理，下令武威太守千万不许北匈奴使者入塞。

这一次北匈奴虽然碰了壁，但并没有死心，到了第二年，也就是光武帝建武二十八年，又派使者前往洛阳。这次来的理由是向汉朝天子进贡好马和皮裘。使者到达以后，又趁机向汉朝政府提出，希望汉朝能够与北匈奴进行和亲，并且赏赐他们汉地的音乐伎人，又许诺要带领西域各国的胡人使团来洛阳朝见天子。司徒掾班彪为此专门向刘秀上奏，奏议的内容是这样的（译文如下）：

> 微臣听说当年孝宣皇帝在接纳呼韩邪单于的时候曾经给边境军官们下过这样一条敕令："匈奴虽是大国，但在外交时常常不讲诚信。我们如果应对得法，那就无往而不利；假如中了他们的圈套，就会被他们轻视欺侮。"现在北匈奴看到南匈奴归附我国，担心我们两国联合来攻，所以才两次三番地来请求和亲，又大老远赶着牛马来跟我们进行贸易，向我们进贡。这无非是对外夸耀自己国家的富强罢了。依微臣的观察，对方进贡的礼品越重，就说明他们国家内部越空虚；来请求和亲的次数越多，说明他们内心越害怕。然而现在我们既然没有明确站在南匈奴一方，也就不要直接回绝北匈奴，而是采用羁縻的方法，回复他们的要求，也可以多加赏赐，赏赐的数量只要大致与他们的贡物相当即可。最后要把以前呼韩邪单于向汉朝称臣而受到奖赏、郅支单于与汉朝作对而被诛灭的情况给他们讲清楚。
>
> 要给北匈奴回信，也需要文字辞令上的技巧。微臣拟了一份草稿，不妨如此："北匈奴单于不忘记汉朝对匈奴的恩典，追念先祖与汉朝的盟约，想要进行和亲，以此来安定国家。单于能存有这样的想法非常好，我们也十分高兴。当年匈奴内部屡次出现纷争，呼韩邪、郅支两位单于产生矛盾，互相攻击，幸好有我汉朝孝宣皇

帝对匈奴施予援手,两位单于都各自派遣侍子前来称藩。后来郅支单于自己背叛汉朝,呼韩邪单于则归附我国,最终我汉朝消灭郅支单于,呼韩邪单于才得以统一匈奴,传国于子孙,到现在已经有好几世了。现在南单于率众南行,向我国称臣。南单于比自认为是呼韩邪单于一系的嫡长子,按顺序应当由他来继承单于位,结果北单于不但侵夺他的权力,而且还与他之间发生猜忌,这才几次向我国请求支援,要发兵扫荡王庭。以我国的立场来看,不能够偏听偏信南单于一人之言,再加上北单于又连年进贡,屡次提出与我国和亲,所以一直没有同意他的请求。汉朝凭借自己的威信,成为万国之首,日月所照的地方,都是汉朝的臣属。周边各国,不论亲疏之分,只要向汉朝称臣服顺的就能得到赏赐,叛逆不服的就会遭到惩罚。为善也好,为恶也罢,想要知道会得到什么样的结果,呼韩邪和郅支两位单于就是你们的榜样。现在单于想要与我国和亲,这个心意我们已经明白了,有什么必要再率领西域各国使者一起来朝贡呢?西域各国臣属于匈奴,与臣属于汉朝又有什么区别呢?单于连年作战,国力虚耗,进贡的贡物只需要代表一下心意就可以了,何必非要进献快马和皮裘呢?这次由使者给单于带去杂色绸缎五百匹,弓一副,箭四发。又赏给左骨都侯、右谷蠡王杂色绸缎各四百匹,斩马剑各一。单于提到先帝时曾送给呼韩邪单于的竽、瑟、箜篌,现在都已经损坏了,希望我们再赏赐一些。可是单于国内局势尚未平稳,现在正是要加强军备的时候,竽、瑟这些乐器显然不如良弓利剑来得有用,所以就没给您带来。单于如果有什么要求,请尽管派使者前来,朕绝不会对单于还爱惜区区一些小小赏赐。"

刘秀采纳了班彪的意见,而且给北匈奴单于的回信也如班彪所拟,就这样保持了与南北匈奴两边微妙的平衡。

到了汉光武帝刘秀的中元元年(公元56年),南单于比死去,由其弟丘浮尤鞮单于莫即位。当了单于刚一年,莫也病死了,即位的是伊伐于虑鞮单于汗。与南单于汗即位同时,刘秀也病死了,由其子刘庄即位，是为汉明帝。

汉明帝即位的时候，东汉经过光武帝初年的战乱达到天下一统，又有近20年的休养生息，国力已经得到了很大程度的恢复。东汉政府又利用拉拢南匈奴来限制北匈奴的策略，使汉朝处于可以坐山观虎斗的地位，这样就形成了一种很微妙的三边关系。北匈奴看到南匈奴与东汉关系紧密，非常担心，总希望通过外交活动来分化两者的关系。南匈奴依靠汉朝，自然希望汉朝能够帮助他们出兵攻打北匈奴，由此来实现匈奴各部的统一。东汉政府希望保存实力，自然不肯轻易出兵，同时也希望能够保持与北匈奴通使互市的关系，这样就可以在不损伤国力的情况下，保证北部边疆地区的安全。至于东汉政府的这点小算盘，以及北匈奴与东汉之间暗通款曲的事实，南匈奴一方也是心中有数，所以不少人对东汉心存不满。而北匈奴也觉得汉朝对南匈奴一方庇护过多，对己方的军事行动是个阻碍，虽然不便公开破脸，但是心中也难免有些怨恨。这样，三边利益与矛盾之间的纠葛就往往会在军事行动中具体表现出来。比如在明帝永平五年（公元62年）冬天，北匈奴派出大约六七千人的骑兵队入侵五原，袭击了云中到原阳（今内蒙古自治区呼和浩特市附近）一带。按照以往的习惯，北匈奴主要攻击目标是南匈奴的军队，不会随便劫掠汉人。可这一次可能对当地的汉人也有骚扰，所以《后汉书·南匈奴列传》中记载，虽然南匈奴出兵将这支部队击退，但直到西河长史马襄率军赴援时，北匈奴骑兵这才退出塞外。

更严重的情况出现在汉明帝永平八年。这时南匈奴已经几代单于交替，从前面提到过的伊伐于虑鞮单于汗，经历了醢僮尸逐侯单于适、丘除车林鞮单于苏到了目前的胡邪尸逐侯鞮单于长。北匈奴还比较强大，经常骚扰边境，所以汉朝政府对此很是头疼。这一年北匈奴单于提出互市和亲的要求，汉明帝正希望能用什么手段笼络住北匈奴，使他们不再进攻汉朝，于是赶紧答应了下来，命令越骑司马郑众作为汉朝使节，到北匈奴去复命。

南匈奴方面也得到了这个消息，对汉朝不满的情绪进一步滋长起来。南单于部下须卜骨都侯对汉朝心怀怨恨，就打算趁北匈奴使节南来之际，带兵投降北匈奴。郑众到了北匈奴之后，先是北匈奴对待他态度傲慢，要求他当众跪拜。郑众坚持不肯，单于就把东汉使团重重围困，并且停止供应水、火，郑众拔刀发誓，北匈奴方面才不再强求。后来郑众又觉得南匈奴方面的情况有些不对头，探子回报发现须卜使者与北匈奴往来甚密。郑众赶紧派人回洛阳密报南匈奴正处于不稳的状态，最好派遣大将屯驻边境，以防南北匈奴背着汉朝做一些小动作。明帝当即决定，设置一支专属部队，称作度辽营，由中郎将吴棠行度辽将军事，副校尉来苗、左校尉阎章、右校尉张国率领黎阳虎牙营驻扎在五原郡曼柏县（今内蒙古自治区达拉特旗到准格尔旗之间），又派遣骑都尉秦彭率领士兵驻扎在美稷，直接监督南单于王庭的行动。到了秋天，北匈奴果然派出一支2000人的骑兵队在朔方郡一带逡巡，用马皮造船，打算引渡从南匈奴来的降人。后来注意到汉朝部队已有警觉，只好不战而退。经过这一事件，北匈奴也意识到同汉朝的和亲无法达成，索性撕破脸皮，大肆劫掠边郡，焚烧城池，河西等地的城门就连白天都不敢打开。

汉明帝与汉光武帝不同，并不打算继续坚持对北匈奴的消极防御政策，到了永平十五年，经过重新集结整备的汉军兵分4路，准备出塞进攻北匈奴。具体的战略部署是由前面提到过的耿国之子耿秉提出的。《资治通鉴》对此有详细的记载（译文如下）：

谒者仆射耿秉几次上书要求对北匈奴发起进攻。明帝认为显亲侯窦固曾经跟随其父窦融在河西地区任职，对边事较为熟悉，就让窦固、耿秉与太仆祭肜、虎贲中郎将马廖、下传侯刘张、好畤侯耿忠一起商议出兵之事。耿秉说道："当初匈奴主要以西域、羌人等善于骑射的民族作为后盾，所以很难对付。后来孝武皇帝攻取河西、居延、朔方等地，匈奴失去了最为富饶的土地，不能联络羌人，只剩下西域这一盟友。后来通使西域之后，才有呼韩邪单于主动归附，这是因为匈奴被孤立起来的缘故。现在南匈奴单于的情况也与此相似，但这时我们还缺少西域的支持。微臣认为应当先出兵白山，取得伊吾，击败车师，再通使乌孙等国以求切断匈奴的右臂。目前匈奴南呼衍部正在伊吾，攻打这一地区又等于折断匈奴的左犄角，以后再对匈奴进攻就容易得多了。”明帝对耿秉的提议非常赞同。又有人提出，现在如果出兵白山的话，匈奴一定会出兵援助，这时就应当派兵先从东边佯攻，可以牵制匈奴的兵力。明帝听取了这些意见，在同年十二月，以耿秉为驸马都尉，窦固为奉车都尉，骑都尉秦彭、耿忠分别为两人的副手，统领兵马屯驻凉州，准备出击。

次年二月，明帝又派出祭彤和度辽将军吴崇率领河东、西河羌胡以及南匈奴部队共1.1万名骑兵出高阙，窦固、耿忠率领酒泉、敦煌、张掖3郡驻屯军及卢水胡共1.2万名骑兵出酒泉，耿秉、秦彭率领武威、陇西、天水3郡士兵及当地羌胡1万名骑兵出张掖居延塞，骑都尉来苗、护乌桓校尉文穆率领太原、雁门、代郡、上谷、渔阳、右北平、定襄7郡驻屯军及乌桓、鲜卑共1.1万名骑兵出平城塞，4路并出，讨伐北匈奴。

4路战况不同。窦固、耿忠一路一直打到天山沿线，击败匈奴呼衍王，斩首千余，不但完成了攻取伊吾的战略目标，还一口气将匈奴人赶到了蒲类海（今新疆维吾尔自治区巴里坤哈萨克自治县巴里坤湖）。于是在伊吾设置了宜禾都尉，留下一部分士兵戍守。其他3路战果就远远不及窦固了。耿秉、秦彭出塞之后，与匈奴的匈林王交战，追击对方达600里，直到三木楼山才回来；但斩获不多。来苗、文穆行军至匈河，遭遇到的都是匈奴的小股兵力，一触即散，没有交战。祭彤和南匈奴左贤王信彼此之间不是十分信任，出高阙塞900余里之后，看到一座小山，左贤王信本来对这里并不熟悉，但在祭彤面前不愿失了面子，就信口乱说是涿邪山（今蒙古人民共和国境内阿尔泰山东脉）。祭彤不明真相，以为部队已经深入到北匈奴腹地，经过探马索敌，却在周围没有发现匈奴人的活动。祭彤为慎重起见，只好撤军。

虽然4路人马之中，3路师出无功，但是耿秉的意见仍然得到了贯彻。伊吾地区现在已经如愿以偿地进入汉朝掌握之中，接下来战略目标就从匈奴转向了西域。汉明帝永平十七年(公元 74 年),窦固和耿秉二人联手由玉门出击,攻克白山,逼迫车师投降。车师是从中原通往西域的交通枢纽,东汉降服车师之后,立刻恢复西汉时的西域都护和戊己校尉。戊己校尉设置为二人,由谒者关宠为戊己校尉驻屯车师前王部柳中城,又派耿秉的堂兄耿恭前往车师后王部金蒲城担任戊己校尉,一方面防备匈奴来犯,另一方准备通使乌孙。乌孙与汉朝断绝使者往来,算起来已经有 50 年了。耿恭的使者到达乌孙之后,乌孙的大昆弥非常高兴,当即决定派遣使者,进献名马,并向汉朝派遣侍子。

北匈奴对东汉出兵西域也不愿坐视。汉明帝永平十八年,北单于派遣左鹿蠡王率领 2 万骑兵攻打车师。耿恭此时不知何故,手头兵力调动不开,只派出 300 骑兵援助车师,结果自然是全军覆没。车师小国失去汉军的助力,根本无法应对北匈奴的进攻,就连车师后王安得也被匈奴人斩杀。很快,车师后王部的金蒲城就成了一座孤城,只能独力抵挡匈奴人的虎狼之师。耿恭亲自登城指挥防御战,命令士兵换上以毒药浸泡的箭头,并对匈奴人大声说:“汉家的弓箭上附有神灵,凡是中箭者都会出现异状!”然后下令让士兵用强弩射击。匈奴士兵只要一中箭,箭疮立即溃烂,无法愈合,还伴随有各种中毒的症状,众人不知是毒,想起耿恭的喊话,无不惊慌失措。突然之间,天气也开始帮助汉军一方。大概是受了地面上的大战影响,天色变得漆黑一片,紧接着就是暴风卷着黄豆大的雨滴从天而降。汉军的箭雨伴随着暴风雨席卷了战场,匈奴骑兵顿时死伤惨重,都惊慌地说:“汉人的兵器确实神奇,实在可怕得很!”只好解围而去。

虽然耿恭的部队在武器和上天的帮助之下挺过了这一难关,但是经过实战证明,金蒲城比较小,并不是一个适合防御作战的好地方,而附近的疏勒城略大一些,旁边有河流经过,可以帮助防守,于是耿恭在这年五月把部队移动到疏勒城安置下来。到了七月,匈奴部队再次发动进攻,耿恭率领数千士兵迎战,匈奴初战不利,就将城下的河流改道。耿恭在疏勒城中挖井取水,一口气挖了 15 丈深,也没有发现水源。汉军将士已经渴得难以忍受,只好收集马粪,将马粪榨汁来喝。耿恭仰天长叹道:“听说当年贰师将军讨伐大宛,水源断绝,贰师将军绝望之际用佩刀刺向山石,立刻有泉水激涌而出。现在我大汉国运正在盛时,难道我们就已经到了穷途末路了吗?”说罢整理衣冠向井口下拜,与将士们祈祷上天保佑,没过多一会儿,井中开始有水涌出,大家都高呼“万岁”不止。耿恭命令士兵将水泼下城楼,匈奴一看汉军掘出了水源,认为他们有神明佑护,只好撤军。

同时承受北匈奴进攻的不仅仅是耿恭一人,战斗几乎在其他几条战线上同时展开。龟兹、焉耆两国受北匈奴的引诱,攻杀了西域都护陈睦,另一位戊己校尉关宠也被北匈奴围困在车师前部柳中城。车师国见势不妙,也倒向匈奴一方,派出军队夹击耿恭。所幸车师后王的夫人是汉人,所以车师国的进攻也只是做做样子。车师后王的夫人常常将匈奴军情派人通知耿恭,又想办法偷偷给他送去军粮。这样耿恭在疏勒城才能坚持几个月,最后只得把甲胄弩弓上的皮筋皮革之类的煮了果腹。北匈奴单于派人前来劝降,表示耿恭若降,不但可以封为白屋王,而且还把自己的女儿嫁给他。耿恭诱骗匈奴劝降使者登上城楼,亲手将其杀死,将尸体扔在火堆之中。匈奴官员在城下看到,都号哭离去。北匈奴单于闻讯大怒,决定增兵围攻耿恭。

这时远在洛阳的东汉中央政府作出了反应。早在关宠被围于柳中城的时候,驻守西域的汉军就已经向内地求援。但永平十八年八月,汉明帝过世了,享年48岁,由其子汉章帝刘炟即位。在国丧前后大动刀兵,是古人很忌讳的事情,所以洛阳方面只能把求援的事情暂时放下,直到章帝正式上台,朝廷之中才开始就是否发兵救援进行讨论。校书郎杨终认为,明帝中北征匈奴,向西控制西域36国,百姓连年服役,不得休息,物资运输困难,希望章帝能够仔细权衡利害轻重。司空第五伦也赞同杨终的看法,认为不宜发兵增援。司徒鲍昱表示:“现在西域将士身处危险之中,而朝廷置他们于不顾,对外会助长北匈奴的气焰,对内会挫伤将士们的忠心。假如今后北边无事则可,一旦北匈奴再次进犯,谁还愿意为天子带兵出征呢?戊己校尉2部只剩下区区几十个人,匈奴将他们围困起来,打了这么长时间还不能取胜,说明匈奴也已经实力衰退了。只要让敦煌、酒泉2郡太守各率领精兵2000,多打旗帜,疾速行军,尽快援救关宠、耿恭。匈奴围困已久,人马疲惫,肯定不敢开战,不出40天,足可以回到我国。"章帝决定依照鲍昱的计划进行,派征西将军耿秉屯驻酒泉,行使酒泉太守的职责,调度周围军事力量,遥控战局,又派遣秦彭与谒者王蒙、皇甫援征发张掖、酒泉、敦煌3郡及西域鄯善国兵马,合计7000余人在汉章帝建初元年(公元76年)正月集合于柳中城。

援军到了柳中城附近的时候,听说关宠已经病死在围城之中,王蒙等人就打算撤退。这时尚处寒冬,西域气候较内地而言更是寒冷,当初耿恭曾派军官范羌到敦煌领取士兵的冬装,正好赶上援军出动,范羌就与王蒙等人一起出塞。听到关宠的死讯以后,范羌坚持要王蒙继续前进,把耿恭救出来。但是其他将领都认为前方道路坎坷,寒冬行军,危险性太大,反正关宠已死,耿恭也是凶多吉少,不如撤退。在范羌的一再请求之下,王蒙拨给范羌2000人马去营救耿恭。行至疏勒城附近,天降大雪,地面上的雪积了1丈多高。范羌的部队费了很大的工夫,终于在半夜抵达疏勒城下。城中坚守的士兵只剩下26人,夜间听到有兵马行军的声音,以为匈奴要发动夜袭,看到远处影影绰绰,不知有多少兵马到来,都大惊失色。范羌赶忙大喊道:"我是范羌,朝廷派遣军队来营救校尉了!"城中士兵欢呼雀跃,急忙打开城门。双方一见面,都泪流满面。第二天,援军带着耿恭等26人撤回汉朝国土。北匈奴发现汉军援军到来,也派兵追击,援军且战且走。一路上饥寒交迫,当初守城的26人本来就已经困顿不堪,现在又经历这样一番折腾,到三月春暖花开的时候才抵达玉门关,而能活着进入玉门关的,也只剩下13人了。

与以往历次征服西域相比,汉军这次行动规模并不算大,但很有成效。解去柳中和疏勒2城之围以后,待到天气转暖,他们攻打车师,袭击交河城,斩首3800人,捉住俘虏3000多人,骆驼、牛、马等牲畜3.7万头。北匈奴被打了个措手不及,只好仓皇撤离,车师国失去了依靠,只得再次投降汉朝。可章帝对经营西域没有什么兴趣,洛阳方面讨论的结果是救援而不增兵，所以朝中对北匈奴与西域也采取放任态度，使得东汉很快就丧失掉对天山南北道的控制权。值得一提的是，尽管东汉政府对西域暂时放弃，但还有一个人留在了西域，这就是后来大名鼎鼎的班超。就在建初元年，东汉势力纷纷从西域撤出的时候，班超正在西域较西的疏勒国。尽管朝廷有诏书要班超返回洛阳，但当班超走到于阗的时候，疏勒人和于阗人都极力挽留班超，希望他能留下来，于是班超没有返回东汉。这样一来，东汉政府等于放弃了西域北部天山南北道的广大地区，但西域南部的昆仑山南麓到帕米尔高原一线的势力仍然保存下来，终于对日后东汉与北匈奴及西域的关系产生了决定性的影响。

6.3 班超平西域与北匈奴的灭亡

南北匈奴分裂之后，尽管实力有所衰退，但因为汉章帝即位之后，无心对外进行大规模的战争，而是采取消极政策，从西域撤军，所以北匈奴仍然对东汉保持有战略上的主动权。但正是班超驻留疏勒，使北匈奴未能将西域一举变为自己的势力范围，从此埋下了北匈奴灭亡的种子。关于班超这个人的事迹，我们在这里有必要详细介绍一下。

班超的家族可以追溯到秦始皇末年的班一，是个在楼烦地区牧贩牲畜的富翁。班一的儿子开始在汉朝当官，其玄孙为西汉武帝后期数次出击匈奴的越骑校尉班况。班况生有3男1女。其中长子班伯，是一位精通《诗》、《书》、《论语》的学者，曾多次出使匈奴，后担任定襄太守，他慎重选取掾吏，收捕盗贼，郡中称其为神明；次子班斿，官拜谏大夫，以博学有俊才深受皇帝器重；三子班稚，以人品高洁著称，官至延陵郎；女儿就是著名的班婕妤，不仅貌美，而且卓有文采，深受汉成帝的宠幸，就连成帝之母、太后王政君对她也很是喜爱。正是由于班婕妤的饶有才学，成帝决定将内府藏书全部抄录副本，赐给班家一部。这在当时可算是莫大殊荣，要知道那时尚无雕版印刷技术，书籍只能依赖口诵手抄，不是大富大贵之家，想要藏书根本无从谈起，而普天之下哪里的藏书能比得上皇帝的呢？所以当时对书籍的管理极为严格，成帝即位的头几年,他的叔叔东平王刘宇就曾利用进京朝见的机会要求从成帝这里抄诸子和《史记》回去。成帝与大将军王凤商议之后,认为《史记》中记载战国权谋、汉兴奇策、星象灾异、山川河流之类的事情太多,不适合让诸侯王知道,容易生出反心,故此对刘宇的要求进行了婉拒。这一次却同意将内府秘书抄给班家,真是无上恩典了。

随着这批藏书的到来,班家也在两汉之交成为当时著名的文化大族。一时间,与班氏兄弟结交的,都是当时最有名的大臣、学者如王莽、扬雄等人。而班稚的儿子班彪因为家有藏书,又有取之不尽的钱财,专门潜心向学,就立下了一个宏愿,希望日后可以续写司马迁的《史记》,记录西汉 200 余年的全部历史。班彪刚刚立下这个宏愿没几年,就赶上王莽之后的天下大乱,班家的万贯家财也一旦而尽。等到汉光武帝刘秀重新平定天下,已经是建武十三年(公元 37 年)了,而班彪终于壮志未酬,在建武三十年病死,去世时仅有 52 岁。

班彪死后,留下 2 男 1 女一共 3 个了不起的孩子。其中大儿子叫做班固,为班彪续写《史记》,并命名为《汉书》,这个故事在中国文学史上被传为美谈,相信大家并不陌生。女儿名叫班昭,后来嫁给曹寿,故又被称为曹大家。班昭在班固死后,帮助其兄完成《汉书》中诸《表》及《天文志》等部分,并将其传授给马融,在东汉享有极高的声誉。小儿子就是我们前面提到的班超。

班超字仲升,从小就胸怀大志,不拘小节。汉明帝永平五年(公元 62 年),班固因著《汉书》而被招入长安,任职校书郎。此时班家已经是家道中落,日子过得困窘不堪。班固只是个小小的校书郎而已,俸禄也不足以养活全家人的生活,班超只好到附近的官舍里去给官府抄写文书,以此来贴补家用。有一天,班超越抄公文,心中越是烦闷,终于按捺不住,将手中的毛笔用力地摔在一旁,长身而起,叹息道:“身为一个七尺男儿,也没有什么太高的志向,我只希望能够像前代的傅介子、张骞那样,在西域立下不世之功,位列封侯,怎么能像现在这样只跟笔墨打交道呢!”一旁的人都纷纷取笑班超的胡思乱想,都说:“如今国家政策已经跟武帝时候不一样了,哪里会让你随便跑到西域去?再说你一个穷小子，还要在这里抄写文书挣钱，不好好干活，就会在这里发痴！”班超对他人的冷嘲热讽毫不在意，只是淡淡地说了一句：“鼠目寸光之辈又怎能了解壮士的志向呢？”当时有相面先生看到班超志向异于常人，对班超说：“你这个后生长了燕颔虎颈，这是能在万里之外封侯的贵相啊！”没过多久，班超果然时来运转。有一天汉明帝召见班固，君臣闲聊之际，明帝突然问到班固的家人，班固回答说有个弟弟在靠抄写文书赡养老母，明帝大为感叹，便将班超擢为负责纠察奏事的兰台令史。

永平十六年，奉车都尉窦固率军出击北匈奴，也就是我们在上一节提到过的那次战役。班超担任窦固下属的中级指挥官，率领一支小部队随军出征。他在伊吾和蒲类海等战役中表现非常英勇，砍下很多北匈奴士兵的首级，得到了窦固的赏识。窦固将他举荐为出使西域的使者，与从事郭恂一道，前往鄯善国与鄯善王一同商议对抗北匈奴等事宜。这时恐怕连班超本人也没有想到，这一次出访鄯善，将成为他自己漫长的西域生活的开始。

鄯善国此时正面临困惑与选择。东汉军队攻入伊吾，在当地设置宜禾都尉，对匈奴人打击很大，可以说通往西域的大门已经向东汉军队敞开了，而首当其冲的就是鄯善国。从战略形势上来看，鄯善不向东汉靠拢是不可能的。但从另一方面来讲，因为西汉末年的战乱，汉政府已经在西域失去了往日的威信。几十年来，对西域影响最大的就是匈奴，要想让鄯善一下子倒向东汉，也没有这种可能。所以鄯善王同时受到东汉和北匈奴两方面的拉拢，一时也举棋不定。

班超初到鄯善的时候，鄯善国国王广对班超可谓礼遇有加，过了些日子以后，忽然对待汉使不像以前那么尽心了。班超就对随行人员说：“大家难道没发现，广对我们的礼遇不如刚来的时候了吗？我看一定是北匈奴也有使节到来，所以广对投靠汉朝还是匈奴犹豫不决，才会出现眼下的变化。”于是班超把服侍他们的鄯善人叫来，问他们说：“匈奴使节来到鄯善也有些日子了，他们都住在哪儿啊？”鄯善人在突袭之下猝不及防，一下子就慌了，以为事情已经败露，只好把实情相告。班超将这些鄯善人全都关起来，聚集帐下军官士兵共36人，大家凑在一起喝酒。喝到酒酣耳热的时候，班超开始故意激怒他们说："诸位跟我都身处异乡，来到这里就是为了能立下大功，回去可以得到富贵。现在匈奴使者到了鄯善才几天，鄯善王广就开始不待见我们。现在鄯善王打算把我们都抓起来送给匈奴人，今后我们只怕都要被拉去喂豺狼，你们大家说说，我们该怎么办？"将士们齐声说道："现在身处危险之中，不管生死都愿意听从司马您的调遣！"班超说道："不入虎穴，焉得虎子！现在只有趁着夜色，到匈奴使者的驻地去放火，让他们不知道我们来了多少人，先下手为强，把他们全都杀光。只要把匈奴人杀了，鄯善国自然害怕，这也是我们的大功一件！"众人都说："还是跟从事大人商量一下吧！"班超大怒道："不管吉凶生死，就看今天的了。从事不过是个庸碌无能的文官，听到我们的计划一定会惊恐万状，弄不好就会泄露我们的计划。死了还不能在历史上留下姓名，那不是男子汉所为！"众人同时称是。

当夜，班超率领36名将士偷袭匈奴人的营盘。那天晚上正刮着大风，最适合放火不过。班超命令10个士兵带着锣鼓藏在匈奴人的营帐之后，约定看到火光一起，马上击鼓大叫。其他26名士兵都拿了武器埋伏在营门之外。班超借着风势纵火，大火很快席卷了整个营地，埋伏好的汉军士兵击鼓大叫，弄得匈奴营地里面一片慌乱，也不知道汉军究竟来了多少人。班超趁乱杀入敌营，亲手斩杀3名匈奴士兵，其余将士也跟随冲入，杀了匈奴使者等共30余人，其余百余名匈奴士兵都葬身火海。

第二天天亮之后，班超带着36名将士返回自己的驻地，这才将昨晚恶战的经过向郭恂作了汇报。郭恂是个懦弱无能之辈，一听此事，大吃一惊，继而又露出贪婪羡慕的神色。班超观察到郭恂的神色变化，立刻就明白了他在想什么，赶忙说道："虽然您没有亲自参战，但我又何必一个人独占这么大的功劳呢？"郭恂大喜。班超这才叫来了鄯善王广，把匈奴使者的首级给他看。鄯善王大为震撼，不管怎么说匈奴人是死在自己的土地上，不管怎样也脱不了干系了。班超用好言相劝，鄯善王也只好派出质子，表示愿意归附汉朝。

班超将鄯善局势稳定下来之后，又命人马上通知奉车都尉窦固。窦固迅速上报朝廷，将班超列为首功，并要求朝廷再选派使者出使西域。汉明帝看到战报，对班超的果敢勇决非常赞赏，当下对窦固说："朕有班超这样的臣子，何必再选使者呢？现在命班超担任军司马，让他继续建立功业。"班超于是再次成为汉使。窦固想要给他多派一些士兵，班超却说："我只需率领原来的30余人就足够了，如果出现什么紧急情况，派多了士兵反而累赘。"

班超出使西域的第二站是于阗。于阗本来只是莎车的一个属国，因为莎车贵族在于阗胡作非为，于阗大人休莫霸复在汉人韩融帮助下自立为于阗王。后来莎车王贤派其太子、丞相率领各国联军2万人前来攻打，双方一场大战，休莫霸复大败联军，杀伤万余人。莎车王贤又亲自率本国数万士兵来袭，休莫霸复又一次获胜，并反击莎车，结果休莫霸复在攻城战中误中流矢而死。于阗人又立休莫霸复的儿子广德为于阗王，用计吞并了莎车。匈奴闻讯之后，派出焉耆、尉犁、龟兹等15国联军3万余人围住于阗，广德请降，并向匈奴派遣质子，杀掉匈奴拥立的莎车王，另立其弟齐黎为莎车王。

班超由鄯善至于阗的时候，于阗虽然臣服于北匈奴，但在西域诸国中也算是个强国。于阗王广德连匈奴扶植的莎车王都敢杀掉，当然也不会把班超一伙放在心上。于阗人都相信巫师，巫师说："天神对你们想要投靠汉朝表示愤怒，汉朝使节那里有上好的黑马，你们要赶快把这匹马要来，我要拿这匹马来祭祀天神，平息他的怒气！"广德赶紧派人去跟班超要马。班超早就通过探子打听到了这个情况，提前作了准备，看到广德的人来索要好马，不假思索就答应了对方。但是班超提出，马可以给，但是不能送，于阗的巫师想要，那就自己上门来取。巫师还以为班超这是示弱的表示，也不虞有他，施施然来到这里取马，没成想刚见到班超的面，就被班超绑住斩了。班超将巫师的首级送还广德，对广德的无礼之举大加斥责。广德听过班超在鄯善国诛杀匈奴使者的事迹，对班超雷厉风行的做事风格有所耳闻，看到班超当真把巫师给杀了，既感到惶恐，又感到佩服，当即杀了匈奴派驻于阗的使者，宣布于阗去匈从汉。班超给了于阗很多赏赐,又为东汉拉拢到了一个强援。

于阗之后,班超又秘密到了疏勒。这时正赶上永平十八年,汉明帝驾崩,章帝即位,东汉有国丧,难以顾及西域形势。焉耆趁机攻打西域都护陈睦,陈睦战死。班超此时正驻扎在疏勒,孤立无援,而龟兹、姑墨两国又来趁火打劫,联合发兵攻打疏勒。班超在士兵不足的情况下,帮助疏勒王镇守边防,抵抗了一年有余。章帝听说陈睦已死,班超在疏勒缺兵少将,认为没有必要继续在西域投入更多的兵力财力,就下诏要求班超撤回中原。当班超受诏准备踏上归程的时候,疏勒全国都陷入惊慌之中,疏勒国都尉黎弇说:“汉朝的使节抛弃了我们,我们这次一定会被龟兹打败的,我实在无法忍心看着汉朝使节离去!”于是拔出刀自刎。班超经过于阗,于阗贵族们听到班超要回国的消息,都大声号哭说:“我们都把汉朝使节当做我们的父母一样看待,您可千万不要走啊!”大家抱着班超的马腿,让班超动弹不得。班超其实也不想走,希望能留在西域继续他未完成的事业,于是从于阗借兵,回到疏勒。疏勒自班超走后,已经投降了龟兹。班超将造反者全部诛杀,重新安定了疏勒局势。

汉章帝建初三年(公元 78 年),班超率领疏勒、康居、于阗和拘弥士兵 1 万余人攻打姑墨石城(今新疆维吾尔自治区温宿县一带),取得胜利,斩首 700 余级。这一次大胜之后,班超在西域威名大振,所以在建初五年,班超向朝廷正式提出了出兵龟兹、焉耆的要求,希望能将西域依附匈奴的几个国家一举征服。

龟兹、焉耆是天山南路的两个西域国家,地处塔里木河流域,在今天新疆库尔勒、轮台、库车一线。当时的龟兹王是北匈奴拥立的,所以背后有北匈奴撑腰,这才把势力延伸到姑墨、温宿、疏勒等国。班超在西域各国积极活动,目的就是要削弱北匈奴的力量,所以龟兹和焉耆是战略上的重要目标。东汉政府经过考虑,章帝同意发兵。经过多年的战争,一直到和帝永元三年(公元 91 年),龟兹、姑墨、温宿等国才降服东汉。因为班超在西域的经营已经隔断了北匈奴与西域之间的联系,同年,窦宪、耿夔出兵征讨北匈奴,将北匈奴的势力一举扫平,东汉屯兵之地已经从伊吾推进到了车师前后部，所以班超在和帝永元六年，最后向焉耆、危须、尉犁这些尚未归汉的国家发起了总攻。

班超这次调动了龟兹、鄯善等8国联军共7万人，由龟兹出发，一路向西，先攻尉犁。军队到了尉犁边境的时候，班超先派人去劝说焉耆、尉犁、危须3国说："我此番带兵前来，并不希望妄启战端，以致生灵涂炭，而是为了镇抚你们3国。如果你们能够改恶向善，就立刻派贵族大人前来迎接，我会大行赏赐，然后退兵。现在先赐给你们国王500匹绸缎！"焉耆王广听到这个消息，立即派左将北鞬支带上礼物去迎接班超。班超质问北鞬支说："你虽然是匈奴的质子，但现在焉耆的主要权力掌握在你手里，我现在亲自前来，而焉耆国王也没有及时迎接，都是你在背后捣鬼。"有人劝说班超干脆趁此机会把北鞬支杀掉，以免夜长梦多。班超回答说："此事并非如你所想的那样简单。这个人在焉耆的影响力甚至超过了焉耆国王。现在我们尚未进入焉耆境内，就先将北鞬支杀掉的话，只会让他们生出怀疑之心，发兵据守关津要路，那时想要进军就困难了。"于是给了北鞬支一些赏赐，将他放回焉耆。焉耆王广看到北鞬支带着礼物返回，就相信班超不会开战，便同国内的贵族大人们带着礼物来到尉犁，准备迎接班超。

其实班超担心的，是焉耆一处非常险要的所在，叫做苇桥。因为焉耆在秦海（今新疆维吾尔自治区博斯腾湖）附近，这里河道纵横，孔雀河、塔里木河、开都河等河流都流经此地，苇桥是抵达焉耆国都最为便利的一条路径，如果焉耆人在这里布下重兵防守，即使是班超拥有7万西域联军，那也要付出很大的牺牲才能通过。现在焉耆王广看班超似乎没有进军之意，在防备上有所松懈，就没有安排军队防守苇桥。但焉耆王广毕竟是一国之君，不是个无能之辈，为了让班超的大军不能够顺利进军，他干脆把苇桥彻底破坏掉，希望班超知难而退，至少也不能再继续前进。班超哪里是能被这点小小阻碍就难倒的人，他看到苇桥已断，当即决定掉转方向，改从另外的河道渡河，神不知鬼不觉地迂回到了距离焉耆国都仅20里的地方。

班超的西域联军屯兵在焉耆都城附近的一处沼泽之中，7万大军

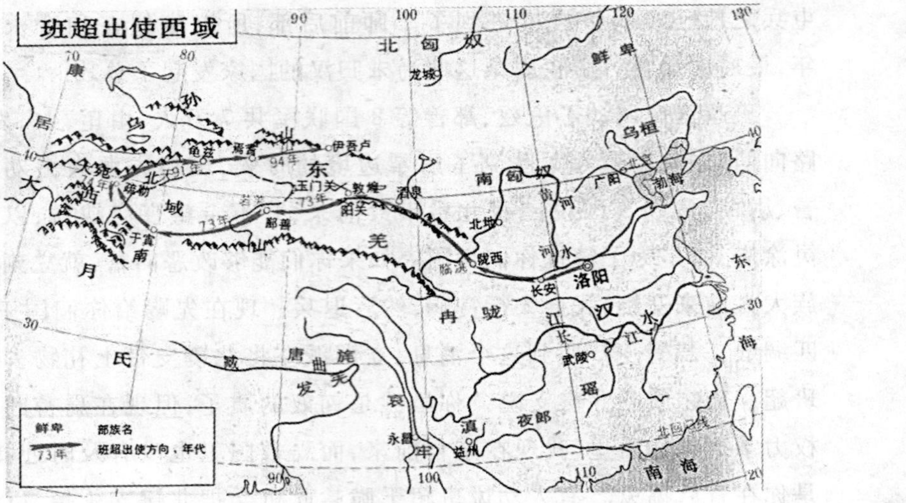

班超出使西域图

突然现身于此，犹如神兵天降，焉耆王广大惊，知道大事不妙，打算带着身边亲信家眷跑到附近山里面躲起来。焉耆左侯元孟以前曾经到过洛阳，属于焉耆国内的亲汉派，听说此事之后，就秘密派遣使者通知班超。班超为了避免引起焉耆人的恶感，就杀了元孟的使者，扬言要在焉耆都城附近召开西域诸国大会，号称要大行赏赐。焉耆王广等人看到大势已去，逃走又不是个办法，就与尉犁王汎、北鞬支等30余人一起去见班超。焉耆国丞相腹久等17个人害怕班超设下圈套，没有跟着焉耆王广一起前往，而是逃入秦海避难去了，危须王也没有来。当焉耆王广和北鞬支到了班超营帐之中，宾主双方坐定之后，班超突然发怒，诘问焉耆王广说："危须王在哪里？为什么竟敢不来？腹久这些人又为什么突然逃跑？"便传令身边的将士，把焉耆王广、尉犁王汎、北鞬支等一干人都绑起来，押到当初西域都护陈睦战死的地方，一一杀掉以慰陈睦在天之灵，然后将这些首级送往洛阳。将焉耆王广杀死之后，班超又下令西域联军在焉耆大肆掠夺，斩首5000余人，将1.5万人俘虏为奴，获得牛、羊、马等牲畜30余万头，彻底将焉耆的国力摧毁。班超又扶植亲汉派的元孟为焉耆王，自此之后，西域50余国都已成为东汉的属国。

永元七年，汉和帝收到捷报，下诏将班超封为定远侯，封邑1000

户。班超自明帝永平十六年随窦固出塞,到永元七年基本压制西域,整整用了22年的时间。班超一晃已从年富力强的中年,变成了须发斑白的六旬老人。当他平定西域的愿望达成以后,也开始怀念故土,希望能够回到自己的祖国,于是在永元十二年上疏和帝说:“微臣听说当年建立西周的功臣姜太公,尽管封地在齐国,但其子孙五代都安葬在周地。所谓狐死首丘,胡马依北风,越鸟巢南枝。周齐两国同在中原,相距不过在千里之内,尚且让人有故乡之思,更何况我这身处绝域之人!又让微臣怎能没有首丘依风的想法呢?蛮夷的习俗向来是惧怕壮年,欺负老者。微臣已经年迈,经常暗自担心有一天就死在异国他乡,最后变成个孤魂野鬼。当年苏武被匈奴强留在极北之地,不过也才19年而已。现在微臣有幸,能够手捧西域都护的金印,如果能够在屯所寿终正寝,自然不会没有任何遗憾。但微臣怕的是,一旦日后西域有变,后世史家就会在史书上记上微臣‘殁于西域’。希望陛下能够体谅微臣的这点私心。微臣不敢盼着能够返回酒泉,只要在有生之年能够进入我汉朝的玉门关,就心满意足了!微臣现在年迈多病,甘冒死罪,在此胡言乱语,谨派遣儿子班勇向朝廷进献贡物。微臣希望趁自己还在人世的时候,能够让班勇这孩子亲眼见到中原的样子啊!”

不只是班超一人苦苦请求回国,班超的妹妹班昭也向和帝上书恳求。班昭写道:“臣妾胞兄西域都护、定远侯班超,有幸能够以小小的一点功劳受到汉家爵禄,天恩浩荡,实在不是我们这些地位低下的臣子所能承当的。班超刚刚出塞的时候,志在为国捐躯,盼着能够为朝廷立下功劳。没想到前任西域都护陈睦战死,回国道路也被隔断。班超孑然一身,辗转奔走于西域各国,说服诸国借兵。每次征战,都身先士卒,身受创伤,不畏死亡,多蒙陛下神灵佑护,能够在大漠之中保得性命,到现在已经快30年过去了。班家的诸位骨肉至亲之人,经过这么多年的生离,都已经不认得他了。当年的故交旧友们,现在都已不在人世。班超已经是年近七旬,身体多病,头上再无黑发,两手也已麻木不仁,耳目都不似以往之灵敏,必须借助手杖方能行走。这样的一位老人,即使他还愿意竭尽所能,为国效力,以报答陛下天恩,但是毕竟年龄已经太大了,心有余而力不足。更何况蛮夷的风俗历来是欺负老人,班超又总盼不到来代替他位子的人,臣妾担心如此天长日久,就会让西域诸国生出叛逆之心。现在朝廷中的公卿大夫们都只为自己打算,没有长远的眼光,假如西域突然发生变乱,班超已经是力不从心了。到了那个时候,只会将国家几代的经营毁于一旦,也让班超的努力化为泡影,实在让人伤痛不已。所以班超一定要请求归国,为此已经等待了3年之久,还没有得到陛下的答复。臣妾曾听说过,古时候的人15岁由国家发放兵器,60岁就要交还国家,也是为了让他得到休息,因为无力再为国家任职了。所以臣妾甘冒死罪,也要替班超求情,乞求在他的晚年能够让他回到故土,再次见到洛阳的宫阙,让国家不用再担心西域会有急变。班超曾经给臣妾写过一封诀别之信,他生怕今后将不能再与臣妾相见。臣妾实在为此感到伤心,又愚笨不明大义,触犯了陛下的忌讳,死罪死罪。"

班昭在和帝时身份高贵,后宫的皇后、贵人等等,均奉以为师。她的上书显然起了作用,《后汉书》称和帝终于为她的上书所感动,把班超从西域调回,封为射声校尉。班超前后在西域共31年,在永元十四年八月抵达洛阳。大概是一路风尘仆仆,舟车劳顿,班超本来就有胸肋疼痛的陈年旧疾,回到洛阳之后越发严重,一代名将,就这样在返回中原1个月之后,终于在同年九月病死,时年71岁。

为什么在这里要连篇累牍地介绍班超的故事呢?因为班超平定西域,与北匈奴的覆亡有直接的关系。汉光武帝末年,东北地区的鲜卑人开始崛起,他们从今天黑龙江省的大兴安岭一带出现,逐渐向西边的草原移动。鲜卑人与东汉约定,帮助东汉攻打北匈奴,成为东汉政府在东北边境上最有力的盟军。至汉章帝时,北匈奴已经处于四面被围攻的境地,南边是强大的汉朝与南匈奴,东边是鲜卑人,北边还要受丁零人的不断骚扰,可以说唯一的退路就是西域,所以西域对于北匈奴而言不啻于它的生命线。本来西域诸国服从匈奴的并不在少数,可因为班超在西域的积极活动,北匈奴已经无力将势力渗透到准噶尔盆地及阿拉山口以南,而只能远远地绕过乌孙,转入今天的中亚地区。鲜卑人不仅占据了匈奴盘踞的土地，同时也将留在故土的匈奴人同化，取匈奴而代之，成为北边最有力量的民族。西晋永嘉之乱以后，鲜卑人趁势而动，终于在中原建立了北魏王朝，这些都是后话，这里也不赘谈了。

至于东汉政府攻破北匈奴的过程，说来有点滑稽，完全是因为后宫的一些丑闻是非，才有了这场战役。章和二年（公元 88 年），汉章帝过世之后，即位的和帝是个仅 10 岁的小皇帝，自己不能独立处理朝政，必须由其母亲窦太后来协助，实际权力由窦太后及其兄窦宪等人掌握。窦宪此人气量心胸都很狭小，睚眦必报。章帝过世之后，改元永元，各地宗室诸王都来吊丧，其中齐殇王的儿子都乡侯刘畅与自己的亲信步兵校尉邓叠一同来到洛阳。史书上说刘畅“素行邪僻”，我想大概就是为人比较特立独行，喜欢奇装异服。刘畅通过邓叠母亲的门路，偷偷溜进了长乐宫，与窦太后有了奸情。窦太后借和帝的旨意，命刘畅上东门参见，明显要重用这个人。这让窦宪看在眼里，急在心里，生怕自己的妹妹从此命刘畅管理宫禁事宜，会分去自己的权力。万般无奈之下，窦宪只好派刺客去暗杀刘畅，并把罪名想办法推给刘畅的弟弟刘刚，又派出自己的亲信担任侍御史，参与审讯刘刚，打算屈打成招。窦宪本想自己只手遮天，把事情蒙混过去，但是杀了当朝权力最大的窦太后的宠幸之人，结果哪有不败露的？很快真相就被窦太后查明。窦宪犯了死罪，窦太后既气他杀了自己的奸夫，又不能杀他，必须想办法宽赦他的罪过，就把他先关在内宫之中。就在这个让窦太后左右为难的时候，窦宪赎罪的机会来了。

南匈奴单于屯屠何给东汉政府来了一封信，原来就在这年，北匈奴出现了大范围的蝗灾与瘟疫，不断有人向南匈奴投降。屯屠何认为这是个天赐良机，可以将匈奴重新统一，便向东汉政府报告敌情，说北匈奴正处于内乱之中，如果南匈奴与汉朝出动联军，定可一战成功，最后要求汉朝出动执金吾耿秉、度辽将军邓鸿与北部沿边诸郡驻屯军，于九月共同出击北匈奴。东汉一方的大臣，除了耿秉之外，几乎全都不同意。窦太后却认为这是个机会，不如让窦宪领兵出战，既可趁此机会积累军功，又可以赎去死罪，一举两得。于是力排众议，命窦宪为车骑将军，耿秉为副手，发动洛阳北军五校尉、黎阳等地沿边12郡驻屯骑兵大举进击。

为此，东汉政府中的诸位公卿大夫一片反对声浪。大家都认为，北匈奴现在已经无力进犯边塞，师出无名，徒然耗费财力民力，并非长久之计，国家又正值章帝大丧，不应出兵征伐。窦太后则希望借此次出兵，来转移人们对窦氏家族专权的注意力，便将反对派的奏章一概压下。窦宪终于在和帝永元元年顺利出发。

从结果来看，窦宪这次出兵是非常顺利的。窦宪、耿秉率领汉军8000骑兵与南匈奴左谷蠡王所率领的1万匈奴骑兵出朔方郡鸡鹿塞，至涿邪山（今阿尔泰山脉沿线，在蒙古人民共和国境内），与南匈奴单于屯屠何会师，与北单于大战于稽落山（亦在蒙古人民共和国境内）。这一仗打得北匈奴大败，一直追击到私渠北鞮海，北匈奴贵族被斩首者达1.3万级之多，擒获牛羊牲畜超过100万头，北匈奴各部投降者前后约有20万之众。窦宪、耿秉登上燕然山（今杭爱山脉，在蒙古人民共和国境内），将此次战功刻在山崖之上，以表示汉朝的威德功绩，并由班固亲自撰写铭文。

窦宪在大胜之余，认为战功已经足够抵偿自己的罪愆，就没有急着追击穷寇，而是施施然班师回朝，同时对北匈奴发动政治攻势。他派遣军司马吴汜、梁讽等人，送金银财宝给北匈奴单于，宣扬汉朝的威仪。这时北匈奴方面已经是人心惶惶，吴汜、梁讽所到之处，前来向汉朝投降的匈奴人不计其数。两人到了西海（今扎布汗河流域，在蒙古人民共和国境内），见到了北匈奴的单于，要求北匈奴效仿当年的呼韩邪单于，投诚汉朝，这才能有保国安民之福。北匈奴单于大为高兴，派军队护送吴汜、梁讽二人回国，一直将二人送到私渠北鞮海，听到汉军再次出塞的消息，又派自己的亲弟弟右温禺鞮王跟着梁讽一起去洛阳贡献珍宝。可以说，经此一战，北匈奴已经是大势已去，无论如何不可能再与东汉和南匈奴进行对抗了。这场战役自然以窦宪大获全胜而告终，不但死罪已免，而且窦太后还专门派遣使者到五原窦宪驻兵处，加封他为大将军、武阳侯，食邑两万户。窦宪又趁此机会，大摆高姿态，一力退却封侯食邑，却又保留了具有实权的大将军之职，于是窦氏家族威震朝野，再也没有人敢对征讨北匈奴一事表示反对。

永元二年，南单于再次上书，奏请消灭北匈奴。北匈奴单于也派出使者到居延，希望朝见汉家天子。窦宪派出班固、梁讽两人去边境迎接，结果班固、梁讽尚未赶到居延，北匈奴与南匈奴之间已经打起来了，北匈奴被南匈奴赶得一路向西跑，两人一直走到私渠北鞮海也没接到使者，只好折回来复命。窦宪也觉得北匈奴势力已经大不如前，没必要再玩什么政治和外交手腕，索性直接采取武力征服的手段就好，于是打定主意，在永元三年再次出兵。

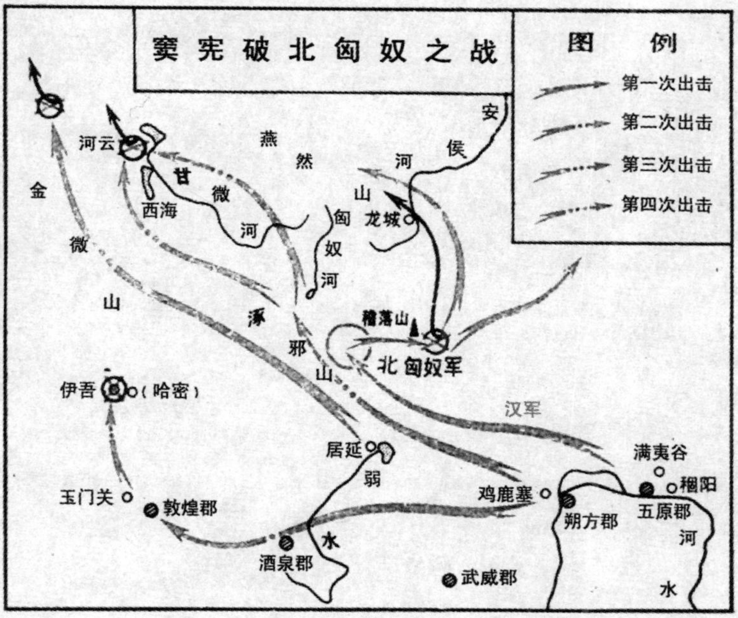

窦宪进军路线图

东汉军队在永元三年的这次出塞作战，是东汉与北匈奴的最后一战。窦宪出动了右校尉耿夔、司马任尚与赵博等人，直捣北匈奴的最后据点——金微山（今阿尔泰山脉），结果杀掉单于的阏氏、名王 5000 余人，北匈奴单于率领几名亲随逃走，最后不知所踪。其弟右谷蠡王于除鞬自立为单于，带领以右温禺鞬王、骨都侯等为首剩下的 8 个部族共几十万人，移动到蒲类海一带，派遣使者宣布投诚。窦宪上书和帝，在永元四年，由东汉天子颁下北单于玺绶印信，正式承认于除鞬为北匈奴单于，并赏赐玉剑四口、羽盖车一驾，由中郎将任尚持节守卫，将北匈奴人安置在伊吾，待遇视同南匈奴。

北匈奴被窦宪、耿夔的大军击败，使得匈奴作为两汉政府边患的历史正式结束。匈奴人被一分为三：南匈奴内迁之后，与中原的汉人开始发生同化；而留在匈奴故地的匈奴人则投向了鲜卑，纷纷自称鲜卑；最后一批北匈奴残存力量无心更是无力夺回故土，而开始了漫长的西迁。至此，曾经纵横东北亚的匈奴人终于逐渐失去了历史舞台上的主角地位。

终章　匈奴人的西迁

我们在前面已经说到，窦宪北击匈奴，终于以北单于孤身逃走而告终，北匈奴最终退出了中国历史的舞台。然而，北匈奴尚有不少残余部落，一部分人坚持留在了漠北，到魏晋时期仍有关于他们的零星记载。另一些人不甘受制于汉人或鲜卑人的统治，于是开始相约向西移动，离开蒙古高原。他们越过金微山，逃往康居（今哈萨克斯坦东南部），在今天的中亚地区重建国家，并且不再试图返回东方的故土，而是一路向西，最终入侵了欧洲。这段历史在汉文史料中没有留下痕迹，相反欧洲人关于匈奴入侵的记载倒是很多，我们就用这一章大致讲述一下匈奴西迁的历史。

从北匈奴溃败之后，到公元4世纪中后期的大约200年时间，是匈奴历史上的一段空白期。在这段时间之内，中国正在经历一场历史巨变。公元220年曹魏代汉，此后进入三国鼎立时期，虽然经过西晋的重新统一，但是中原王朝正在受到来自北边的鲜卑人和西边的氐、羌等民族的无休止的侵扰。在内部爆发了"八王之乱"以后，北方"五胡"纷纷起兵，终于将洛阳、长安相继攻破，西晋皇族几乎全军覆没，只得放弃北方，逃往江南，史称"永嘉之乱"。就在这段时期，中原王朝已经完全失去了对西北地区的控制，与西域诸国都不再有任何来往，就更不要说已经西移的北匈奴了，所以在汉文史料中出现的匈奴，全部都是内迁进入山西地区的匈奴人。这部分匈奴人已经有了相当程度的汉化，其中在"五胡乱华"中首先起兵的刘渊等人，据学者研究都是屠各人，即使他们还奉有一个匈奴的名号，但逐渐被汉族同化已经是在所难免之事。

西迁之后的匈奴，也面对这个难题。他们如果想要重新穿越阿尔泰山回到故土，首先就要面对盘踞在阿尔泰山以东诸如高车、柔然、丁零之类的新兴力量。这些当初都要对匈奴俯首帖耳的小部落，如今也成长为来去如风、不可忽视的精锐力量，而北方的霸主鲜卑人更是匈奴不可逾越的屏障。同一时期，西边欧洲的哥特人和阿兰那人正在和罗马帝国打打停停，虽然匈奴人无力向西深入，欧洲的力量倒也不会想到要东进。所以可以想象，就在这如同消失了的200年间，匈奴人一定是在中亚的某个地区休养生息，恢复元气。麦高文在《中亚古国史》中认为，大约公元290年左右，亚美尼亚国王泰格兰纳斯率领的军队中，除了阿兰那雇佣军以外，就有一队匈奴士兵；而波斯帝国的北部边境也曾遭到一群叫做“Chionites”人的攻击，这些“Chionites”人就是匈奴人。这些都说明匈奴人仍然在进行试探性的扩张。

当匈奴人重现在历史上的时候，是以迅雷不及掩耳之势出现在欧洲的。本来可以强大到与罗马帝国相对抗的阿兰那王国，被匈奴人在公元374年彻底毁灭了。这时的匈奴人已经将势力扩展到顿河沿岸，对欧洲的入侵一触即发。

阿兰那人在国家覆灭之后开始四散奔逃，一部分人就继续向西逃往东哥特王国。匈奴人追击这些难民，一路渡过顿河，直逼东哥特，并在同年侵入东哥特的领土。有记载称，这时指挥匈奴人入侵的首领叫做巴兰勃。当时很多人都记述了匈奴人的样貌和生活，哥特民族的史学家约旦尼斯就提到，当匈奴婴儿诞生之际，人们用剑割破婴儿的脸颊，相信这样就能让孩子在成年之后坦然忍受刀伤。阿密阿纳斯·马西林纳斯也提到，匈奴人从来不试图耕种，不过定居生活，没有法制，平时驱赶着一辆大车往来，以这辆大车为家。匈奴人的衣服都由麻布织成，或是用野鼠皮缝制。头上戴圆形小帽，裤子用山羊皮，鞋子极为笨重，非常不便于行走。这使得匈奴人不利于步行作战，但他们能够昼夜生活在马背上，饮食睡觉都离不开马。

哥特人本来是一个习惯于海上生活的民族，他们本来活动于黑海和亚速海一带，此后向西扩张，到达今天的多瑙河北岸。通过征服沿途的民族，哥特人的种族不断扩大，后来逐渐分为两部。一部成为东哥特人，进入今天的意大利一带；另一部成为西哥特人，进入西班牙。东哥特人与罗马帝国之间关系密切，双方既有过战争，也有过互相利用。比如罗马帝国曾经给哥特人钱，收买他们去抵抗萨马提亚人。公元244年，罗马皇帝停止向哥特人提供资金，使双方开始了长年的战争。公元267年，哥特人还渡过爱琴海，对雅典进行了抢掠。后来双方又有过议和，哥特人撤退到今天罗马尼亚与匈牙利的东部。

公元350年左右，赫尔曼力克成为东哥特的国王。他先率军将东哥特各部不遵从他的力量统一起来，其领土大致为南至多瑙河沿岸，北达波罗的海，东起顿河，西抵泰斯河。赫尔曼力克征服了这些地区的斯拉夫人、芬兰人和爱沙尼亚人，故此在约旦尼斯的书中被称为“哥特的亚历山大”。伟大的君主通常又伴随着人格上的某些缺陷，赫尔曼力克只靠铁血手腕管理如此庞大的国家，故而在日耳曼人的神话和盎格鲁·撒克逊的诗歌中，是个极其残暴的人。当匈奴人与东哥特王国开始交锋的时候，很多地方的民众不但不抵抗，相反却认为这是个推翻赫尔曼力克暴政的机会，所以当东哥特的主力部队刚刚战败之后，整个帝国的分崩离析已经近在眼前了。赫尔曼力克这时已经是耄耋之年，实在无法忍受坐视帝国毁灭的痛苦，最终选择了自杀。但约旦尼斯在其著作中认为，这位伟大的皇帝乃是被身边的人杀死的。这一年是公元375年，东哥特王国随着老国王有争议的死，终于覆灭于匈奴人之手。

匈奴人在击破东哥特之后，扶植赫尔曼力克之子匈尼牟德为傀儡国王，形成了匈奴中一个半自治的集团，他们招纳了很多东哥特人为匈奴效力。另一些不甘屈服的东哥特人逃往西哥特，推举年幼的威特里克为君主，而实际权力则操纵在他的两个师傅阿拉修斯和萨弗莱克斯之手。西哥特国王阿坦那立克在接受东哥特难民之余，也通过东哥特人的遭遇了解到了敌情，得以事先有所提防。阿坦那立克事先作了准备，率军驻扎在王国东部的德聂斯特河上，希望能够凭借河流来抵抗匈奴人的骑兵。没想到匈奴人已经事先得到消息，他们在河对面只是佯攻，而派兵在远处迂回，强行渡河，突袭西哥特人的后方。这种正面佯攻侧翼包抄的战法正是匈奴人所熟悉的，在东亚的战场上已经反复出现，而彼时欧洲人尚未见过这样的战术。阿坦那立克初次见到，大为吃惊，在损失了大量军队和物资的情况下，他终于撤退到特兰西法尼亚重组阵形和防御。令人感到讽刺的是，匈奴人之所以没有将他们赶尽杀绝，是因为这一仗收获了太多的战利品，导致机动力下降，最终选择了放弃追击，才让西哥特的部队得到了喘息的机会。

哥特人彻底被匈奴吓破了胆。当时人普遍认为，匈奴人是两只脚的禽兽，认为他们是受了巫术的迷惑，跑到荒野里与恶魔交合而产生的人种，所以匈奴人拥有一种超人的力量使其不可战胜。这种想法弥漫在哥特人中间，使他们完全放弃了抵抗的打算。他们认为想要活命，最好的方法就是渡过多瑙河，躲避到罗马帝国境内。既然罗马人在漫长的历史中多次阻止了哥特人的入侵，也许能够抵抗匈奴人也未可知。阿坦那立克其实并不希望放弃尊严，向罗马人求助，但是多数信奉基督教的哥特人转而拥护弗力铁真，聚集在多瑙河畔，向罗马帝国申请避难。这次进入罗马帝国的哥特人人数众多，据说适合作战的成年男子就有 20 余万。当然，接纳这些哥特难民之后，也为罗马带来了各种各样的问题，引发了新的战争，但这与本书内容没有直接关系，我们也就不再作进一步的介绍了。

还是继续说匈奴。在引发公元 375 年欧洲的大混乱之后，匈奴人却出人意料地止住了入侵的脚步，也许这时他们正在忙于处理新占领区的种种问题。所以罗马帝国也只是与匈奴的小股部队有过几次接触。比如公元 384 年，曾经有匈奴人入侵美索不达米亚，向依狄萨城发起了进攻。罗马帝国方面则因雷锡默将军的奋战成功击退了入侵者。这时匈奴内部究竟发生了什么，谁也不得而知，但历史学家推测匈奴人这时仍然停在俄罗斯南部的草原上繁衍人口和牲畜。罗马帝国方面则深陷与西哥特人的纠纷之中，他们只是从哥特人口中得知匈奴这种可怕的、令人畏惧的人种，但并不知道匈奴人究竟在哪里，什么时候会出现，再加上东、西罗马帝国之间的纷争，等到匈奴人在公元 5 世纪再次出现在欧洲的时候，这个历时数百年，地跨欧、亚、非三大洲的大帝国也走到了其生命的衰弱期。

匈奴人向欧洲的第二次西侵，大约在公元 400 年以后。从这年秋天开始，罗马史料里面频繁出现关于匈奴的记载。这时匈奴的首领被称作乌尔丁，而罗马人与乌尔丁之间开始出现联系，竟然是以友好的方式开场的。

事情的经过是这样的。东罗马的当权者鲁菲纳与西罗马的当权者斯提利科之间长期敌对，而东罗马治下的伊利尔伊卡是当初格拉提安皇帝交给东罗马的，现在斯提利科想要回这个地方，和鲁菲纳之间就爆发了冲突。这时匈奴人已经侵入了东罗马帝国的小亚细亚一带，斯提利科借提供援助的名义，亲自率军进入东罗马境内。鲁菲纳不欢迎斯提利科，他鼓动东罗马皇帝以敕令的形式要求斯提利科回到西罗马去。斯提利科就自己孤身回了西罗马，而将部队交给自己的亲信哥特人干那斯。干那斯率军抵达东罗马的首都君士坦丁堡之后，趁皇帝与鲁菲纳出来犒劳军队之时，将鲁菲纳杀死，自己取而代之，掌握了东罗马的军政大权。可是，干那斯作为一个哥特人，与当地的天主教信仰格格不入，所以与皇室关系很糟糕，后来引发了君士坦丁堡民众对哥特人的大举屠杀。混乱中，干那斯逃到多瑙河下游，想要躲到今天的罗马尼亚一带，这时遇到了乌尔丁统率的匈奴人。乌尔丁将干那斯斩首，并将其人头作为礼物送给了东罗马皇帝。

此后又出了一件事。东哥特人拉达盖斯自称为哥特王，带领大约40万哥特人突然出现在多瑙河中游，试图入侵西罗马帝国的巴诺尼亚省。有历史学家怀疑，这部分哥特人本来居住在泰斯河以东，即今天匈牙利东部某处，他们在原住地被匈奴人赶了出来，无家可归，只好翻越阿尔卑斯山进入意大利地区。公元404年，西罗马帝国开始与这些哥特人交锋，拉达盖斯放出话来，一定要焚烧西罗马帝国的都城罗马，要杀死罗马元老院里的议员来祭神。他们在经过亚平宁地区的时候，几乎没有遭遇到抵抗，很多城市遭到抢掠，历史名城佛罗伦萨也受到进攻。罗马城的官员大为震动，斯提利科召集帝国军队进行抵抗，结果于公元405年在佛罗伦萨附近将拉达盖斯击败，拉达盖斯战死。此次西罗马帝国能够迅速击溃拉达盖斯的入侵，很大程度上是依靠与乌尔丁的匈奴人结盟才作到的。这是匈奴人第二次向罗马帝国示好。

此后乌尔丁就返回到东边,他似乎很少进攻西罗马,通常以骚扰东罗马为主。到了公元434年,匈奴出现了两位领袖——布雷达和阿提拉,罗马与匈奴之间的力量对比越来越悬殊了。据记载,布雷达和阿提拉在今天南斯拉夫境内会见了罗马帝国的使者。在会见时,布雷达和阿提拉拒绝下马举行会谈,匈奴方面的随从人员都坐在马背上,罗马使者无可奈何,只好也坐在马上与他们对话。双方共同签订了5项条款,毫无例外地对匈奴人有利。5项条款分别为:

一、当匈奴人不堪压迫,逃往罗马帝国时,匈奴首领提出引渡,罗马帝国必须照办。而且目前正有2个匈奴王子逃到君士坦丁堡,匈奴人要求将他们钉死。

二、废除一切与匈奴其他部落签订的条约,必须承认只有布雷达和阿提拉2人才有与罗马帝国签订条约的权力。

三、每年向匈奴缴纳700磅黄金。

四、罗马帝国在多瑙河畔开设市场,与匈奴交易。

五、在匈奴的罗马帝国俘虏,每有1名逃跑回到罗马帝国,罗马帝国方必须向匈奴方赔偿黄金8片。

布雷达与阿提拉用威胁开战的方式,强迫罗马帝国的狄奥多西二世接受这些要求。狄奥多西二世生性懦弱,几乎没有作任何努力,就将要求完全接受了下来。阿提拉还要求罗马使团不要立刻返回,而是在匈奴稍事逗留,看着他们去征服塞族与日耳曼的一些部族。

这一时期的匈奴人究竟拥有多大的疆域,这是个难以回答的问题。但布雷达和阿提拉主要居住于多瑙河的中游地区,这附近的日耳曼人以及撒克逊人等,均听命于匈奴。他们的人数实际要超过这一地区的匈奴人,但却不敢表示反抗,相反却要向匈奴人进贡,还会向匈奴提供壮丁。后来盎格鲁、撒克逊人迁往不列颠岛,也是受到匈奴压迫的缘故。根据一些资料表明,匈奴的势力可以延伸到北海与波罗的海一带。

布雷达与阿提拉两位匈奴首领个性迥异。据说布雷达比较温和消极,而阿提拉则是一个力求主动的好战派,所以实际领导权一直掌控在阿提拉手中。当公元445年布雷达死去的时候,有人怀疑是阿提拉将布雷达害死,其实双方共同执政已经超过了10年,而且布雷达一直是一个居于幕后的人物,所以这种说法并无真凭实据。显而易见的一点是,布雷达死后,权力集中到阿提拉的手中,使匈奴的力量得到了前所未有的强化。东西罗马帝国都试图通过外交方法来讨好阿提拉,避免匈奴入侵,但这些手段全部宣告失败,但有一位使节的报告保留下来,让我们可以了解到阿提拉生活中的一部分。

报告中所提及阿提拉虽然妻妾成群,但是他的生活非常简朴。比如他举行的各种宴会上有各色山珍海味,但他却只吃那些最简单的食物;大臣们都使用金银制作的餐具器皿,而阿提拉却是使用木制餐具。报告里面提到一些阿提拉的宫殿,是值得我们注意的部分。显然匈奴人在进入欧洲以后,生活方式已经发生了变化。阿提拉开始建造一座固定的首都,城内有许多高大建筑物。阿提拉的宫殿位于城市中心,可以俯视整个首都,整个宫殿都是用树木筑成。全城之中只有一座浴室是使用石头砌成的,据说是由被俘的希腊罗马工匠设计建造的。城中开始出现了一些印度和阿拉伯地区出产的奢侈品,如胡椒和椰枣之类,除了传统的马奶酒以外,匈奴人也开始饮用欧洲出产的各种酒水。

总而言之,这一报告包含的内容极为丰富,这些报告形成了阿提拉传说的大部分内容。后来在欧洲出现了许多关于阿提拉的文学作品,从12世纪达尔马提纳斯的《阿提拉传》开始,到1929年布里昂的《阿提拉:上帝之鞭》为止,甚至在北欧神话《尼伯龙根之歌》里面,都有一个埃特希尔(Etzel)的形象暗指阿提拉。阿提拉自己认为,世界上任何地方,只要他想要征服,就一定能够征服。他对罗马人说:"在罗马帝国的广阔土地上,没有什么难于攻克的堡垒和城市,只要我高兴的话,我们就可以把它从地面上抹去。"而匈奴军队所过之处,确实使田园化为荒野,城市成为废墟,所以在欧洲人心目中,阿提拉就意味着战争与苦难,故被比喻为"上帝之鞭"。匈牙利人则将阿提拉奉为祖先,并且号称阿提拉是诺亚的35世孙,这些显然都是子虚乌有的事情。

阿提拉指挥下的匈奴军队与东罗马帝国正式开战,是在公元440

年以后。我们前面提到过双方曾经签署过5项条约，其中一款的内容是双方在多瑙河沿岸建立市场，以便于交易。结果罗马人在建立市场的同时，在市场附近又建造了一座堡垒，名叫君士但提亚。阿提拉感到很恼火，就派兵过来杀死了来到市场进行贸易的罗马人，又攻破了堡垒。阿提拉这么做的理由是当地的主教进入匈奴人的领土并偷走了宝贝，要求追还赃物并且逮捕主教。东罗马帝国当然拒绝了这一要求，于是双方开始了战争。结果东罗马帝国全线溃退，许多城市均被匈奴人攻破烧毁，据说当时被阿提拉军队攻破的要塞有70个以上，有资料称匈奴人的军队曾经深入到希腊北部以及达达尼尔海峡一带。这一次大战，虽然君士坦丁堡没有遭到直接打击，但是整个东罗马帝国都大为震动，人们认为这是上帝要降灾给罗马人，全国士气低落，人民惊慌失措。

阿提拉并未试图进攻君士坦丁堡，而是向狄奥西多二世提出了3点要求。首先是割让土地，他要求东罗马帝国交出从多瑙河南岸到色雷斯的广大领土。其次是将每年缴纳的黄金700磅提高3倍，到达2100磅，而且还要再付6000磅黄金以偿还以前的欠款。最后是要立刻无偿交还被俘的匈奴士兵，而被俘的罗马士兵则要以每人12片黄金的高价赎回，并且要引渡或杀死匈奴逃兵。当这个条约签订之后，东罗马帝国不得不提高征税的额度，并将许多富人的家产充公，来应付如此高额的赔偿金。东罗马帝国的使节在匈奴那边也遭受到屈辱的待遇，这使得东罗马帝国被迫使用非常手段，即暗杀阿提拉未遂事件。

这一事件的经过大致是这样的。狄奥多西二世能力不足，性格又比较懦弱，他的当权太监克赖萨菲亚斯一直是国内的实际执政者。在东罗马帝国经济濒临崩溃之时，克赖萨菲亚斯出于无奈，只好用大量钱财唆使造访罗马的匈奴使者去谋杀阿提拉。这个使者表面上答应下来，回到国内以后就把事情向阿提拉作了报告。当东罗马的间谍带着钱到达匈奴人的都城之后，立刻就被阿提拉布下的人手抓获，被送交阿提拉亲自审问。据说杀死阿提拉的报酬有200磅黄金，被阿提拉全部扣下，然后派使节去君士坦丁堡责问。匈奴使臣将那袋黄金挂在脖子上，大摇大摆地来到皇宫，质问克赖萨菲亚斯是否知罪，并严厉地对狄奥多西二世说："狄奥多西丧失了祖辈留下来的荣耀，愿意向匈奴进贡，而将自己降低到奴隶的地位。因此，他应当尊敬在命运和价值上比他高尚的人，而不应当像一个邪恶的奴隶，试图谋害自己的主人。"并要求狄奥多西交出克赖萨菲亚斯的人头，来平息阿提拉的怒气。狄奥多西只得用更大量的礼物来换取克赖萨菲亚斯的性命，进而又给了阿提拉多瑙河南部的一片土地，才使这件事不了了之。

狄奥多西二世在国势衰微之际终于病死，此后继任的是其姐姐巴尔基里亚。巴尔基里亚举用元老院议员，著名的强硬派马尔西安，不再奉行对匈奴的绥靖政策，而是积极组建军队，巩固国防。阿提拉也发现此时如果再对东罗马帝国进行压榨，势必造成一场长期战争，自己得不到好处，所以就将矛头转向了西罗马帝国。

西罗马帝国本来与阿提拉的关系不错，现在突然开战，有种师出无名的感觉。阿提拉找到了两个借口：首先是关于原属希尔敏教堂的一些金器归属权问题，匈奴人早就围绕这一问题与西罗马帝国有过交涉，现在旧事重提。更重要的是第二个借口，即西罗马帝国皇帝法伦铁安的妹妹荷诺利亚与阿提拉的婚约问题。荷诺利亚在16岁的时候就与皇宫侍从官发生了关系并且怀了孕，她的母亲普拉西提亚只好把她送到君士坦丁堡去看管，离开西罗马大概有10年时间。因为阿提拉在东罗马名声大噪，所以荷诺利亚就派人给阿提拉送去了一枚戒指，表示愿意做阿提拉的女人。阿提拉对此本来毫无兴趣，但是这次为了向西罗马挑衅，就在这件事上做文章，要求西罗马帝国交出一半的人口和土地，作为公主的嫁妆。

西罗马自然拒绝，这就让阿提拉有了进攻的口实。双方各拉拢了一些周边民族，在塞纳河畔进行了一场空前规模的会战。据说这次会战，阿提拉率领的骑兵有50万人之多，而很多不甘受匈奴压迫的民族也站在了西罗马一方。战前，匈奴的巫师预言，这场战役匈奴人将战败，而对方的统帅也会阵亡，结果果然如此。这场战役被称作沙隆会战，据说死者达到30万人，匈奴人损失稍大，而罗马联军方面，西哥特人统帅狄奥多利克战死，双方只好各自撤军。

沙隆会战结束后，阿提拉又侵入了意大利，攻破了米兰。米兰有一幅画，内容是凯撒坐在宝座之上，接受塞族国王的跪拜，而阿提拉命令被俘画工将这幅画改为罗马皇帝跪在塞族国王面前，打开一口盛满黄金的口袋，表示进贡之意。更为讽刺的是，正是因为阿提拉对意大利各大城市的破坏，难民们才在新的地方建立城市，于是有了今天的水城威尼斯，更为后来意大利的文艺复兴奠定了基础。阿提拉本来还有心继续扩张，但意大利之战以后，欧洲出现了大瘟疫，匈奴军中死者很多。鉴于如此打下去，将是一个两败俱伤的结局，阿提拉同意与罗马帝国议和，又收了罗马人一大笔贿赂，这才从意大利撤出。公元 453 年，曾经不可一世的阿提拉突然病死，据约旦尼斯记载，是因为阿提拉又将一位美女纳入后宫，结果在新婚之后纵情声色，终于在醉卧中猝死。第二天一个侍者，看到他已经死在血泊之中，全身并无伤痕，也算是一桩疑案。阿提拉死后，他的一大群儿子互相争权夺利，每个人都各不相让，希望自己能够拥有一个独立王国。起初服从于匈奴的几个弱小民族趁势而起，公元 454 年，双方激战于内德河畔，阿提拉的长子埃拉克战死，曾经雄踞东欧的欧洲匈奴帝国竟然在一夜之间就这样土崩瓦解了。这时中国正好是刘宋一朝，汉族人与鲜卑人正在南北对峙。不论在中国还是在欧洲，匈奴已经逐渐变成一个历史名词了。

关于阿提拉，匈牙利人将他作为自己的祖先和开国元勋，也有史学家认为匈牙利人是匈奴人的后裔，这些看法都值得商榷。至于阿提拉本人，有一则故事我们不能不提，他的使者在会见东罗马皇帝狄奥多西二世的时候曾经无意中提到阿提拉的父亲名叫 Mundzuk，我想这个发音其实就是“冒顿”。阿提拉的父亲拥有一个匈奴先辈英雄的名字，而阿提拉作为冒顿之子，统率着数十万流着东方血液的匈奴人纵横驰骋在另一块大陆上。匈奴民族的历史似乎布下了这样一个迷局，他们的兴盛始自一位叫做冒顿的英雄，而在几百年后，又随着冒顿之子的死去而衰亡，似乎不由得不让我们感叹历史的波乱奇谲啊！

参考书目

[1]班固.汉书.北京:中华书局,2007.

[2]陈序经.匈奴史稿.北京:中国人民大学出版社,2007.

[3]范晔.后汉书.北京:中华书局,2007.

[4]格鲁塞.草原帝国.北京:商务印书馆,1998.

[5]林干.匈奴史.呼和浩特:内蒙古人民出版社,1979.

[6]林干.匈奴历史年表.北京:中华书局,1984.

[7]林干.匈奴史论文选集.北京:中华书局,1983.

[8]马长寿.北狄与匈奴.北京:三联书店,1962.

[9]麦高文.中亚古国史.北京:中华书局,2004.

[10]帕克.匈奴史.向达,译.北京:商务印书馆,1934.

[11]司马迁.史记.北京:中华书局,2007.

[12]司马光.资治通鉴.北京:中华书局,1956.

[13]王明珂.游牧者的抉择——面对汉帝国的北亚游牧部落.桂林:广西师范大学出版社,2008.

[14]武沐.匈奴史研究.北京:民族出版社,2005.

[15]肖爱民.中国古代北方游牧民族两翼制度研究.北京:人民出版社,2007.